U1074077

教皇与银行家

——一部借贷文化史

〔美〕杰克·卡希尔　著
邓立立　译

商務印書館
创于1897
The Commercial Press
2018年·北京

POPES & BANKERS

a Cultural History of Credit & Debt, from Aristotle to AIG

©2010 by Jack Cashill

All rights reserved. No portion of this book may be reproduced, stored in a retrieval system, or transmitted in any form or by any means—electronic, mechanical, photocopy, recording, scanning, or other—except for brief quotations in critical reviews or articles, without the prior written permission of the publisher. All Rights Reserved. This Licensed Work published under license.

图书在版编目(CIP)数据

教皇与银行家——一部借贷文化史/〔美〕卡希尔著；邓立立译. —北京：商务印书馆，2012 (2018.1 重印)
ISBN 978-7-100-08989-0

I. ①教… II. ①卡…②邓… III. ①借贷—经济史—研究—世界 IV. ①F831.9

中国版本图书馆 CIP 数据核字(2012)第 046869 号

权利保留，侵权必究。

教皇与银行家
——一部借贷文化史
〔美〕杰克·卡希尔 著
邓立立 译

商 务 印 书 馆 出 版
(北京王府井大街36号 邮政编码 100710)
商 务 印 书 馆 发 行
北 京 冠 中 印 刷 厂 印 刷
ISBN 978-7-100-08989-0

2012 年 9 月第 1 版 开本 710×1000 1/16
2018 年 1 月北京第 2 次印刷 印张 21¼
定价：55.00 元

目　　录

引　言

迈克尔·莱德福(Michael Radford)导演的2004年版《威尼斯商人》是这样开场的：一艘小船满载着来者不善的僧侣沿威尼斯运河驶来，如同通常电影中的僧侣一样，他们带着十字架，口中吟诵着恶毒的诅咒。一旁的河岸上，是群放荡的威尼斯人，戴着装有阳具鼻子的滑稽面具，被雀跃的半裸妓女簇拥着。僧侣们的船靠近一座小桥，桥上挤满了面红耳赤的狂热教徒。在僧侣的鼓动下，教徒们开始殴打人群中戴着红帽子的犹太"高利贷者"，甚至间或把他们抛入桥下污浊的运河中。

这就是基督教圣地威尼斯平常的一天。

我敢担保，这绝不是莎士比亚所想象的威尼斯。诗人喜爱他的威尼斯商人，至少他尊重放高利贷的夏洛克。确切地说，这是迈克尔·莱德福眼中的威尼斯，而他的这种看法很寻常。这些放荡堕落的人、狂热的宗教分子以及高利贷者是如何将基督教世界变成了世界上最自由、最富足、最持久的商业文明？这个问题是莱德福以及大部分他的同道者所无法提出的，更不用说给出答案了。

耐人寻味的是，根据关于信贷的历史文献，所有的古代民族中，只有犹太人和基督教徒认为高利贷是有罪的。然而也几乎赖于他们两者的协作，西方才得以创造出了非凡的经济繁荣。是不是僧侣和犹太教－基督教的信徒们在缔造这种经济繁荣的过程中也发挥了一定的甚至必不可少的作用？果真如此的话，那是否由于他们在市场中的缺位，才令我们遭受当前经济上的灾难？

这些问题，很可能既非迈克尔·莱德福所能领会，也非这个领域的大部分经济学家们所能理解，不过却非常值得探讨。通过追溯信贷史，或者说高利贷——至少到 1800 年之前，对以赚取利息为目的的放贷行为的泛指——的发展史，我们才能找到问题的答案。

从文献记载看，“高利贷”非常直接地来自于拉丁语中的“usura”一词，意为对贷款索取利息——任何利息。正如我们即将看到的，从本质上看，大部分的信贷史都是人类力争理解上帝的律法的历史。受人类能力所限，人不可能总是如愿以偿。正是信仰约束和经济欲望之间的矛盾所激发的创造性造就了我们今天的繁荣。这种斗争仍在继续。

1. 第七层地狱

梅隆尼·格里菲斯－埃文斯(Melonie Griffiths-Evans)的家在波士顿。她很可能至死都执迷不悟,如果是这样,她会发现自己正好落入但丁所说的第四层地狱,与那些贪婪挥霍者为伍。挥霍就是指“花钱过于靡费或草率”,这个本该常用的词如今却不常被提及。挥霍者一直大有人在。亚里士多德在《尼各马科伦理学》(*Nicomachean Ethics*)中写道:“正如人们所说,一个人应该量入为出,并且所付值得;那些超出限度消费的人,就是挥霍者。”[1]挥霍者之所以在这里被提到,是因为历史上,他们使得贷款人的生意有利可图。今天的情况依然如此。

在希腊人和希伯来人留下的历史上最古老的文字记载中,就有关于借与贷——或者我们要探讨的“债务”的伦理学内容。实际的历史还可以追溯到更早,美索不达米亚人曾把借贷情况刻在石碑上。然而,即便将贷款条件“刻在石头上”,人们依然在想办法逃避,最典型的,就是像前面所说的格里菲斯－埃文斯女士这样的挥霍者。

格里菲斯－埃文斯应该庆幸,MSN 理财频道的戴维·科佩尔(David Koeppel)以同情的笔触记述了她的故事,他不像但丁那样对此持批判态度。如科佩尔所说,2004 年,格里菲斯－埃文斯签合同购买了位于波士顿市多彻斯特区的房产，总价款 47 万美元，零首付。她声称自己本来打算租一间公寓，但她理想中的房子月租竟高达 5,000～6,000 美元。这对于当时的她是无法承受的。房主收租金天经地义，而放贷人则可以更灵活些。于是，心比天高、囊中羞涩的格里菲斯－埃文斯注意到了放贷人的诱人宣传。

在一次录音采访中，满怀同情的科佩尔向她提出的第一个问题是："你的贷款是掠夺性贷款（predatory loan）吗？"格里菲斯－埃文斯毫不犹豫地回答："当然是。"[2] 为达成交易，她按照比较标准的 8.5% 的利率借了房款的 80%。由于还缺少通常应该支付的 20% 首付款，她又以高达 12.5% 的利率借了第二笔贷款。两笔贷款合起来，她初始的月供约为 3,500 美元，以后将随着贷款的调整而增加。

传统上，放贷人不会允许年收入低于 20 万美元的人承担这么高的利息负担，格里菲斯－埃文斯仅有一份兼职教师的工作，收入要远低于这个水平。但是进入新世纪以来，放贷人被鼓励迁就格里菲斯－埃文斯这样的人。她最终如愿得到了贷款。不过她宣称，放贷人曾许诺她很快就能重新贷一笔费用较低、利率固定的抵押贷款。"这就是贷款具有掠夺性的地方"，格里菲斯－埃文斯以此来印证自己和科佩尔的看法。[3]

格里菲斯－埃文斯的经历并不特别。像她一样的美国人有上百万，他们无意中合力摧毁了世界经济。早在 23 个世纪之前，亚里士多德就已经嗅出了他们的野心：

> 他们很容易这么做，是因为他们乐于消费却又无法随心所欲，因为

> 他们的财产很快就会消耗殆尽。于是，他们不得不从其他渠道想办法。同时，由于对名誉毫不在乎，他们便会不顾一切地从所有可能的渠道攫取。

可以看出，随着时间流逝而改变的，是国家对挥霍者的容忍度。为了确证格里菲斯－埃文斯是无辜的，科佩尔根本没有向她提出这类问题：她丈夫的可疑情况，她的收入水平，她存款能力的欠缺，她未来的工作前景，所谓的高租房成本，以及任何她趁房地产涨价而将房子转手获利的计划，这些计划可能因次贷危机而没有付诸实施。

同大多数媒体一样，科佩尔对挥霍者的态度，和那些纵容他们挥霍的人的态度一样温和。在这篇综述文章中，读者们看不到任何来自格里菲斯－埃文斯的贷款方或其他贷款者的只言片语。他们就如同莱德福电影中的威尼斯犹太钱商一样，仍然是形象模糊、毫无个性的群体。科佩尔最后寄语一位掠夺性放贷人认定的猎物："如果你被提供了欺骗性的贷款，总得有人去坐牢，总得有人对此负责。"[4]另一个受骗的妇女也这么说。

与但丁不同，科佩尔不把挥霍者看成罪人，而是倾向于把他们看作牺牲品，这同挥霍者们的自我定位一致。实际上，在当今的美国，真正的分水岭不是介于左派和右派之间，而是介于同情格里菲斯－埃文斯和不同情她的两派之间。后者我们称之为传统主义者；而前者，是社会清教徒，就是对那些现实中的道德家的简称，他们把当地的银行家看作魔鬼，将华尔街当成地狱。

科佩尔丝毫不同情放贷者，对他们的动机也没什么兴趣。而且，尽管科佩尔好像已经被掠夺性贷款及放贷者的行径激怒了，但我怀疑他可能对高利贷及其放贷者等一整套概念都嗤之以鼻。对现代主义者而言，这些字眼儿注定听着就让人联想到只知盲从的中世纪时的教皇制拥趸，充斥着中世纪的迷信意味。

当社会清教徒审视道德景观时，他们看到的是成群的掠食者在剥削成群的受害者，对双方好与坏的判定几乎都取决于社会风气。比如，科佩尔把他的文章定名为"单身女性在房地产乱局中遭受重创"。换作传统主义者，可能就会将标题定为"单身女性在房地产乱局中推波助澜"，如果觉得这么说措辞激烈的话，那么可以把格里菲斯－埃文斯称作"掠夺性借款人"。

像但丁和莎士比亚之类的传统主义者有着鲜明的艺术性优势：他们笃信罪恶。当他们审视同一幅道德景观时，看到的是一千个不同的灵魂正在和一千个不同的恶魔搏斗。传统主义者亦不会为帮罪人开脱而把他们的恶魔降格为疾病、消沉、上瘾或是"梅隆妮无法控制的周遭环境"。罪恶可以缔造出更好的戏剧。它或许也能构建起更好的经济。

尤其是但丁，他本人简直是一个罪恶的鉴赏家。他能精细地觉察出罪恶微妙的层次变化，就如同爱斯基摩人对雪的感知那样。事实上，他《神曲》[①]（*Divina Commedia*）的第一部分——"地狱（Inferno）"，读起来就像是在给罪恶做名副其实的分类。

《神曲》是用意大利当地语言以第一人称写就的，时间恰好是七个世纪以前，它描述了但丁被引导着穿过三重死亡空间——地狱、炼狱和天堂的旅程。他的

---

① 本章《神曲》中部分内容的翻译，参考《神曲》，田德望译，人民文学出版社，1997 年 3 月版。——译者注

旅程开始于 1300 年圣周(Easter Week)①的神圣星期四并于次周的星期三结束。

引领他穿过地狱和炼狱的是罗马诗人维吉尔(Virgil),他不是圣徒,甚至连基督徒都不是。在但丁看来,罪恶超出了教士的想象。它是普遍的,同救赎一样,"无论你走向何方,它都对你展开一条道路"[5]。

"地狱"的开篇,但丁身陷中年危机的痛苦中、处于道德崩溃的边缘,几近自杀。就在这一消沉时刻,维吉尔拯救了这个困境中的佛罗伦萨人,两人随即开始了他们的地狱之旅。被诅咒的罪人占据了九个依次往下的圈②:自我放纵者占据了前面五圈,残暴者占据了接下来的两圈,奸佞者处于最底层的两圈。

第一圈收容的是虽未犯错但却没能知晓或没能接受耶稣基督的那些灵魂,维吉尔自己也是其中之一。这里是地狱边缘,生活状态甚至有些惬意,只是维吉尔和其他人都被永世剥夺了快乐,那种快乐他们根本无法领悟到。

到了第二圈,永世的命运开始变得严酷起来。如同在世时被自己的欲望折磨一样,好色之徒在这里被永不停息的风暴无尽地折磨着。在第三圈,贪食者被迫在冻雨和黑雪相混合的污泥浊水中打滚儿。

第四圈住着吝啬鬼和挥霍者,他们被判永世以庞大的重物彼此撞击。在第五圈中,狂妄者在沼泽一般的斯提克斯(River Styx)河面上互相厮打,而残暴乖戾者则在河里遭受着类似水刑的惩罚。第六圈变得更为炽烈,形形色色的各类异教徒被囚禁在灼烧的墓穴中永世不得逃脱。

---

① 复活节前一周。——译者注

② 每一圈即为一层地狱。——译者注

直到此处，但丁的叙述都不会让当代读者已经千锤百炼过的神经有任何触动。但丁在第一圈让不信上帝的异教徒们松了口气。在第二圈对淫乱者的处罚也相对较轻，至于贪婪者、贪食者和无情者，那都是别人或别人的孩子，读者也就不太为自己的命运担忧。

直到第七圈，而且是最里面的一环，但丁才开始挑战当今的观念。最外面一环是给留给杀人者和暴君居住的。他们在沸腾的血水河里被蒸煮着，半人半马的怪物会用箭射向任何胆敢逃离的人。放在今天，没有谁会反对这样的处罚。一些人可能希望看到国会也被如此发落。

中间一环住着自杀者，他们在此被化为“树的枝干”[6]，任何触碰都会让他们感到痛楚，鸟身女妖哈尔皮(Harpies)在他们上面不停地撕扯枝叶。对于现代人来说这样的处罚或许显得很严酷，但是他们不会对古人的想法感到吃惊，或许现在还有许多人仍然有这样的想法。

被放置在第七圈最里面、最恐怖一环中的是那些违背了“自然和她的恩惠”[7]①的人：违抗上帝的渎神者；违抗自然本性的犯鸡奸罪者；对了，还有违抗自然法则的放高利贷者。他们所有人半死不活地被放置在燃烧的沙地上，头上有火焰雨从天而降——旧金山人想象中的贝克斯菲尔德②(Bakersfield)估计就是这个样子。

对鸡奸罪的惩罚可以理解，但是但丁不明白放高利贷为何有罪。他向维吉尔问道：“请你稍微回到你讲高利贷伤害神的恩惠那一点上，把疑问的扣儿给我

① 参见田德望译本，“地狱篇”第 11 章注释 10，第 78 页。——译者注
② 加利福尼亚州的第三大内陆城市，以气候炎热著称。——译者注

解开。"[8]①这里的高利贷仅指收取利息的放贷行为，就算是利率适当的也包括在内。现如今某个人把钱存到银行，银行进而把这笔钱按利率贷出去，那么银行就犯下了但丁所理解的这项罪恶。

为了阐明其中的道理——即使在当时这也不是那么容易理解的，维吉尔引述了一些公众普遍认同的说法——既有世俗的也有基督教的——来证明"人类若要繁荣和取得收获"[9]，必须通过自然或技艺，要么耕种土地，要么靠自己双手的劳作。然而放贷者"走了另外一条路"[10]，所以就违背了上帝对于人类的安排。明白了这一点，就无须解释更多了，维吉尔在前面探路，他的学生但丁跟在后面继续他们的旅程。

这两人只剩下两个圈还没看到，这两圈收容的是蓄意欺诈者和背信弃义之徒。第八圈又细分为十个恶囊。② 在此受苦的有皮条客、阿谀者、伪预言家、腐败的政客、伪君子、盗贼、炼金术士、造假币者、作伪证者，以及"骗人的顾问"[11]——这个要等到后面讲伯尼·麦道夫(Bernie Madoff)的时候再详述。③

冰冷的地狱第九圈属于叛徒们，最臭名昭著的有：布鲁图(Brutus)、卡西乌斯(Cassius)、加略人犹大(Judas Iscariot)④，他们被悬挂在世上最大的叛徒——撒旦(Satan)血淋淋的口中。显而易见，相对于日常困扰人类的各种恶行，最让但丁无法容忍的是蓄意的背叛行为——背叛朋友、背叛国家、背叛自然、背叛

① 参见田德望译本，《地狱篇》第 77 页。——译者注

② 参见田德望译本，《地狱篇》第 18 章，第 131—138 页。——译者注

③ 参见本书第 26 章。——译者注

④ 布鲁图，罗马贵族政治家、将军，卡西乌斯为罗马将军，二者均为刺杀恺撒的主谋；加略人犹大则出卖了耶稣。——译者注

上帝。

目睹了叛徒和其他作恶者令人毛骨悚然的下场之后，对这一切已经了然于胸的但丁随着维吉尔下到了一片开阔地，也迎来了复活节壮丽的破晓时分，他看到天空中群星璀璨，“许多美好的事物呈现在天堂中”[12]。

但丁并非是为了卖书才写下《神曲》。他写此书是为同胞们在极有条理的基督教世界里及人们在其中所处的位置上提供指引。诚然，每种文化都有其自身的宇宙观、赏罚制度，但是没有任何一种能拥有像中世纪基督教世界一样的认知次序。

即使在 1300 年，这种反映了上帝安排的次序观就铸就了但丁对于经济的理解。维吉尔在向但丁展示了被打到地狱第四圈的污秽的物质主义者后，又对他的学生讲述了时运女神福尔图娜（Fortuna）的情况——这是一位掌管经济的天使。上帝派给她一项“看不见”的任务，去分配“世间的富贵荣华”[13]——类似于统治亚当·斯密 18 世纪经济的著名的“看不见的手”。不管人类如何尝试，他们都无法完全了解这个无形之手是如何运作的，也搞不清福尔图娜如何“预见、判断和执行她被指派的职责”。维吉尔补充道：“她甚至遭受了本该赞赏她的人的很多诅咒。”[14]但丁明白了，这些发出诅咒的人很可能就违背了上帝的良好秩序。

对格里菲斯－埃文斯来说很不幸，她的生活中没有像维吉尔一样的人，没人指引她穿越波士顿那标识不明的道德地带。这对所有人而言都将是代价高昂的。

两个多世纪之前，英国裔的爱尔兰政治哲学家埃德蒙·伯克（Edmund Burke）就曾指出：“一个社会要想存在下去，必须在某个方面有种对愿望和贪欲的控制力，而内在的作用力越弱，外在的作用力就越强。"[15]格里菲斯－埃文斯的结局昭示了当控制力来自外在时，其代价是多么高昂，又带来了多大的侵扰。

如果说格里菲斯－埃文斯缺少一位向导，那么在大街小巷和媒体上，她绝对不缺为她辩护的人。城市生活(City Life)，这个激进的波士顿社团组织就曾组织过声势浩大的抗议活动，先后两次阻止了收回格里菲斯－埃文斯房产的企图。在格里菲斯－埃文斯买房四年之后，2008年，她在一次集会上告诉50多个抗议者："我们在夺回我们的城市！我们在夺回我们的社区！我们要维护的是我们家庭的利益，而不是银行家的利益！"[16]不论言辞多么富有冲击力，她对政治行动的呼吁都只能让福尔图娜更加无所适从。这些也根本没有任何经济上的意义。随着她在集会上的疾呼被放大、被认可，西方文明被推到了一个经济深渊的边缘。

迈克尔·诺瓦克(Michael Novak)①在他的扛鼎之作《民主资本主义的精神》(*The Spirit of Democratic Capitalism*)一书中坚称若要取得成功，"民主资本主义的道德文化体系必须竭尽全力拒绝享乐主义和颓废，而不能仅仅让自身去适应所谓的潮流"[17]。在诺瓦克看来，道德文化是支撑整个资本主义大厦的三大支柱之一。良性运转的民主制度提供另外两根支柱：冒险的自由和可靠的法律体系，前者保证敢冒风险的人不会受到过多的干涉，后者则能够保护冒险者的权利。

报道格里菲斯－埃文斯传奇故事的媒体们对道德文化的历史知之甚少，而正是这些道德文化的不断传承才让他们拥有了今天的生活。那些抗议者知道的更少。在格里菲斯－埃文斯努力为自己的房子寻找买主时，抗议者们拿着相机，

---

① 美国著名天主教哲学家、记者、作家、外交家，为美国天主教保守派的主要人物。——译者注

逼着贷款银行勉为其难地让她继续在这座房子里住三个月，当然还得免费住，以便她寻找房子的买主。当她没能找到买主的时候，贷款银行还得继续给她时间来找公寓。整个过程中，这个次贷危机中的标志性人物一直相信自己不会被逐出家门。就像她向《波士顿环球报》(*Boston Globe*)吐露的，"上帝站在我这边"[18]，她很可能没好好查过这句话的出处。

2. 借给外邦人

最具历史讽刺意味的是：犹太人是第一个禁止高利贷[①]的民族，而且，是前基督教时代唯一这么做的重要民族。赫梯人、腓尼基人、埃及人以及巴比伦人都把高利贷作为理所当然的事物接受了。如果不考虑日后的发展，犹太人禁止高利贷并不足为奇。犹太人是最早信奉一神论的民族，他们的神深爱他的子民，并指导他们如何生活。

按照《旧约》前五卷的记载，上帝通过摩西把这一律法给了以色列人。律法以十诫开始，包括许多需要遵守的更具体化的准则。犹太人称之为“托拉”(Torah)，或者翻译为“律法”(the Law)。无神论者或许会质疑律法的来源，但却很难否认这些律法改变了人类的历史。

相比之下，颁布于公元前 18 世纪的《汉谟拉比法典》(the Code of Hammurabi)则是一部充满智慧和道德力量的政府法规。在这种精神之下，法典认为高利贷是巴比伦人日常商业活动中的一种行为。事实上，法典中的相关条款过于精

---

① Usury，直译为“高利贷”，其基本含义为“高于给予的索取”。该词源自拉丁语，拉丁语高利贷的名词“usura”是指对任何东西的“使用”，这里是指对所借资本的使用，因此，高利贷是指使用货币(或资本)所支付的价格。在本书中，除非特别说明，“高利贷”指任何对贷款收取利息的行为，而非通常意义上的索取特别高额利息的贷款行为。——译者注

细，仿佛出自国税局资深专家的手笔："如果某商人借出谷物或者金钱时附带利息，即他借出较小重量的金钱和较少分量的谷物，但却收回较大重量的金钱（和）较大分量的谷物，则（该商人应该放弃）所借出的物品。"[1]由此可以给我们的政治精英们一句忠告：持久的文明并非建立在管制之上。

在摩西律法（Mosaic law）中，违规的后果很明确——冒犯上帝。尽管不是所有的律法都可以变通——这让人想起"凡外肾受伤的，或被阉割的，不可入耶和华的会"（《申命记》23：1）①，但是相当一部分还是可变的。摩西律法尊重个体，对待信徒比较平等，在这一点上，较之其他法典，摩西律法是空前的，基本上也是绝后的。

然而在借贷牟利这个问题上，我们应该注意到，摩西律法问世之际，犹太人基本上还是游牧民族，相比与他们同时代的美索不达米亚民族，还过着居无定所的生活。他们没有复杂的贸易体系，也就无法生发出相关的理念。所以在律法提及放贷牟利的问题时，也只是描述为邻人之间而非商人和顾客之间。因此，法典的编撰者始终旗帜鲜明地鄙视放贷牟利——至少在上帝的子民中间，这种行为不啻为抢劫。

禁令最早出现在摩西的第二部书——《出埃及记》（Exodus）中，这部书可以追溯到大约公元前 13 世纪。"我民中有贫穷人与你同住，你若借钱给他，不可如放债地向他取利。"（22：25）这里提到的高利贷，在希伯来语中为"neshek"，字面意思为"被咬"。

---

① 本书中《圣经》内容的翻译，均采用目前中国基督教会使用的标准译本——简体中文和合本。——译者注

20 世纪对高利贷禁令最激进的辩护出自加尔文·艾略特(Calvin Elliot)(尽管文章仅撰于 1902 年),他把“neshek”一词的本意归为“蛇咬”。为印证自己的观点,他引用了一个同时代人的研究成果,这个人的名字很有意思——乔治·布什博士。布什提出:“被蛇咬之初,往往因为过于轻微而很难觉察,但是毒液会迅速扩散直至命脉。利息的增长也是如此,开始很难察觉,最终却迅速增长直至把整个人吞噬掉。”[2] 谈及高利贷,这套蛇咬、逐渐击破和传染的理念自始至终都能引起共鸣,直到今天。艾略特对高利贷问题的诠释影响深远,他的书到 2007 年还在重印。

公元前 1000 年左右,以色列联合王国的第二任国王大卫王(David)执掌政权。他不但是个战士,而且还是个极有天赋的音乐家。据称,圣经《旧约》的《诗篇》(Psalm)大部分都是他创作的。在《诗篇》15 中,他向同胞阐述了自己对高利贷交易的态度。大卫王问上帝:“耶和华啊,谁能寄居你的帐幕?谁能住在你的圣山?”(v. 1)若要列入可能升至圣山的简短名单,则“他不放债取利,不受贿赂以害无辜”(v. 5)。由于《诗篇》是要在集会时诵读的,这就会给那些意志不坚定的人带来一股来自集体的压力。鉴于《诗篇》的作者又是国王,跟唱想必相当热烈。

作为大卫王的接任者,所罗门王(Solomon)知道以他所处的时代和地位,在高利贷这个问题上的态度是不能模棱两可的。在《箴言》28:8 中,他直接把高利贷和其他金融欺诈联系起来。所罗门王这样宣称:“人以厚利加增财物,是给那怜悯穷人者积蓄的。”与此类似,旧约中大部分与高利贷相关的文字都暗示放贷牟利伤害了贫穷的人。不过可以肯定的是,《旧约》中没有提及商业贷款,更不用说担保债权凭证(CDO)或者信用违约互换(CDS)了。这里面有另一个暗示,高利贷注定会让放贷人原形毕露，正是这一点体现了所罗门王最大的智慧。

后来的先知们不太关注高利贷这个问题。所罗门去世之后，或许是因为整个王国不断积聚起来的财富和权力腐化了民众，他们开始丧失道德力量。这种情况的后果之一，就是统一的犹太王国分裂成北方的以色列和南方的犹大国。先知以赛亚(Isaiah)曾警告说，如果犹太人不遵守从摩西传下来的律法，继续作恶，"压制我的百姓，搓磨贫穷人的脸"(《以赛亚书》3：15)，他们不久就会被掳去异族之地。

在以赛亚描述的大灾难来临前的几十年，绝望的耶利米(Jeremiah)听从了这一警告。大约在公元前600年，他撰文谈及当时侵蚀耶路撒冷的道德腐败，无意中显露出了对放贷者的敌意。"我有祸了，"他以标志性的自怜式呼吁开头，"我的母亲哪，因你生我作为遍地相争相竞的人。我素来没有借贷与人，人也没有借贷与我，人人却都咒骂我。"(《耶利米》15：10)如果今天让先知召唤出一个举世唾弃的恶人来做比较的话，他或许会说"对儿童进行性骚扰者"或是"AIG的高管"，而且他也很难想出更合适的人选了。而在过去，最佳人选是放贷者。高利贷的罪孽就深重到这样的程度。

正如耶利米所担心的，犹大王国最终确实落入了巴比伦王尼布甲尼撒(Nebuchudnezzar)之手。神庙被毁，人民被掳至异族之地，在那里高利贷已经存在了上千年。在这里，上帝告知以西结(Ezekiael)——俘虏中一位有学识的牧师，在这个腐败和以放贷为乐的地方，人们是以何种方式走上邪路的：

> 这人与邻舍的妻行可憎的事。那人贪淫玷污儿妇。还有玷辱同父

之姐妹的。在你中间有为流人血受贿赂的。有向借钱的弟兄取利,向借粮的弟兄多要的。且因贪得无厌,欺压邻舍夺取财物,竟忘了我。(《以西结书》22:11－12)

这些背井离乡、无依无靠的犹太人在以西结这样的牧师的启示下,开始逐渐恪守《托拉》以区别于他人。在丧失了自己短命的王国之后,只有内心的力量可以促使他们这么做。当然,这一内心的力量需要不断地予以支持。

被俘50年后,巴比伦国被波斯所颠覆,波斯的统治者居鲁士大帝(Cyrus)准许犹太人返回故土。成千上万的人接受了,起程回归故里。大约80年后,第二批流放者也加入了返乡的队伍。这两批人都没能兴盛起来。当第三批返乡者也无法将曾生活在异族之地的人们团结起来的时候,一位叫尼希米(Nehemiah)的富裕犹太人放弃了在波斯宫廷的优越职位,率众返回了耶路撒冷。被委任为总督的他,希望能够稳定住这个动乱的波斯行省——朱迪亚。

到达之初,尼希米看到这片希望之乡[①]满目疮痍。他所到之处,都充斥着对冷漠的富人压迫贫困犹太同胞的抱怨。干旱和苛税再一次奴役着犹太人——这群曾经在这片土地上通过辛勤劳作过着富足生活的人们。"我听见他们呼号说这些话,便甚发怒。我心里筹划,就斥责贵胄和官长说,你们各人向弟兄取利。"(《尼希米记》5:6－7)

尼希米组织抗议者反抗统治者和贵族,以人民的力量向他们施压。"如今我

① 指上帝许诺给亚伯拉罕的乐土。——译者注

劝你们”，尼希米强调，“将他们的田地、葡萄园、橄榄园、房屋，并向他们所取的银钱、粮食、新酒和油，百分之一的利息都归还他们。”(5:11)

“我们必归还，不再向他们索要，必照你的话行。”放贷人回复道(5:12)，他们被成千上万类似 ACORN① 的抗议者所震慑，或许也有点对忽视先辈们的律法的悔悟。

在从摩西到尼希米的近千年时间里，对高利贷的痛恨始终是白热化的，而且律法很大程度上也并未发生改变。这段历史的记述者们旗帜鲜明、始终如一地谴责高利贷，而这里的高利贷仅仅指以收取利息为目的的贷款。那么，问题是夏洛克(Shylock)②是怎么来的呢？世上最详尽记载反对某种行为的民族怎么会在历史的转瞬间就变成这种行为的典范了呢？

这在很大程度上还要引述《申命记》(23:19－20)——这显然是所有犹太历史上最关键的一段文字。这段格言的开头其实平淡无奇：“你借给你弟兄的，或是钱财或是粮食，无论什么可生利的物，都不可取利。”

这条律法的意图看起来相当明确。在一个封闭的社会里，一直以来借钱给他人都是一种善举，而为此额外收钱无疑会玷污这种善举。这种想法直到今天依然正确。当一个朋友或是亲戚需要帮助时，如果提供钱款的人索要点利息作为回报，那他无疑会被视为十足的讨厌鬼。

然而格言后半部分的文字却造就了犹太人的悲剧：“借给外邦人可以取利，

---

① Association of Community Organizations for Reform Now 美国一个由中低收入阶层组成的社区团体。——译者注

② 莎士比亚作品《威尼斯商人》的主角。——译者注

只是借给你弟兄不可取利。”几个世纪以来，人们一直在争论究竟谁才是外邦人。高利贷禁令的拥护者们，如前文提到的艾略特主张采用最狭义的解释。他们认为，在犹太人中，只有贪婪的人才会把所有的非犹太人都列为外邦人。艾略特认为，就是这一解释“使所有非犹太的基督徒对抗犹太人长达1,500年”[3]。按照艾略特的观点，外邦人仅指那些激进的敌人，如迦南人和其他“被上帝诅咒的人”。

然而艾略特忽略了犹太人的离散，即著名的大流散(Diaspora)。正如《申命记》28:25中预示的那样，上帝能够而且必将把那些忽视其律法的子民“在天下万国中抛来抛去”。无论是否应得，这就是犹太人的命运。自被巴比伦人俘虏始，到公元132年反罗马的科赫巴起义被残酷镇压止，犹太人一直被驱逐，虽不至于遍至天下万国，至少已遍及希腊文明所及之处，在希腊人看来，这就算是天下万国了。[4]

基督出生前后的几个世纪里，希腊文明和语言统治着地中海沿岸。当时，鉴于他们的主导地位，希腊人信仰人性的同一性。与今天那些倡导包容性的人类似，希腊人认为自己是一个多种族、多文化的帝国，他们接纳任何愿意受他们统治的民族。

然而，亚伯拉罕的子孙们视自身为一个独立的种族。他们信奉的一神宗教、他们的饮食习惯和卫生标准、他们所坚持的野蛮割礼都愈发让他们在这个本应和谐的世界中显得另类。无论在哪里，犹太人看别人都是外邦人，而非自己的兄弟。他们的律法禁止他们与这些人同餐，更不用说通婚了。当地人因为犹太人表面上的超然态度而产生隔膜，渐生敌视之心，这更强化了犹太人自己给自己强加的疏离。虽然反犹太主义这种说法当时还没被创造出来，但是它却在基督出生前的几个世纪就一直存在着。

不过，这些外邦人本不该那么在乎犹太人的高利贷行为。他们自己已经这么做了上千年了。颇具讽刺意味的是，犹太人兴旺的高利贷生意只困扰了基督徒——这些继承了犹太律法的非犹太人。艾略特认为："1,500年来，基督徒和希伯来人最为明显的区别在于，希伯来人通过放贷向非犹太族裔牟利，而基督徒们却一致谴责这种做法，并严加禁止。"[5]

3. 不指望偿还

关于谁是历史上最具影响力的人物，即使不是信徒，也几乎没有争议。按照基督徒的说法，在基督降临前六个世纪，先知以赛亚就预言了他的降生："因此，主自己要给你们一个兆头。"以赛亚宣告："必有童女怀孕生子，给他起名叫以马内利。"(《以赛亚书》7:14)

尽管耶稣基督几乎对普天之下所有的道德问题都有着非同寻常的影响力，但他对放贷牟利这个问题却近乎沉默。仅有的两次涉及这个问题，他又说得如此隐晦和令人费解，就如同那个有争议的才干和银子的寓言，《路加福音》(Luke)和《马太福音》(Matthew)后来都详细记述了这个寓言。

《路加福音》中的故事是这样的，一个贵族要去远方接管一个王国，临行前他给了十个仆人每人一锭银子，让他们在他走后做些生意。然而，这个贵族到了新王国后，似乎也像克伦威尔在爱尔兰一样不得人心。臣民憎恨他，并直截了当地让他知道。他很快就回了老家，一到家他就召集仆人们，问他们都用钱干了什么。

第一个仆人得意地说："主人，你的一锭银子，已经赚了十锭。"(《路加福音》19:16)贵族对他的收入很满意，让他去管理十座城市。第二个仆人做生意挣了五锭,也得到了五座城。可是第三个仆人在主人走后把钱藏了起来,等主人回来又把这一锭银子还给了他。更让人生气的是,他还告诉主人,他对他冷酷无情地牟取暴利的行为感到害怕。

主人质疑他的回答。如果仆人真的怕他,他为什么不"把我的银子交给银行,等我来的时候,连本带利都可以要回来呢?"(v.23)《马太福音》中贵族的话几乎一样:"就当把我的银子放给兑换银钱的人,到我来的时候,可以连本带利收回。"(25:27)在两个故事里,贵族都把这锭银子从那个表现不佳的仆人手里夺来,给了那个挣了十锭银子的仆人。

《路加福音》和《马太福音》都用了个希腊语词汇"tokos"(意为"子嗣")来指称高利贷。"tokos"这个词很生动地诠释了钱生钱,精明的投资应该获得翻倍的回报,即使不能像野兔那么能繁殖,至少也得像衍生金融工具一样。根据历史记载,福音的传播者在把《诗篇》、《以西结书》中有关高利贷的内容翻译成希腊文时,用的就是"tokos"一词。[1]

还应注意的是,《马太福音》中用了希腊词汇"trapezetes"来形容交换者,或者经常被翻译成放款人。《马太福音》、《马可福音》、《约翰福音》都用了另外一个词"kollybistes"来形容换钱人,就是那个著名的被基督赶出神庙的人。这些人干的不是放高利贷,而是倒卖圣器。令耶稣恼火的是他们把神圣的祭品商品化了,把神庙变成了灵魂的互换商店。

虽不像神庙中的换钱人那样声名狼藉,故事里的贵族形象也有点不太真实。然而,耶稣讲这个故事,并非是要赞许贵族的行为,而是要责备那个不会赚钱的仆人没有好好利用机会,还编造不恰当的理由。耶稣似乎是想通过这个寓言来告诉世人，应该尽可能善用上帝的恩赐。那些妥善利用上帝恩赐的人将受到奖赏。那些没这么做的人，还为他们的拙劣表现编造站不住脚的借口，他们将会在最后审判时和山羊为伍，而非绵羊。①

主张禁止高利贷的人显然会为这个寓言所困扰。比如马丁·路德，他会引用《路加福音》和《马太福音》中任何其他的句子来抨击放贷牟利，但对这则寓言却避而不谈。凯文·艾略特提到它也只是为了批判它。他说，用这则寓言来为放贷牟利辩护是"对真理公然的歪曲"[2]。实际上，大多数支持高利贷的基督教徒，如约翰·加尔文，也像高利贷的反对者一样不愿引用这则寓言。设想一下，如果耶稣赞成高利贷，那么大卫王和以西结那些反对高利贷的警告就站不住脚了，如果按照这种错误的逻辑，那得出的结论也会让高利贷的辩护者们备受煎熬。

耶稣虽然没有明确地赞成放贷牟利，但似乎也没对这种做法特别不悦。尽管摩西法律禁止，但放贷收息在耶稣所处的时代显然很常见，而他的信众也都知道。

几乎每一个反对高利贷的基督徒都很重视《路加福音》中的另一段话——第六章30—35节，开头是这样的："凡求你的，就给他。有人夺你的东西去，不用再要回来。"路德对这段话的说法是："对于你的对手和敌人也不应例外，甚至，还应该包括他们，上帝自己在这段话中也清楚地说明了这一点。"[3]路德引用了下面这段上帝的话来证明：

---

① 根据《马太福音》(25:33—46)，在最后审判时，要将山羊和绵羊分开，绵羊在右，山羊在左。右侧的将蒙上帝赐福，可进入天国；左侧的则被诅咒，将被投入为魔鬼及其使者准备的永火。——译者注

你们若借给人，指望从他收回，有什么可酬谢的呢？就是罪人也借给罪人，要如数收回。你们倒要爱仇敌，也要善待他们，并要借给人不指望偿还。你们的赏赐就必大了，你们也必做至高者的儿子。因为他恩待那忘恩的和作恶的。（《路加福音》6:34－35）

实际上，很难用一两句话阐释清楚《圣经》中这个寓意如此丰富的小段落。而按照路德以及整个16世纪时几乎所有教会的牧师对这段话的解释，尤其是这句“不指望偿还”，不仅奠定了基督教对高利贷的准则，而且还明明白白地指出犹太人违反了这条准则。按照这个观点，没有所谓的异邦人。每个人都该得到无须偿还的贷款。

反对高利贷的人为了巩固他们的观点，引用了《新约》中的其他段落来显示基督是个审慎和现实的人，他反对高利贷者收取多余物品和从中获取不正当的利益。

这些段落也表明耶稣并不排斥赚钱本身。毕竟他生长在一个小商人家庭，后来还从他世俗的父亲那里继承了生意并继续经营。然而，他的确反感过分沉迷于赚钱和积累财富。在经济事务方面，耶稣一个了不起的地方在于，凭他的表现，他可以在西方世界任何一个国家参加竞选，爱赚钱非但不是什么尴尬事，反倒会让他在各地都受欢迎。

基督教社会主义者也努力把耶稣列为他们中的一员。事实上，像罗伯特·欧文(Robert Owen)、夏尔·傅立叶(Charles Fourier)，以及圣西门伯爵(Saint-Simon)这样的早期社会主义者就把他们的理论建立在《新约》的福音书上。许多现代的社会主义者，不论是否是基督徒，也是如此。除了引用耶稣经常论及的仁慈和同情之外，一些理论家还以《马太福音》(25:31－46)中的一段话为基础，描画社会主义的宏大场景："万民(nations)都要聚集在他面前。他要把他们分别出来，好像牧羊的分别绵羊、山羊一般。"(v.32)

这句话的关键词是"万民"。这个观点认为，对那些为"我最弱小兄弟"(v.40)承担再分配职责的国家，耶稣会给予奖赏。但是这段话有一个问题，除此处之外，不论《新约》，还是相关的《旧约》，不论耶稣、他的使徒、预言者、摩西或是天父，都不曾建议上帝的子民要把行善积德的任务让渡给一个国家。在《圣经》中，无论何种情况，这都是一项赋予个人、家庭或是教会的任务。

认为耶稣是社会主义者的观点还有一个大问题：不论在《新约》还是《旧约》中，为了获得永世的富足，任何人的施舍都没多到可以进行财富再分配的程度。英文中"creditor"一词来源于拉丁文"credere"，意为"相信"。毫无疑问，把钱贷给穷人就是考验其对上帝的信仰。如同《马太福音》19:21 中耶稣对一个富有年轻人的名言："你若愿意做完全人，可去变卖你所有的，分给穷人，就必有财宝在天上，你还要来跟从我。"人们所应期待的回报不是在尘世而是在天堂。索取利息破坏了交换行为的传播和推广。

基督诞生后的第四个世纪，希波城的主教奥古斯丁(Augustine)，这位最被称颂的早期宗教哲学家，解释了《圣经》的含义。虽然并非高利贷的支持者，他还是以放贷人作为例子：

学习放贷人的方法，适度的放贷并以此获利。你也应当这么做，少付出，多收获。看看你的利息是如何不断增长的。给出眼前的财富，获取永恒的收益，在俗世给予，在天堂收获。[4]

奥古斯丁反问谁应该被给予。答案就是“不准你做放贷人”的那个人——上帝本人。他现在(化身为一个穷人)来到你的面前要求借款。奥古斯丁坚信，《圣经》中在这一点上很明确，“借给穷人钱即为借钱给上帝”。[5]这就是犹太基督徒反对高利贷的核心。这也就解释了为何犹太教徒和基督教徒被要求借钱给人却不为偿还担心。因为ROI(投资回报)会在天堂兑现。

《旧约》的权威专家加里·安德森(Gary Anderson)发现，因为我们无视《圣经》而又能影响政府的政策，“我们越发执著于通过立法来进行财富再分配，而非通过树立一个基本的道德准则以一个普通的教徒身份对他人给予无私的馈赠”[6]。

虽然社会主义者力图从上帝那儿找论据并不完全可笑，但是有些关于耶稣的言行引起了无神论共产主义者的兴趣。这里有两个确定的(nonexclusive)原因。其一，耶稣有着超凡的智慧。其二，不那么主观的原因，基督教的思想长久以来深入渗透到了西方文明之中，没有人(包括无神论者和撒旦的信奉者)能够摆脱其影响。

在基督降生后的最初几百年，高利贷并不为许多人关注。罗马人当时统治着整个地中海地区，他们在这个问题上有着复杂的历史。按照历史学家塔西佗(Tacitus)的记载，在其统治的最初三个世纪，罗马人并没有关于高利贷的立法。[7]

相关的立法始于公元前450年问世的“十二铜表法”(Law of Twelve Tables)。这可能是所有文明中第一次试图设立法定利率，根据对法律的不同解读，这个利率应该在8%～10%。立法者显然至今仍没有丧失这种热情。如我所写，美国总统呼吁美国的信用卡公司限定它们的最高利率，否则就威胁它们要通过立法来加以限制。

不同于希腊或是其他现代人，罗马人有讨厌高利贷行为的文化传统，不论是法律上还是其他方面。晚于基督50年降生的塔西佗，称之为"城市古老的诅咒"[8]。从十二铜表法颁布到塔西佗出生的500年间，罗马的法律在高利贷的合法性问题上至少动摇了六七次。即便大部分时间里法律都允许放贷获利，哲学家阶层也普遍持反对态度。

罗马的政治家加图(Cato)①在基督降生前两个世纪就撰文把放贷牟利者同杀人犯归为同类。如西塞罗②所记，加图阐述说，"你想收取利息?""你想杀人吗?"[9] 1,500年后，他的同胞阿利盖利·但丁也把放高利贷和杀人一视同仁，把他们都送入了炼狱的第七层，放贷者更深一些。在《地狱》中作为但丁向导的罗马诗人维吉尔把现实中的放贷人称为"雄蜂，懒惰的一个群体"[10]。西塞罗对放贷者也不友好。在《论义务》中，他就告诫儿子不要借钱给人或收税。

在基督降生后的最初几个世纪，在罗马，对高利贷抨击最为猛烈的要数普鲁塔克(Plutarch)这位出生于希腊的传记作家和道德家。在一篇名为"反对借款"的文章中，他指责放贷人是"野蛮和邪恶的"，是应该不惜一切代价来避开的祸

---

① 此处指老加图(Cato Maior)，罗马共和国时期的政治家、国务活动家、演说家，公元前195年的执政官。——译者注

② 马库斯·图留斯·西塞罗(Marcus Tullius Cicero)，古罗马著名政治家、演说家、雄辩家、法学家和哲学家。——译者注

害。他对于借款人命运的描述至今还能引起共鸣，尤其是在那些在体育博彩上赌输了之后要拼命还钱的人中间："他们一投钱就想马上回本，放出去的同时就要收回来，收回贷款利息后再放出去以便利滚利地收息。"[11]

尤其让普鲁塔克伤自尊的，当然也总让知识分子们伤自尊的是，他们总被那些俗人嘲弄，这些人用实际行动颠覆了他们的最好理论。"他们嘲笑哲学家，"普鲁塔克悲叹，"因为哲学家坚信无中不可能生有。"[12]放贷者起初可能一无所有，但是他们显然以此赚了个盆满钵满，这尤其让自认为智力上胜过他们的人恼火。

基督降生后的几个世纪里，基督徒们需要操心的事情太多了，比如竞技场里的狮子，根本就无暇顾及高利贷。最早的教会指导手册《十二使徒遗训》(Didache)完全没有提到高利贷，至少没有直接提及。不过，它确实考虑到了贷款偿还的条件，并对无法偿还的穷人和有能力偿还的富人做了明显的区分："因为接受别人的施舍，若是真有缺乏而接受，他就没有罪，但若没有缺乏而接受，他必受严厉的究问……直到还清最后一文钱。"[13]这一指导显示，某些非慈善的动机促使贷款者把钱贷给富裕的人，但仅此而已，它并没有把贷款视为投资行为而加以容许。

直到公元313年，康斯坦丁皇帝才取消了竞技场斗兽活动，至少是官方取消了。12年后，250多个主教在如今土耳其境内的尼西亚镇举行了第一次整个教会的集会。会上讨论了一些重要事项，最引人关注的是耶稣和圣父的关系。与会者还在一些次要的问题上达成了一致，从自宫(禁止)到在教堂中站立(准许)到高利贷(不赞成)。这些规则一起形成了《尼西亚信经》(Nicene Creed)。[14]

其中有关放贷的教规只涉及了在放贷时"受贪欲和物欲的驱使"[15]的神职人

员。教规规定通常的月利率为 1%,之所以如此明确,说明确有为数不少的神职人员已经沦为索取高利息的高利贷者(loan shark)。会议还决定,将来如有神职人员在放贷时试图自作主张地额外赚钱的话“将被罢免职务”。值得注意的是,议会的这一禁令并不是源自耶稣的任何言行,而是根据《诗篇》15 中大卫对善人的描述:“他不放债取利,不受贿赂以害无辜。”(v.5)

20 年后的迦太基会议扩展了对放贷牟利的制裁,称这种做法应受谴责。此次会议还强化了对神职人员放贷的彻底禁止。迦太基会议召开一个世纪后,第二次阿尔勒会议升级了处罚,放贷的神职人员将被逐出教会。

圣安布罗斯(St. Ambrose)是最早认真对待高利贷问题的神父之一,他是 4 世纪米兰的主教,还是早期最知名的四位教会医生之一。从他被选为主教的经历可以看出天主教在成立的最初几个世纪里是何等地不完善。作为学法律出身的地方总督,圣安布罗斯出席了一个当执主教死后选举继任者的会议,会上准异教阿里乌斯派和天主教派竞争激烈。他出色的口才使得原本混乱不堪的会议变得井然有序,在与会者的欢呼声中他很不情愿地被推选为主教。他没受过洗礼,更不用说当过神父了,被选中实在让他吃惊。

不过当选之后,安布罗斯在新职位上做得有声有色。他把自己的土地和钱财给了穷人,接受了洗礼和授职,并选择了独身。作为一个严肃的学者,他潜心研究当时的神学热点问题,包括高利贷,他将其定义为“任何超过贷款额的回报”。

虽然总的来说对高利贷持谴责态度,安布罗斯仍是已知第一个解读《申命记》中对高利贷貌似自相矛盾态度的基督教知识分子。在作于公元 377 年的《托比特书》(De Tobia)中，他确信，向外邦人放贷牟利是恰当的，只要对方是正义战争中的敌人。“Ubi jus belli，ibi etiam jus usuras.”他写下了这句名言，即“只要发动的战争是正义的，就有权向敌人放高利贷”。

也正是安布罗斯对《申命记》的阐释，令他在公元4世纪后半叶成为对非基督徒的攻击中饱受争议的人物。随着基督教日渐成为帝国中占领导地位的宗教团体，为了显示他们的实力，基督徒们开始推倒异教徒的神庙，紧接着就开始向犹太人泄愤。

虽然犹太人作为一个群体明显相对富裕，但也没有确凿的证据表明这个时期基督徒对犹太人的攻击是由于他们放贷牟利。基督教徒们发泄怒火是因为对犹太人积怨已久，他们认为在帝国早期对基督徒的迫害中犹太人起了作用，而且犹太人始终否认基督的神性。[16]

但是高利贷问题迟早也会浮出水面。早在公元1世纪，犹太哲学家们，如费罗(Philo)，就曾警告要当心某种行为的负面效应，因为它完全有可能被当成恶意行为。安布罗斯的遭遇恰好诠释了这一点。当西奥多斯一世皇帝命令一个中东的主教来重建一座被他的犹太教众烧毁的会堂时，不知出于何种动机，安布罗斯以主教的身份出面阻止，提醒皇帝宗教狂热猛于国家法律，[17]最终说服了皇帝。如果要回答这个常被提起的问题——“耶稣会怎么做呢?”，一个保险的说法或许是，“跟这种做法不一样”。

4. 哲人中的大师

对今天的学童们来说，克里斯托弗·哥伦布(Christopher Columbus)值得记取的积极面，大概只有他对地圆说的坚持，剩下的就都是引发种族大屠杀的劣迹了。学生们也了解，仅凭这点，就足以把他同那些在蒙昧的中世纪统治基督教世界的地平说信徒截然分开。如果再高几个年级，学生们又会获知是半开化的基督徒把文明的穆斯林从他们的安达卢西亚乐土上赶走，让伊比利亚半岛和欧洲其他地方继续被黑暗笼罩了500年，直到启蒙运动的第一道光芒刺破天主教会的统治。

这并非言过其实。看看自主流历史学家、美国国会图书馆馆长丹尼尔·布尔斯廷(Daniel J. Boorstin) 1983年的畅销书《探索者》(*The Discoverers*)中的段落：

> 遍及欧洲的学术空白……从公元300年到至少1300年一直折磨着这片大陆。在这些岁月里，基督教的信仰和教义压制了人们对世界的真实想象，而古代的地理学家们一直在缓慢地、艰难地、一丝不苟地描摹着这个世界。[1]

布尔斯廷不过是提出了一个已经盛行了近四百年的正统说法，只是这种说法直到当今这个灿烂的多文化时代才真正为众人所推崇。早期的现代哲学家们定了一种复仇的调子。与莎士比亚同时代的科学家弗朗西斯·培根(Francis Bacon)形容此前几个世纪的欧洲“彼时彼地，满是荒漠与垃圾”。培根的招牌式思维直接导致了人们对中世纪的那种令人毛骨悚然的漫画般的印象，就如我们在开篇提到的迈克尔·莱德福的《威尼斯商人》所展现的那样。它也扭曲了我们对高利贷禁令被取缔过程的总体认识，这种取缔远没有看上去那么简单，甚至比启蒙思想挣脱中世纪的桎梏还要困难。

名词“中世纪”(Middle Ages)和形容词“中世纪的”(medieval)通常用来描述从罗马帝国覆灭到现代社会产生的这段时间，大致从公元 500 年到1500年或1600年。人们对这段时期的误解比其他任何时期都多。是的，开始的时候确实很艰辛。当一个没落的文明接二连三遭到蛮族入侵的时候，这种事情就很可能发生。罗马灭亡之后的几个世纪里，知识趋于衰亡，公民秩序瓦解，在被各种蛮族联盟滋扰的欧洲大陆上，人们勉力求生。就在这起初的几个世纪里，教会成了一股稳定和凝聚人心的力量，虽然教会偶尔也会发布敕令，然而，相对于制定和实施有关高利贷的律法，教会还有更为迫切的事务要处理。

伊斯兰部族从阿拉伯半岛出发，在从波斯至伊比利亚这一广阔地区建立起霸权，这对于高利贷法令的发展尤为关键，尽管其影响是间接的。随着伊斯兰文化的成熟，伊斯兰的学者们开始寻找并保护在埃及、叙利亚、美索不达米亚和其他地区留存下来的伟大的希腊哲学家的著作。他们把这些作品翻译成阿拉伯文，并自由地对其加以评论，有时候还补充上他们自己的新发现。公元 9 世纪时德高望重的穆斯林哲学家阿尔·肯迪(Al-Kindi)表述了他对于希腊文化遗产的敬意:“尽管我们有热情,但即便穷尽毕生时间,我们也不可能汇集起关于真理的这些原则,而这些原则构成了我们研究结果的根本基础。”[2]

阿拉伯人还来到了印度。尽管文化上尚处于吸纳其他文明的形成期,印度人却无意中发明了现代商业最为关键的基础工具——印度计数系统,包括神奇的“零”。对一种以信贷为基础的文明而言,这个计数系统对文明发展的解放作用无法估量,至少不亚于任何法律和信仰的变革。

虽然伊斯兰民族的这次突破性进展有着众多令人称道之处,但是其文化先天存在着某些局限,不久之后就显露无遗。比如,直到现代,伊斯兰民族中也只有数学家才使用阿拉伯数字。穆斯林科学家使用的是一种巴比伦的数字系统,商人则使用另外一种在阿拉伯字母基础上发展起来的系统。正如希腊科学和哲学都是由阿拉伯人保存和传播的那样,印度数字也是;之后,欧洲人将对其进行开发和改造。

基于某种原因——全球变暖(global warming)①也是其中重要的一个,欧洲的商业活动再次复苏了。一个来自比萨的叫做列昂纳多·斐波那契(Leonardo Fibonacci)的商人之子将对商业做出举足轻重的贡献,不过令人难以置信的是他至今仍默默无闻。他年轻的时候来到父亲在北非的商栈帮忙。在这里他第一次了解到印度—阿拉伯计数系统。斐波那契认为这种计数系统比西方人还在使用的笨拙的罗马计数系统更为优越,他开始向整个地中海地区几个著名的阿拉伯

① 此处应指欧洲中世纪暖期,即欧洲中世纪时代一个不寻常的温暖期,从大约 10 世纪一直持续到 14 世纪。——译者注

数学家学习。

在出版于1202年的专著《珠算原理》(*Liber Abaci*)中,斐波那契向欧洲介绍了被他准确地称为"modus Indorum"(印度法)的系统。鉴于他父亲的商人背景,斐波那契不仅着力展示这个系统在方便计算方面的潜力,还展示了其在日常商务计算方面所具备的潜力。事实上,这种新颖的数字让利息和复利的计算更为容易。商人和学者都欣然接纳了这种新的算术。它加速了正在进行中的商业变革,也开启了即将到来的科学革命。不过令人遗憾的是,它也使得欺诈变得容易了。和在华尔街一样,把0变成6、把1变成4在佛罗伦萨也极具诱惑力。1229年,因为担心欺诈,佛罗伦萨禁止银行家使用这种"异教徒的"符号,但是一如既往地,商业活动总能找到应对这种倒退的法规的规避之法。[3]

就在此前几年,科学界一次具有历史意义的转折发生在托莱多(Toledo),但是鲜为人知。在收复失地运动(Reconquista)①中,基督教的骑士们——更准确地说应该是民兵——重新收复了被伊斯兰部族占领的托莱多。在城市的大教堂里,由穆斯林、犹太和基督教学者组成的通晓多种语言的一群人令人难以置信地共同协作,努力把之前被翻译为阿拉伯文的伟大希腊哲学家的著作翻译成拉丁文。

深入人心的《亚里士多德密码》(*Aristotle's Children*)②一书的作者理查德·鲁宾斯坦(Richard Rubenstein)很可能不是天主教的护卫者,他称这次合作的最

① 是公元718—1492年间,位于西欧伊比利亚半岛北部的基督教各国逐渐战胜南部穆斯林摩尔人政权的运动。在西班牙语和葡萄牙语中,"Reconquista"一词有"重新征服"的意思。——译者注

② 书名直译为"亚里士多德的孩子们",此处翻译参考台湾地区中文译本,《亚里士多德密码》,郭乃嘉译,麦田出版社,2006年6月版。——译者注

终成果对很多现代人来说是“尴尬的重要根源”[4]。正如后来将要发生的那样，犹太人和穆斯林因其是公认的异教学术成就而摒弃了这一丰厚的宝藏，但“有远见的教皇和主教们采取了伊斯兰领袖们所摒弃的重大举措”[5]。尽管遇到了一些阻挠，天主教会最终还是撷取了这些成果。历史学家爱德华·格兰特(Edward Grant)称由此引发的中世纪基督教文艺复兴是“西方文明埋藏最深的秘密”[6]。

在这些被重新发现的古希腊学者中，有一位从众人之中脱颖而出，以至于在此后的几个世纪里，他的追随者都简单地称他为“先哲”(the Philosopher)①。但丁在地狱的第一层遇见了这位先哲，这一层收留的是那些未能接触和了解耶稣的良善之人。“我稍稍抬眼望过去，”但丁写道，“我看见了那位被人们称为哲人中的大师的人坐在一群哲学家中间，大家都注视着他，向他表示敬意。”[7]②这些人包括柏拉图(Plato)、苏格拉底(Scorates)、德谟克利特(Democritus)、芝诺(Zeno)、恩培多克勒(Empedocles)、阿那克萨戈拉(Anaxagoras)、泰勒斯(Thales)、赫拉克利特(Heraclitus)、狄奥根尼(Diogenes)③和其他异教的智者，被围在中间的正是亚里士多德(Aristotle)。大家只要回想一下，但丁是在14世纪初进行写作的虔诚基督教徒，就能很好地理解他的作品。他和他的读者们当时已经摆脱了“遍及欧洲的学术空白”。

通过伊斯兰文化的中转，大约3,000页的亚里士多德智慧结晶里除了有我们所理解的哲学外，还有他对生物学、物理学、逻辑学和政治学的真知灼见，当然，

---

① 后世人们为了表达对亚里士多德的敬意，用 the Philosopher(首个字母大写的“哲学家”一词)专门指称他。——译者注

② 参见田德望《神曲》,《地狱篇》第24页。——译者注

③ 这些人均为古希腊哲学家。——译者注

也有关于高利贷的。如果把耶稣基督列为历史上最具影响力的人物的话，那么亚里士多德将紧随其后。然而在高利贷问题上，亚里士多德的影响力或许要超过耶稣。

亚里士多德这些写于公元前 4 世纪的经验主义研究成果在那些岁月里很合理地站住了脚跟。比如，在专著《论天》(*On the Heavens*)中，亚里士多德比哥伦布提前1,800多年确认了地球的真正形状。“日、月蚀的外缘总是呈一条弧线，”他写道，“既然日月蚀是因为地球的阻挡而形成的，那么这些线条就都是由地球表面形成的，也就说地表是球形的。”[8] 顺便插一句，这一智慧并未随罗马的灭亡而消失。就算是在中世纪早期，主流教科书都是支持地球是圆的这种说法。在《神曲》的《炼狱》篇中，但丁对时区的讨论和他对南半球截然不同的星象的认识都在不经意间暗示地球是曲面的。有关早期基督徒信奉地平说的谣言直到达尔文之后的 19 世纪才出现，同现在一样，这种谣言当时是被利用来诽谤基督教学者的。

当然，亚里士多德的许多观点和那些聚集在托莱多的一神论者是有分歧的。基督教学者和亚里士多德的共同之处在于他们都相信存在着一个道德上次序完美的宇宙。对基督教学者而言，亚里士多德最具吸引力的地方在于他能够用推理的方式来辨明这一次序。[9] 这些学者想把亚里士多德的推理方法同信仰相结合，帮助他们确认上帝就是这一次序最终的源头。而且，与伊斯兰教和犹太教同道不同的是，基督教学者在一个完全统一的庞大教会体制下工作。如果他们能够让他们的上级认识到亚里士多德的价值，那么整个教会都会欣然接纳他的思想。总之，他们不会被轻易地忽视。

另外一个让普通民众领略上帝的次序之简洁和优雅的新工具是时钟。13世纪，机械时钟开始在欧洲出现，主要都是在教堂里。教堂的神父们不仅用时钟让教区的信众们按时来教堂，而且还能用来加强人们对上帝统治世界合理性的认识。尽管当时看来还不明显，但是时钟将会导致时间的商品化并引发"时间就是金钱"这种由本・富兰克林做了最为简练归纳的领悟。[10]

时钟当然也为正在进行中的商业变革增加了精确性，商业的发展也传播了亚里士多德的学说。然而，商业活动的增加重又燃起了对高利贷行为的担忧。1139 年召开的第二次拉特兰会议上，教皇依诺森二世(Innocent II)直言不讳地把放贷称为"可耻又可憎、人神共愤的贪婪之举"[11]。在 1163 年的图尔会议上，教皇亚历山大三世(Alexander III)扩大了高利贷的定义，把信用销售也包括进来，只要累计的价格超过现金价格的都在此列。1179 年，教皇亚历山大三世主张放贷者不仅要被逐出教会而且死后也不得以基督徒的身份埋葬。1187 年，教皇乌尔班三世(Urban III)重申了其前任们的立场，这次他用《路加福音》(6:35)中上帝的忠告来反对放贷："借给人，不指望偿还。"

正当这些教皇们就高利贷问题进行评判的时候，亚里士多德的思想正在以当时最快的速度传播着，当时即使是"即时消息"也得数周才能到达。到了 13 世纪初，亚里士多德的书籍在欧洲初期的大学里被阅读和教授，尤其是在激进主义思想的温床——巴黎大学。今天的学生很难想象当时的学生们对知识的狂热。如果说辩论是在某些被基督教接受的范围内进行的话，那么这些范围至少得和典型的美国大学所要求的一样宽泛，并且同样不够"正确"。早期现代主义者试图否认该时期的知识进步，其做法令人震惊。实际上，鲁宾斯坦将其描述为"对所有令目前政权感到尴尬的人物和事件都加以'粉饰'"[12]。

在西方世界,推进经常意味着向后推进。在基督教世界里,教会官员们承受的压力越来越大,对亚里士多德这位毫无争议的异教徒,人们强烈要求查禁其富有争议的异端作品,尽管这些作品在穆斯林世界已经被删节过了。

1215年,在伊诺森三世教皇召集的第四次拉特兰会议上,这个问题被推到了风口浪尖,但也就此终结。以其名字命名的道明会①创始人道明古斯曼(Domingo de Guzman,史称圣多米尼克)成功地让与会者相信,亚里士多德的推理对于对抗异端至关重要。亚里士多德思想占主导地位的世纪由此开始,这其中,亚里士多德最忠实的追随者——多米尼克教派的学者托马斯·阿奎纳(Thomas Aquinas)的影响也功不可没。

回顾一下托马斯的成长背景,他在那不勒斯和罗马之间的山区长大,是位满怀抱负的贵族之子。父亲把托马斯送到修道院接受教育,并期望自己的聪明儿子能很快登上教会领导职位以实现家族的志向。然而,在那不勒斯大学时期,托马斯接触到了来自阿拉伯世界、令人耳目一新的亚里士多德的思想并迷恋上了它。阿奎纳从亚里士多德那里得出的结论是,不应该惧怕理性而是应该去接纳它。他像亚里士多德一样相信,一个理性的人能够通过自己的体验来了解这个世界。通过对自身体验的思考,人能够领悟到决定事物存在的根源。亚里士多德认为,对事物最初根源的探求,就是人类知识的全部内容,托马斯完全同意这

---

① 道明会(拉丁名 Ordo Dominicanorum,又译为多明我会),亦称"布道兄弟会"。天主教托钵修会的主要派别之一。会士均披黑色斗篷,因此称为"黑衣修士",以区别于方济会的"灰衣修士"、加尔默罗会的"白衣修士"。天主教托钵修会的主要派别之一。——译者注

一点。[13]

道明会对于知识交流的热情吸引托马斯加入了这个主张苦行、与世无争的教团。这一举动让世故的父亲十分不悦，他让托马斯的兄弟们把这个早熟的孩子绑架回了家，并囚禁在家中两年试图打消其热情。当父亲的态度最终缓和下来时，托马斯直接逃向了巴黎的道明会。

木讷的托马斯在大学期间不善于表达自己，以致他的同窗们都开始称他为"笨牛"，但对他所知甚深的人却不这么认为。他的良师、道明会的科学家和哲学家大阿尔伯特(Albertus Magnus)①责骂托马斯的同学们："你们称他为笨牛；我告诉你们，这头笨牛会发出巨大的吼声，这吼声将充斥整个世界。"[14]如果说这话还有什么不对的地方，那就是托马斯将远远超出大阿尔伯特的期望。

在托马斯的时代，尽管有上个世纪的教皇谕令，放贷收息仍然是争论中的热门话题，至少在街谈巷议中仍然如此。要证明它仍然是待解难题，可以在托马斯的代表作、未完成的《神学大全》(*Summa Theologica*)关于高利贷的一章中找到最有力的证据。该章一开头就抛出问题——"放贷收取利息是否有罪"[15]，然后就这个问题有针对性地举出了一系列很常见的反对意见。托马斯公正得近乎无情，他所举的这些反例都很有依据。对于《申命记》中的说法，他很纳闷儿把钱借给自己的兄弟而不是外邦人怎么就有罪了，或者，如果国家的法律都允许放贷收息，那么依法行事怎么就不对呢，还有，一个人收取可以随便给予的东西怎么也

---

① 大阿尔伯特(约1200年－1280年11月15日)是一位中世纪欧洲重要的哲学家和神学家，他是多明我会神父，因知识丰富而著名，他提倡神学与科学和平并存。他也是首位将亚里士多德的学说与基督教哲学综合到一起的中世纪学者。——译者注

会有错，上帝在《路加福音》6:35 中的忠告——“借给人，不指望偿还”——到底是“有约束力的”指令抑或仅仅是个善意的建议?

如正统的天主教学者托马斯·伍兹(Thomas Woods)和约翰·努南(John Noonan)所承认的，问题在于，托马斯对他自己提出的这些反例的回应不是特别有说服力。这里，他对亚里士多德的推崇似乎暴露了他。亚里士多德对西方商业史一向颇有微词，他对一切高利贷做法都异常反感。但是与之前所说的出于社会公平考虑才反对高利贷的犹太教和基督教学者不同，亚里士多德对高利贷的反感很大程度上是基于审美情趣。在《尼各马可伦理学》中，他将高利贷者与“那些从事肮脏交易的人、皮条客和诸如此类的所有人”相比，抨击他们“对利润的卑鄙之爱”[16]。可以肯定的是，这种感受至今仍在流行。

对亚里士多德而言，收取利息不仅不恰当而且还违背了自然法则。在《政治学》(*Politics*)一书中，他认为:“收取利息的做法也极其让人厌恶，这种厌恶是完全正当的，因为获利直接来自货币本身，而非货币所换取的某物品的产出品。”[17]他详细分析了希腊语中的高利贷一词——“tokos”，我们前面就解释过的，这个词意为“子嗣”。正如每个动物都会生出跟其相似的后代一样，“利息也是货币生出来的货币”。他发现“这尤其有悖自然”[18]。我们应该还记得，在但丁的《地狱》篇中，维吉尔认为是因为放贷者违背了自然的本性才令上帝把他们放到了地狱的第七层。维吉尔只做了两处引用来证明自己的观点——《创世记》(*Genesis*)和亚里士多德的《物理学》。

维吉尔告诉但丁:“如果你仔细翻阅你的《物理学》，从头翻过不多的几页，就会看到书中说的，你们的艺术要尽可能模仿自然。”[19]换言之，就是用你的双手劳动或者耕耘你的土地;不要让货币替你工作。亚里士多德作品的影响力如此之大,以至于像但丁这样聪明的基督徒即使在不完全理解的情况下也在附和他的思想。不管是否落入第七层地狱,高利贷比其他任何罪行引起的反响都大。亚里士多德把公正、道德甚至是公平都从高利贷的考量因素中剔除了,仅仅把他的理论建立在藐视自然上,这并不合乎情理。

20 世纪,诗人埃兹拉·庞德(Ezra Pound)在他的诗作"关于高利贷"("With Usura")中力图阐释亚里士多德对于高利贷的反对,但是他拙劣的经济学知识反而扭曲了事态。和亚里士多德一样,庞德也认为高利贷是"违背自然的罪行",但是他不知道怎么就得出了这样的结论:"有了高利贷就没有了明显的界限/没人能找到自己的栖身之所。"[20]

庞德几乎完全误解了信贷所产生的结果。正如我们后来所看到的那样,太多的人因此找到了太多的栖身之所。

阿奎纳的《神学大全》只比但丁的《神曲》早了一代,他的著作和但丁一样都离不开亚里士多德经济方面的智慧:

> 根据"先哲"的说法,发明货币主要是为交换的方便:因而货币恰当的和主要的用途是用于消费或者是在所涉及的交换中转手。所以说,从货币的本质出发,放贷收息即高利贷是不道德的。正如通过不正当手段获得的东西应该予以归还,通过高利贷获取的货币也应该予以归还。[21]

阿奎纳极力主张诸如酒和小麦之类的商品出售是为了消费，货币也应如此。他这样写道："如果某人想把酒的使用和酒的销售分割开来，那么他就是想把同样一件物品出售两次，或者说他是在出售根本不存在的物品。"他由此推导出这将是"不正义之罪"，这样的推论无法令人信服。另一方面，房子是不会在使用过程中被消费掉的。阿奎纳认为："基于这个理由，人们为房子的使用收费应该是合法的。"[22]

天主教历史学家托马斯·伍兹在他颇具思想性的著作《教会与市场》(*The Church and the Market*)中，和读者一样无法理解阿奎纳。恼怒的伍兹问道，放眼人类历史，有人曾抛开酒和麦子的使用，试着将其卖过第二次吗？但是，自货币诞生之日起，商人就开始放贷收息了。[23]

作为经院哲学权威的约翰·努南(John Noonan)对高利贷禁令用了一个经典的天主教格言：Cessante ratione, cessat ispa lex，意为"如果律法的根基消失，律法也荡然无存"[24]。到了13世纪，禁止高利贷的基础已经不复存在了。蓬勃发展的商业和计算利息的新方法的出现已经使得禁止商业信贷变得不合时宜了。

亚里士多德就是在此时主导了历史前进的方向，尤其是关于犹太人的历史。这位大师在基督教学者中有着如此重大的精神影响力，假如他支持银行体系，那么对高利贷的限制几乎肯定会消失殆尽。那么阿奎纳和他的伙伴们就会把他们的聪明才智用于钻研掠夺性贷款和合理商业交易之间的区别，并在此过程中建立起一个完整的基督教商业哲学，犹太人也就能很容易地融入其中。然而不幸的是，上述事情都没有发生。

在亚里士多德思想盛行的年代，虽然视犹太人为放贷人还没到模式化的程度，但基本轮廓已经逐渐清晰。第四次拉特兰会议的某些规定就能证明这一点。此次会议由教皇伊诺森三世(Innocent III)于1215年召开，这个会议或许给了亚里士多德的思想第二次生命，但是却给了犹太人的银行业致命的打击。[25]

当时，教会的领袖们发现高利贷禁令的实际后果是让犹太人富了起来。"越是不允许基督徒放高利贷，"会议的宪章67这样写道，"基督徒们就越是在这个问题上受到违规的犹太人的盘剥，以致短时间内犹太人就耗尽了基督徒的财力。"就如这些文字所揭示的，禁令还造成了这两个团体之间的不和。值得重视的是，这次会议要求基督徒自身不要去抵制放贷者，哪怕是犹太放贷者，而应该去抵制那些从事"严重的和过分的高利贷"的放贷者。同一篇章中另外还有一处，反对"压迫性的和过度的利息"。虽然没有明说，但是一种认为收取适当利息也不见得有罪的观点似乎开始出现了。

在希腊，还有一种职业同样也激怒了犹太人的基督教邻居。图德拉的本杰明①(Benjamin of Tudela)在他令人眼界大开的《游记》(*Book of Travels*)中证实了这点，这本书描述了他在12世纪末期在地中海北部地区游历的经历。虽然本杰明认为他的犹太同胞们"富裕、善良且乐善好施"，但是他也承认希腊人不这么认为，因为"制革业者把脏水倾倒在自己的屋外，犹太人的居住区因此污秽不堪"[26]。历史上没有记载亚里士多德对于制革业的感受，但是他对高利贷的仇恨

① 生活在12—13世纪的犹太学者，他的游记记载了他在欧洲、波斯和印度13年的旅行经历，以及犹太人与其他各族人的来往和他所到之处的地理状况。——译者注

要早于希腊人对犹太人的仇恨。

在另外一个关键的领域，基督教学者遵循亚里士多德的指引也遭遇了不幸的后果，至少在公共关系方面是这样。亚里士多德碰巧是地球中心说的信奉者。当然，并非所有的基督教学者都推崇亚里士多德的学说。1514 年，尼古拉·哥白尼(Nicolaus Copernicus)推测出一个以太阳为中心的宇宙，他的此项研究是在天主教集团的重要人物的鼓励下进行的。在哥白尼去世半个多世纪之后，伽利略·伽利雷(Galileo Galilei)借助强大的新型望远镜开始进一步充实哥白尼的理论。

伽利略在其职业生涯的大部分时间里都得益于梵蒂冈的支持，其间他在由教会成立的天文台和大学里完成了自己绝大部分的研究工作。[27] 1616 年，伽利略的某个对手向宗教裁判所提起了控告，红衣主教罗伯多·贝勒明(Robert Bellarmine)会见了伽利略并向他申明了教会在这件事情上的立场。贝勒明解释说，《圣经》看上去是主张宇宙以地球为中心的。在当时那个后宗教改革时代，天主教会被指责对待《圣经》太过马虎，贝勒明要求伽利略在教会重新考虑对《圣经》的解释之前拿出可靠的证据来。伽利略可以继续从事研究，但是贝勒明要求他在没得到教会的批准前不得再宣传他的新发现。

身为天主教徒的伽利略同意了，并在几年内信守了承诺。1632 年，由于长期受限不胜其烦，再加上一个态度友善的新教皇掌权，伽利略发表了《关于两大世界体系的对话》。虽然伽利略能够数出木星的卫星个数，但是他却没能读懂梵蒂冈墙上的字迹。伽利略自食其言的后果十分严重，更为糟糕的是他的某些证据根本就不确定，比如他认为是太阳的运动引起了潮汐，尤其糟糕的还有他在

《对话》一书中以“辛普利西奥”(Simplicio)①来为教皇的形象命名，这个名字听上去就包含贬义。一直靠教会资助的伽利略最终被从轻发落，判处70年的软禁，这可以算作16世纪基督教世界变得仁慈的一个证明，估计萨尔曼·拉什迪(Salman Rushdie)②会同意这一点。

如果说历史学家和剧作家已经忘记了的话，那么伽利略一定很清楚，他的理论所面临的真正阻力不是人们对《圣经》逐字逐句的解读，而是他们对亚里士多德的全盘接受。他认为：

> 如果亚里士多德能在天上看见这些新的发现，他会改变他的想法、修正他的著作并欣然接受这最让人信服的学说。如果那些头脑简单的人还对他曾说过的每一句话都盲目痴迷的话，他会远离这些人。[28]

从17世纪开始，教会和科学彼此渐行渐远，教会和商业的关系也是如此，对我们生活的世界而言，这种分离未必是好事。天主教社会哲学家迈克尔·诺瓦克提醒我们：“商务活动是在道德上很严肃的事业，受其内在的逻辑和固有的道德所驱使，商务活动需要道德上的约束；虽然不总是这样，但是违反这种逻辑极

---

① 意思为傻子。《对话》一书的内容以三个人物的对话展开——Simplicio(主张地心说的亚里士多德主义者，影射教皇)，Salviati(主张日心说的哥白尼主义者，其实指伽利略本人)和Sagredo(在这场辩论中持中立态度的博学智者)。在这场对话中，Salviati系统地驳斥了Simplicio的所有观点，并得出了伽利略所主张的富有挑战性的关于地球围绕太阳运转的证明。——译者注

② 印度裔英国作家，因1988年出版的小说《撒旦诗篇》引起极大争议。伊斯兰教原教旨主义者领袖抨击它为渎神之作。1989年2月14日，伊朗原宗教及政治领袖霍梅尼宣布判处拉什迪死刑，并号召教徒对其采取暗杀行动。拉什迪潜藏多年，直到1998年，伊朗政府宣布不会支持对拉什迪的死刑判决后，拉什迪终于获得了自由。——译者注

有可能给个人和企业带来耻辱。"[29]理论上，倒置的收益率曲线①必然预示着长期收益前景堪忧，历史已经证明了这一点。

① 对于给定风险的固定收益证券，描述承诺的利率（收益率）与固定收益证券的期限之间关系的曲线。通常的收益曲线形状为向右上方倾斜，期限越长，收益率越高。此指若违反正常逻辑，从长期看其后果必然是灾难性的。——译者注

5. 为王权而战

1119 年左右，第一次东征的十字军占领耶路撒冷大约 20 年后，一群虔诚的基督徒离开这座层层设防的城市，“满怀欣喜和愉悦的心情”踏上了前往约旦河的复活节朝圣之旅。[1]他们最终却没能抵达。在城市和河流中间的山区，一群残忍的撒拉逊人①袭击了这些朝圣者，由于他们手无寸铁再加上因斋戒而致的虚弱，他们遭到了屠杀。300 人丧生，60 人被俘。整个基督教世界被激怒了。

1120 年，在耶路撒冷以北 40 英里的纳布卢斯城，整个地区的教会和俗界领袖聚集在一起计划对这次以及其他袭击做出回应。这次集会最值得记住的是正式确认了一个独特的教团，成立这个教团的主意来自于两个法国骑士，他们都是第一次十字军的老兵。耶路撒冷的国王鲍德温二世（Baldwin II）批准了这个教团的成立，并把圣殿山的中心区让与他们使用——圣殿山因为人们相信古代所罗门圣殿的遗迹埋于此地而得名。由此，这个教团被命名为基督贫苦骑士团（Poor Knights of Christ）和所罗门贫苦圣殿骑士团（the Temple of Solomon），史称圣殿骑士团（the Knights Templar）。

---

① 古阿拉伯人。——译者注

在随后的两个世纪里，圣殿骑士团将创造第一个伟大的国际银行企业。在他们消亡后的700年里，各式各样的阴谋集团都从他们身上汲取了养分，反天主教、共济会(Masonic)、反共济会(anti-Masonic)和反资本主义。事实上，就算历史上没有过圣殿骑士团，出版界也得创造出一个来。今天，在本地书店能买到大量新近出版的关于圣殿骑士团的书籍，严肃的、荒诞不经的、亵渎神明的都有。除了书籍，从亚马逊的浏览器里你很容易便能找到圣殿骑士团的盾牌、剑、锡镴树脂骷髅头摆件，闪亮的陶瓷门把手，甚至"带圣殿骑士团标志的超柔婴儿连体衣"。

圣殿骑士团的魅力很大程度上来自于他们是为和平宗教而战斗的武僧团体这一矛盾形象。研究圣殿骑士团的主要历史学家马尔科姆·巴伯(Malcolm Barber)称他们是公认的"有悖常理的混合体"[2]。但不论是否有悖常理，圣殿骑士团是一个严肃的教团，他们也是一群认真的人。早期，在圣波尔纳铎(Saint Bernard of Clairvaux)的指引下，这些骑士奉行对于中世纪僧侣来说都是严苛的标准："因为鄙视现在的生活状态，蔑视自己的皮囊，因着对上帝的爱，你们发誓过简朴的物质生活。"[3]记载着这句话的"规章"指引他们的生活，包括静食、粗衣、每日祷告和终生独身。在这方面，圣殿骑士的思想同当时席卷整个天主教欧洲，尤其是盛行于僧侣集团的改革精神是一致的。为了抵御无法避免的永恒邪恶的诱惑，教士们定期重新调整自己，以不负基督教使命——至少他们在努力这么做。

圣殿骑士所受的诱惑比一般的僧侣更甚。他们毕竟是骑士，从历史上看，这一位子总能获得一份优厚的福利。比如，每个圣殿骑士都配备三匹马和一位侍从。有马就有了实实在在的权力，而权力又滋生了傲慢。这份傲慢通过骑士们的打扮体现出来，比如长发和尖尖的系带鞋。圣波尔纳铎经常斥责这些东西以及其他的尘世诱惑。但是别忘了圣殿骑士们还肩负着特殊使命，对此圣波尔纳铎也试图劝诱："秉承了神的威力"，然后就是律令了，"任何人都不可畏惧战斗，而应为王权而战"[4]。

尽管有教会的批准，还是有不少教会领袖对圣殿骑士肩负的多重使命感到不安。早在 1159 年，萨尔兹伯利的约翰（John of Salisbury）就公开质疑它的正确性。"教团最初安于贫苦，"他写道，"如今却乐于享受特权，不再被需要，也停止了善举，他们终将沦为贪欲的牺牲品而非信仰的工具。"[5] 约翰承认，《圣经》中记载了"发动正义战争"的先例，最突出的如大卫王，但是他认为这个教团中的骑士工作极易使之滑向贪婪和傲慢，这是当时当地最大的两项恶行。

约翰的话无人肯听。到 12 世纪中叶，圣殿骑士早已证明了自身的价值，但这更多地来自于战场之外，而非战场之上。1147 年，他们陪同由法国国王路易七世率领的十字军前往圣地。如同这种军事远征经常发生的那样，法王在半路上就耗尽了钱财。在安提俄克，没钱没主意的法王向圣殿骑士求助。圣殿骑士用其自身的资源筹措了所需的资金，不够的可能还举债了。[6] 虽然借给法王的巨额资金几乎让他们倾家荡产，但圣殿骑士挽救了十字军，法王对圣殿骑士感激不尽。这些虔诚骑士的一个新使命由此出现了，这个使命将比促成他们诞生的军事使命更有价值。

圣殿骑士银行帝国的出现很自然地源于他们的武僧角色。一旦经验告诉他们，发动对残忍敌人的恶战将耗费一个宗教团会巨大的财力物力时，他们就开始要求越来越多的物质支持。依照传统，教堂提供形形色色的物品和文件的保管业务。(当地人认为如果连僧侣都不值得信赖，那还能信谁呢?)圣殿骑士团继承了前辈僧侣所建立起来的良好声誉，并以此为基础拓展业务。

圣殿骑士团成为欧洲主要的银行财团有几个明显的原因。相比刚起步者，他们有横贯整个地中海地区的类似分支机构般的网点，他们在伦敦和巴黎这样决定战争还是和平的城市里还有功能复杂的大机构。更为有利的，圣殿骑士还同国王和教皇们有来往，尤其是在这些领袖们奔赴战场需要资金支持的时候。到最后，圣殿骑士已经不需要再雇用保安来押运他们的金钱了。当他们的经营涉及比较危险的地区时，他们的名声早已在此传开，这对他们很有助益。

从一份关于圣殿骑士在13世纪法王菲利普四世(Philip IV)统治时期的成就的详细分析中可以看出，他们提供的服务范围是何等宽泛。他们为国王收税，付账单，印钞，收关税，追债，给部队提供给养，为外交使团提供支持，给国王的亲朋好友甚至祖母提供贷款，这些都丝毫没有言过其实。[7] 虽然说一个非营利组织的雇员花费不多，但是圣殿骑士还得赚足够的钱来支付各种费用，包括马匹和侍从。

圣殿骑士在各地广为布点，当然是为了巧妙地处理跨地区的货币兑换率，这一服务日益蔓延至整个基督教银行圈。而且，有确凿的证据表明，至少是在有些情况下，他们收取利息。比如，当英王爱德华一世偿还一笔为刚完成的一次十字军远征而举借的巨款时，他附上了18%的“管理费、杂费和利息”[8]。这发生在1274年。在不到40年后，圣殿骑士就成了历史。

尽管收取利息，圣殿骑士的终结几乎和高利贷没有任何关联。他们为国王和教皇的倾情服务让他们避免了社会公正方面的担忧，在中世纪的欧洲正是社会公正引发了对高利贷的争论。圣殿骑士没有剥削任何人，也没有明显地过着奢侈的生活。再说，他们关系网强大、装备精良，不具备更强大的武力是很难向他们兴师问罪的。法王菲利普四世刚好足够强大，而且欠了他们足够多的钱。

1306 年，在经过多年的贬值之后，菲利普下令国家恢复曾在 1266 年实行的硬币本位。[9] 为了实现这个目标，他必须投入贵金属铸币，尤其是金银以重铸货币。正如威利·萨顿(Wille Sutton)①抢银行是因为钱都在银行里一样，菲利普也去找了银行家们，1306 年找了犹太人，1307 年找了圣殿骑士。而意大利人和讨厌的伦巴第族人(Lombards)早已被他赶出了这个国家。

考虑到圣殿骑士团在金钱方面正直的声誉，菲利普并没有用高利贷的罪名来控告他们，而是以异端和性行为堕落的名义，这在当时是相当严重的指控。[10] 即使在当时，巴黎的生活也能消磨一个人的战斗意志，圣殿骑士也不例外；当国王的人马突袭他们总部的时候，他们选择了不抵抗。法国政府以宗教裁判所的名义，运用了“中世纪的手段”对付他们。他们很快就招供了。

最为形象的是，59 岁的巴黎圣殿司库图尔的约翰(John of Tour)被刑讯后做出的供述。按照公证员的记录，约翰叙述了自己加入圣殿骑士团的详细经过——一个堕落的故事，恐怕只有垂涎于圣殿骑士团财富的人或者读丹·布朗(Dan Brown)②小说的人才会相信。

“(约翰)曾一度背弃过基督耶稣，并曾向十字架吐口水”，约翰还承认他曾故

① 威利·萨顿，美国著名银行抢劫犯，22 年来一直以抢银行为业。入狱后，警察问他为什么要抢银行，威利回答：“因为钱都放在那里。”——译者注

② 小说《达·芬奇密码》的作者。——译者注

意违反不跟时髦女人交往的禁令,"如果被自然本能驱动,他都能跟他的兄弟们合为一体"[11]。被捕之时,约翰是国王的顾问,长期被信赖,做着正规的皇室生意。如果他供出的是实话,他,以及其他圣殿骑士,都该有着隐藏很深的双重身份了。

迫于菲利普的压力(他被誉为"公正的菲利普",很可能是出于他的道貌岸然而非真正的正义感),教皇克莱门特五世(Clement V)下令在全欧洲逮捕圣殿骑士做进一步审讯。克莱门特坚持照章办事的做法进一步惹恼了菲利普,他原打算尽快把圣殿骑士团的财产充公,就像他前一年对犹太人做的那样。更糟的是,在菲利普看来,圣殿骑士开始要翻供了。为了让宗教裁判所就范,在等待教皇委员会裁定圣殿骑士是否罪有应得之时,菲利普一度威胁要攻入教皇辖地并继续处决了一些圣殿骑士。教皇的决定直到 1312 年才做出。

教皇委员会拒绝按照菲利普的要求来给圣殿骑士定罪,但是鉴于圣殿骑士团名声已经败坏,教皇委员会认为最好还是解散教团。然后委员会采取了保留的做法:由善堂骑士团(Hospitaller)——一个不那么好战的骑士教团,接管圣殿骑士团的财产,而不是由"公正的菲利普"[12]。可以想象,当菲利普看到裁决的时候,王宫里会传出多么大的咆哮声。

在菲利普攻击圣殿骑士的时候,但丁正在写他的《炼狱》——《神曲》的第二部分。在炼狱中,叙述者遇到了雨果·卡佩(Hughes Capet)——卡佩王朝的创始人。卡佩悲叹:"从我生出了近代统治法国的腓力们(菲利普)和路易们。"①他

---

① 《神曲》的译文出自《神曲:炼狱篇》,但丁著,田德望译,北京:人民文学出版社,1997 年 4 月版,第 248—249 页。——译者注

没有身为祖辈的自豪感，却把自己看成“荫蔽了整个基督教国土的恶树的根”[13]。在描述家族当时的代表人物时，虽没有提名，雨果说道：

> 我看到，新彼拉多那样残酷，
> 以至于这还不使他满足，
> 而无教皇谕旨，就扬贪婪之帆冲进圣殿！[14]

谕旨是教皇的教令。圣殿是圣殿骑士在巴黎的宫殿。比拉多就是菲利普。但丁不屑于责骂菲利普，而是把圣殿骑士的牺牲和基督的牺牲相提并论。这一比较持续了很多年，尤其是提及1314年在火刑架上被烧死的骑士团最后一任大团长莫莱（Molay）的时候。

在一本很流行的书——《第二个弥赛亚：圣殿骑士，都灵裹尸布和共济会伟大的秘密》（*The Second Messiah: Templars, the Turin Shroud, and the Great Secret of Freemasonry*）中，共济会历史学家克里斯托弗·奈特（Christopher Knight）和罗伯特·洛马斯（Robert Lomas）坚持认为，著名的都灵的裹尸布中的轮廓不是基督而是莫莱本人。[15]按照这本书的说法，当权派处决了莫莱是为了防止他揭露尚未透露的基督对这个世界的真正意图。今天，莫莱的遗风还在一个名为莫莱国际（DeMolay International）的组织中传递，这是一个由共济会发起于1919年在堪萨斯城建立起来的青年组织。事实上，共济会成员们一直努力保持圣殿骑士团的神秘性，不论历史上他们是否真的如此。因此，当读者们知道天主教徒不怎么喜欢共济会时，也就不觉得奇怪了。

当然这就说到了共济会对美国徽记的影响——尤其是那个古怪金字塔，上面有个眼睛，下面是句口号，“*Novus Ordo Seculorum*”，或者“世界新秩序”。尽管这个徽记装饰了美元，围绕这个话题后面还有不少讨论，本作者先不去捅这个马蜂窝。

有一个话题值得一说，这就是英国全面的反天主教主义。它不仅玷污了圣殿骑士团的名誉也损害了十字军本身的名声。这种观点不仅没有在 17 世纪的内战后结束，相反还延续到了 19 世纪，并在瓦尔特·司各特爵士（Walter Scott）的小说中找到了文学上的宣泄口。司各特曾经在苏格兰教会学习，这是一个充满火药味的组织，并且没有接受普世精神。事实上他们的牧师习惯把罗马天主教会称为“巴比伦妓院”，并称他们的教皇为“反基督者”。

在司各特最脍炙人口的小说，出版于 1819 年的《艾凡赫》（*Ivanhoe*）中，一位名叫布赖恩·布瓦吉贝尔（Brian de Bois-Guilbert）的圣殿骑士以坏人的形象出现。“他们说他是教团中最勇敢的勇士，”司各特笔下一位卑微的撒克逊人说道，“但是他也沾染了他们通常的恶习——傲慢、自大、残忍和荒淫。”[16] 在圣殿骑士的众多缺点中，顽固尤其突出。“看上去圣殿骑士喜欢犹太人的传统胜过喜欢他们自己的同伴。”小说中的一个人物说出了作者想说的话。[17]

在一次比武大会上受辱后，这个圣殿骑士策划抢劫一位善良的犹太放贷人，在成功绑架了他美貌的女儿丽贝卡之后，他逃到了最近的一个边境寺院，想从这里带着人质逃出国境。这时候骑士团的大团长出其不意地出现了，他为布赖恩的所作所为感到震惊。他断定只有巫师才能使一个圣殿骑士如此肆意妄为地违背了如此多的誓言。作为一个虔诚的天主教徒，大团长迅速认定犹太女子丽贝卡施了巫术，并判处她在火刑柱上烧死。这样的故事对圣殿骑士来说已经是家常便饭了。

值得赞扬的是，司各特以同情的笔触描述了犹太人的形象，即使是对放贷人艾萨克。为了笼络那些不太激进的读者，他承认犹太人的“民族特性中具有——退一步说——严重的自私和不友善”。但是他把这归咎于几个世纪来不断遭受侵扰：“世上没有一个现存的民族——不论在天上还是在水里——像犹太人那样成为不间断、大范围、无情的迫害的目标。”[18]

然而，如同后来那些有洞见的重要人物一样，司各特在对一个群体表示青睐的同时会以调侃的笔触来脸谱化另一个群体。在他 1825 年的小说《护符》(*Talisman*)中，司各特把保护的范围扩大了，这次是英勇浪漫的十字军人物沙拉丁，当然，是以腐败奸诈的十字军群体来做陪衬。

司各特的小说影响深远。这些作品播下了讽刺描写的种子，这个种子在 20 世纪末生根开花，以致到今天除了那些认真的历史系学生外，几乎每个人都认为十字军只不过是一群笨拙的打家劫舍的原始帝国主义分子。“历史学家们很早就知道，十字军是淘金者的印象恰好与史实相悖。”研究那个时代的权威历史学家托马斯·梅登(Thomas Madden)如是说。[19]根据梅登的研究，十字军东征是一次朝圣之旅，是一种苦修的行为。十字军几乎放弃了一切，常常包括他们的生命，去纠正公认的错误。通常来说，十字军一有可能就会回去，往往除了袍子上的十字标记外并无一物。事实上，如果对穷人施舍是一种为了以后在天堂收取回报的投资，十字军作战无疑是性质相同的一种杠杆收购(LBO)。

6. 光明正大

在犹太人获得世界上最大的放贷人这一头衔之前，享有这一荣誉或者恶名的——取决于不同视角——是意大利人。是意大利人把阿拉伯数字带到了西方世界，引入了革命性的复式记账概念，并为我们贡献了“bank”一词，它源于古意大利语中的“banc”，意为“长凳或条板”(bench 或 board)。14 世纪，在欧洲银行业的中心佛罗伦萨，货币兑换商每天早上在城中指定的街道上支起他的条板，在上面铺上一块绿布，放上官方的账簿，开始做生意。兑换商必须加入兑换商公会，公会规定每笔交易都必须登记在册。虽然“光明正大”(aboveboard)一词的出处并不确定，但是意大利银行业的起源很好地诠释了它的含义。

远在七个世纪前，意大利文化中就有不少随性的精彩之笔。即使不算银行家最基本的工具——放贷收利息，意大利人也创造了世界上最先进的银行系统。在 15 世纪，美第奇(Medici)家族把即兴艺术上升到了一个复杂的新高度，并且一直光明正大——或多或少是这样吧。

没人比乔万尼·薄伽丘(Giovanni Boccaccio)更懂得意大利人即兴创作的能力，也没人能比他更能用戏谑的方式来描述它。这位 14 世纪的佛罗伦萨作家、诗人，是一个银行家的儿子。在面对肆虐整个欧洲、杀死至少 1/4 人口的中世纪黑死病时，他仍然保持着幽默感，这充分证明了这个文化享誉历史的韧性。

薄伽丘于1350年在瘟疫最盛的时候开始着手他的巨作《十日谈》(*Decameron*)。在故事的一开始，他就准确地捕捉到了意大利文化的创造性张力，正是这种张力让世人能了解为何后来的美第奇家族能兴旺百年之久。

故事的开头是这样的，一伙没有信仰的勃艮第人(Burgundian)想骗取一个人脉极广的富商的合法投资。商人就和一个叫圣·恰佩莱托(Ser Ciappelletto)的更没信仰、更残暴的流氓订约来教训这伙勃艮第人。这个矮小的恰佩莱托犯下了但丁所知道的所有罪过。他是“彻头彻尾的渎神者”、暴食者、酒鬼，“喜欢女人就像恶狗离不开棍子”。总而言之，恰佩莱托“可能是史上最垃圾的人”[1]。

在去教训对方的途中，恰佩莱托在佛罗伦萨附近的两个兄弟家病倒了，这兄弟两个都是放贷者。兄弟俩犯了难。如果他们把这个生病的人赶出家门，村里人会因为他们没有同情心而迁怒于他们，可如果发现他们在家里窝藏这么一个人，村民们会更愤怒的。

另一方面，如果这兄弟俩听任恰佩莱托死在家中，这个十恶不赦的人肯定不会做死前忏悔，教会也就不会同意安葬他。一旦这具尸体被发现还被认出来，这是放贷的兄弟俩害怕发生的最糟糕的事情：

> 如果这样的话，这些原本就斥责我们做的不是正道生意、整天骂个不停、巴不得想洗劫我们的乡民就会抓住这个机会，群起而攻之，袭击我们的家，并叫嚷“滚开，你们这群被教会排斥在外的伦巴第狗”[2]。

死不悔改的恰佩莱托向兄弟俩提出了解决之道，一个渎神的大胆奸计。他去向当地"最令人尊敬和最神圣的教士"忏悔一些编出来的小罪行。"我这一生冒犯上帝的恶行无数，"他对兄弟俩说，"临死再多一桩也没什么差别。"找到教士之后，恰佩莱托厚颜无耻地忏悔自己一生如何圣洁以致教士把他的德行广为传播。被安葬后，这个恶棍反倒成了当地人尊敬的楷模。

薄伽丘给现代读者展示了14世纪意大利文化猥琐的一面。人们鄙视不同种族的放贷人，尤其是伦巴第人，这不是没有缘由的。虽然也受到基督教思想的影响，不过他们并未被其禁锢。他们对自己的信仰很认真，有些时候甚至是太认真了，但是绝不荒唐可笑。美第奇家族就诞生在这样一个开放、充满进取心和不拘一格的世界里，这与我们现今的世界也没什么不同。

美第奇家族的作用，就形同于后世商人银行家族的Beta测试版，我们可以称之为贷款1.0版。不论其是新教徒、天主教徒还是犹太教徒，摩根(Morgan)、美第奇以及罗斯柴尔德这些大家族的发展轨迹都是彼此相近的。美第奇家族的故事最好从这个银行的创立人乔瓦尼·迪比奇(Giovanni di Bicci)说起。他于1360年①出生在佛罗伦萨一个受人尊敬的中产之家。[3]靠着有预谋的联姻带来的嫁妆，乔瓦尼在一个表亲设立在罗马的银行中谋到了合伙人的位子，而罗马是当时的国际金融中心。

罗马有此地位完全是因为天主教的总部设在了那里。这是历史上又一件颇具讽刺意味的事情，由于什一税(tithes)源源不断地流入，罗马才得以建立起遍

① 原文中为1260年，疑为错误。——译者注

布欧洲的金融网络。是教会的存在才使得意大利人成了世界银行家。是教会的规定才使他们成为如此有创意的银行家。是因为对上帝的敬畏才使他们的活动或多或少地看上去正大光明。

从1385—1397年,乔瓦尼在表亲的罗马银行中工作。在那里他学会了将来该如何建立自己的国际大银行。这需要充裕的资本、遍及主要商业中心的分支机构、可靠的意大利雇员,最后,还需要懂得银行不靠收取利息如何赚钱。1397年,柯西莫①和两个同伴回到佛罗伦萨自己开张营业。

尽管还有其他赢利点(美第奇家族既是商人也是银行家),美第奇银行却是因为掌握了货币兑换的艺术而赚取了大部分钱财。举个例子来说,一位佛罗伦萨商人想借1,000弗罗林(florin)来发运一批丝绸去伦敦。一旦丝绸交货并收到货款,该商人的代理就会依照市面上的汇率向伦敦的美第奇分支机构偿还贷款——当然,不收取利息。

考虑到货币之间的汇率是会上下浮动的,这笔交易对美第奇来说似乎无利可图。然而幸运的是,一些现存的银行记录印证了每个人的猜疑:当时在伦敦、布鲁日、威尼斯,代理商们之间的货币兑换,67桩中有66桩银行都获利,收益为7.7%~28.8%。确保获利的办法十分复杂,但是每个人都明白——为帮助银行家和商人的理解还专门编写了操作手册。蒂姆·帕克斯(Tim Parks)在《美第奇金钱》(*Medici Money*)一书中写道:“基本上,窍门在于报价的单位货币在其发行国的价值更高。”[4]

---

① 原文如此,怀疑是错误,柯西莫为乔瓦尼之子,生于1389年,卒于1464年。此处似应为乔瓦尼。——译者注

美第奇家族能够获得优势地位，还得益于各分支机构中的人员都是自己的亲属和其他一些能够值得信任并传授"窍门"的人。同样具有讽刺意味的是，对高利贷的禁止推动了国际贸易的发展，并使银行业务发展成了国际业务。教会的牧师们坚持不让货币兑换合法化。银行家们想把货币兑换发展为货币间的名义互换，这么做是违背教规的，教会的牧师们称这样的交易为"cambio secco"或"干换(dry exchange)"[5]。教会禁止这样的交易，佛罗伦萨于1429年宣布其为非法。

然而，美第奇家族把圣殿骑士和其他先驱开创的事业正规化了，这就是银行业。用第三位罗斯柴尔德勋爵的话来说，国际银行业务所做的就是"使A点的钱方便地流向它应该去的B点"[6]。在这些金钱的流动中，美第奇家族，以及其他和他们一样的人为西方世界日后经济的发展打下了基础。

1429年，乔瓦尼退休，他的儿子柯西莫(Cosimo)继承了银行，此时的银行已经发展成一个规模巨大的控股公司。每个分支机构的领导人在公司都拥有股权，并有义务去遵守持股公司的总体方针，其中最主要的一条是"不准赌博"[7]。这意味着给红衣主教的贷款不能超过300弗罗林，在任何情况下不能向德国人贷款。美第奇家族之所以把德国人排除在外并非是因为盲目的歧视，而是因为他们始终无法得到德国法律的许可。如果贷给红衣主教的款是无息的(预期收益是以掩人耳目的方式实现的)，那么今天的伊斯兰银行系统①也是采用了大致

① 伊斯兰银行是现代部分阿拉伯、伊斯兰国家依据《古兰经》禁止利息的原则在国内建立的金融信贷机构的统称，亦称"伊斯兰银行运动"。按照《古兰经》和伊斯兰教法规定，利息属不合法的收入，必须禁止。故此类银行的信贷不计利息，即贷款不收利息，存款不付利息。——译者注

相同的托词来发放商业贷款。

佛罗伦萨的典当生意验证了这个城市对于犯罪和作恶的标准的弹性。正如现在一样，当铺老板在社会上比银行家还受鄙视。因为公开收取利息，15 世纪的当铺老板背负着“赤裸裸的放贷人”的恶名。而且，他们还不能隶属于任何兑换商公会。他们只能被课以罚款。为方便起见，他们每年都会因为“可憎的放贷行为”而集体缴纳2,000弗罗林的罚款。[8]在支付了自己该付的那份罚金之后，当铺老板可以确保来年不会遭受处罚和来自外部的竞争。今天我们称之为牌照费。直到 1437 年教会才全面禁止基督徒从事典当业。尽管这一禁令给了犹太当铺老板经济上的优惠，但也让他们付出了被反犹主义者憎恨的高昂代价。

为了在教会和国家的威胁夹缝中谋求一条生路，柯西莫比他父亲更深地涉足政坛。同 20 世纪大城市的老板们一样，他们在幕后拉关系走后门。事实上，15 世纪意大利半岛的政治动荡比 20 世纪芝加哥东部还严重。在这样的背景下，毫不意外地，在政治犬儒主义经典著作《君主论》(*The Prince*)的作者尼可罗·马基雅维利(Niccolo Machiavelli)出生的 1649 年，柯西莫的孙子洛伦佐(Lorenzo)在佛罗伦萨继承了家族生意。

在 15 世纪的基督教世界里，极少能有统治者像柯西莫那样，拥有如此的政治影响和宗教人脉。“他决定着战争与和平，并且控制着法律，” 1458 年，教皇皮乌斯二世在谈及柯西莫时说，“他是无冕之王。”[9]虽然柯西莫权倾朝野，教会却并未改变有关高利贷的法律来迁就他。蒂姆·帕克斯用一句对教会的恭维话证实了这一点，不过这个马屁拍得不太好，要是碰到不那么有涵养的宗教，这就算是拍到马蹄子上了——这句话大家马上就能想起来:“教会还没有完全腐朽。”[10]谢谢你,蒂姆。

事实上,为维护教会的精神,正统的改革者与官僚主义的斗争贯穿了整个中世纪。在柯西莫影响佛罗伦萨期间,多明尼派教士安东尼奥·白罗齐(Antonio Pierozzi)——他还有个更响亮的名字圣安东厄斯(Saint Antoninus)——写了他关于伦理神学的重要著作《伦理神学大全》(*Summa*)。虽然他和美第奇家族携手整修了圣马可教堂,他还是用当时的道德拷问对美第奇家族穷追猛打。

“高利贷始终都在敲诈吞噬着穷人的骨髓,不论昼夜,不论节日还是平时,无论睡还是醒,从不停止。”[11]安东尼奥写道。他无视有关高利贷的种种托辞。他尤其蔑视典当生意。从社会公正的角度,他将之比作妓女,这可是个注定会触怒佛罗伦萨午夜女郎的比喻。

由于安东尼奥憎恶放贷收息行为,他关于经济方面的论述反映出一种渐进的复杂性。他理解利润和损失,懂得获取利润的必要性。同大多数天主教神学家一样,他并不反对合伙(societas),在这种制度下,一位合伙人投资并且承受生意失败时亏本的风险。他认可所谓“lucrum cessans”的合法性,即在经营中由于把钱借给风险较高的他人而导致的可靠利润的灭失。

安东尼奥也认可 census。这是一种流行的年金合同,投资者预先提供资金,通常投给一个城市,然后在一定年限内收取这项投资产生的收益,通常来自于税收收入。如同埃克隆德(Ekelund)等人在其客观的中世纪教会经济史中描述的,“从概念上来看,基督教会实际上是保护私有财产和商业活动的”[12]。虽然15世纪时关于经济的辩证观念被禁止放贷扭曲了些许,但是其精神却从未被后世所超越。[13]

就在此时,美第奇家族正在勉力挣扎。由于在一场政治斗争中失势,柯西莫被短暂流放。重返佛罗伦萨后,他甚至比以往更有权势了。他回来后首先做的事情之一就是让所谓的“干换”解禁。为了达到目的,他打垮对手,流放了他们中的一些人,并设法当上了政府的首脑。多年以后,他的孙子洛伦佐就坚称:“如果富人们不统治佛罗伦萨,他们就没有好日子过。”[14]

如银行世家经常会发生的那样,继承人只继承了花钱的本事却没有继承赚钱的热情。柯西莫养尊处优的儿子皮尔洛(Piero),家族中的“弗莱多·克利昂尼①”,丝毫没有经商的天赋。他胡乱经营了八年之后就因为痛风撒手人寰。皮尔洛的儿子洛伦佐比他父亲有天赋,但是比他父亲还没兴趣经营银行业。

要说还得怪柏拉图(Plato)。在柯西莫去世的前夕,他出资让一个叫马尔西利奥·费奇诺(Marsilio Ficino)的教士把柏拉图的全部著作翻译成拉丁文。费奇诺在翻译过程中把柏拉图基督教化了,只不过是以升华的艺术和生活的方式。在他的翻译中,人的本性源于灵魂,灵魂尽力趋向天堂。为了抵达神的光耀,灵魂必须超越所有的不洁和世俗,而对于柏拉图来说,没有比赚钱尤其是放贷赚钱更不洁和世俗的了。[15]

理想状态下,政府应该起到激励国民美好愿望的作用。柏拉图在《法律篇》中写道,“安全和快乐”的状态,是荣耀的灵魂最高处。最低处则是“金钱和财富”

① 小说《教父》中教父的次子,愚蠢而懦弱,丝毫不像他的父亲。——译者注

状态所带来的。柏拉图提到“贷款与人不应收取利息”，但几乎是以旁白的方式说的，仿佛这种交易的肮脏已经众所周知。

由柯西莫发起的对柏拉图的颂扬——包括每年11月7日铺张的生日庆典——到了洛伦佐这里演变成了忽视家族生意的正当理由。在他看来，他自己挣钱无方正好迎合了上帝。于是他把绝大部分精力都放在了赞助艺术、策划阴谋和创作诗歌上——大多是些色情作品。洛伦佐还与坏账和贪污牵扯到一起。他成功地逃脱了一次刺杀，但是他的兄弟朱利亚尼(Guliano)却就此丧生。在具有历史意义的1492年，洛伦佐死在了病床上。临终前来慰问的不是别人，正是他的宿敌、多明尼教派的纵火者萨沃纳罗拉(Savonarola)①。

这位萨沃纳罗拉相当值得一提。当年轻的洛伦佐忙着撰写色情作品时，年轻的萨沃纳罗拉正在书写题为“教会的衰亡”的诗篇。如果需要证明并非所有天主教士都已腐化，萨沃纳罗拉就是一个活生生的证据。作为与洛伦佐同时代的人，萨沃纳罗拉年轻的时候就加入了多明我会，以遵从上帝的旨意，从内部改革教会。他从不羞于表达自己的思想，在他僧侣生活的第一年就写下了关于教会衰亡的诗篇。[16]

在洛伦佐去世前三年的1489年，萨沃纳罗拉来到佛罗伦萨，决心根除这个城市和教会的顽疾。他也这么做了。在《天主教百科全书》(*the Catholic Encyclopedia*)中，他的行为被故意轻描淡写为“不计后果”[17]。在由美第奇家族出资

---

① 季罗拉莫·萨沃纳罗拉(Girolamo Savonarola，1452－1498)，也称萨佛纳罗拉。多明我会修士，佛罗伦萨宗教改革家。1494—1498年担任佛罗伦萨的精神和世俗领袖。他反对文艺复兴艺术和哲学，曾焚烧艺术品和非宗教类书籍，毁灭被他认为不道德的奢侈品。——译者注

建造的圣马可大教堂布道的时候，他不仅反对贷款者，也反对花钱的人，那些挥霍者。美第奇家族两者兼具。作为一个苦行和自我克制的中坚，萨沃纳罗拉是最早理解高利贷和挥霍之间互增效应的人之一。

洛伦佐死后，萨沃纳罗拉继续攻击当时的教皇亚历山大六世和美第奇家族。被萨沃纳罗拉充满激情的布道所鼓动，佛罗伦萨人于 1494 年起义造反赶跑了洛伦佐专制的儿子和继承人——皮埃罗，这预示着美第奇银行时代事实上的终结。在法王查理八世的支持下，萨沃纳罗拉和他的盟友在佛罗伦萨建立起了一个充满活力的民主神权政府。

萨沃纳罗拉得势期间最重要一件事情是 1497 年的"虚荣之火"(Bonfire of the Vanities)——公开焚烧一系列有可能被道德家们称为"非生产性物资消费"的物品，包括做工精细的服饰、化妆品、赌博游戏器具、镜子和其他东西。情绪激昂的佛罗伦萨人不但追查放贷的人还追查借钱的人。他们闯入美第奇的宫殿并烧毁了几乎所有的银行账目。

一个萨沃纳罗拉的追随者画家桑德罗·波提切利(Sandro Botticelli)据说还在某次焚烧中烧毁了几件不怎么启迪心灵的画作。如果他当时再多有丁点儿这种悔悟的话，或许会把如今被奉为经典的《三博士来朝》(*Adoration of the Magi*)投进去呢。佛罗伦萨艺术迷当然清楚，画中的三位博士都是美第奇家族的成员——柯西莫和他的两个儿子，皮埃罗和乔瓦尼。波提切利或许应该更准确地命名这幅画作为《美第奇来朝》。毫不意外地，美第奇家族是波提切利最慷慨的资助人之一。

历史学家对萨沃纳罗拉着实很头疼。官方教会过分荒淫的行为让他们厌烦，但是改革者又让他们害怕，尤其是像萨沃纳罗拉这样的原教旨主义者。要是按照大众化的观点，他们或许会为人道主义的反对改革者欢呼，这群反对改革者于 1498 年处死了萨沃纳罗拉，刚好是萨沃纳罗拉把美第奇家族赶出城的四年之后。40 年后，佛罗伦萨的精英们召唤小柯西莫回到佛罗伦萨，他最终成了托斯塔纳大公，并在此后的 200 年间一直掌管这一地区。

美第奇家族对萨沃纳罗拉及其同伙最持久的复仇，来自于洛伦佐次子——乔瓦尼。他出生于 1475 年，这个未来的利奥十世教皇（Leo X）16 岁时就被下力气培养为红衣主教，当时洛伦佐还在身边为他谋划着教会的前途。与今天的简·芳达（Jane Fonda）和托瑞·斯培林（Tori Spelling）①们——她们坚称自己的成功与家世没有什么关系——不同，利奥可没有制造这样的假象。他 1513 年登上教皇位置的道路一直是有人帮忙铺平的，以致他根本没当过牧师就直接坐上了教皇的宝座。

今天的媒体评论家印象中的教皇们都奢侈、自我放纵，老是在搞阴谋诡计，把兴趣放在权力及职位带来的好处上而不是去拯救人们的灵魂。他们忽视了绵延2,000年的非凡的教皇制度，也忽视了当代那些卓越的榜样——本尼迪克特十六世、约翰·保罗二世、约翰二十三世。他们情愿一叶障目不见泰山。好比一说到美国总统，他们想不到林肯和华盛顿，却只盯着沃伦·G. 哈定（Warren G. Harding）②。

---

① 二者均为出身于演艺世家的女演员。——译者注

② 美国第 29 任总统，1921 年 3 月 4 日—1923 年 8 月 2 日在职，在任期间缺乏建树，美国报刊曾就如何评价历届总统在美国学者中进行过调查，结果是哈定三次被列为美国最糟糕的十个总统的第一名。——译者注

但事情就是这样，利奥十世教皇就好比天主教教皇中的沃伦・G. 哈定，事实上更糟一点，仔细再想的话或许还要糟。事实上，他为倾向于反天主教的人士做了一个极好的榜样。靠利奥的资助发展起来的拉斐尔对此提供了最好的描摹。今天，他画的利奥画像还挂在佛罗伦萨的皮蒂美术馆里，利奥看起来确实像那些坚定的反天主教人士所希望的那样：肥胖、女人气、罗圈腿、贼眉鼠眼。如果不是因利奥帮助开启了现代的民主资本主义新纪元的话（这也纯属巧合），他实在是乏善可陈。

从历史记载看，天主教徒不会用毫无瑕疵这样的说法来评价他们的教皇。而对于利奥来说，信仰比任何理解都更重要。正如但丁所解释的，天主教徒和所有基督徒一样，他们完全认识到一个堕落灵魂的缺陷，即使他是一个教皇。事实上，教会的奠基人，第一任教皇彼得，在耶稣临死前也显示出了软弱而非坚强，但耶稣却并未一直对此耿耿于怀。

天主教教义中，"毫无瑕疵"一词只在庄严宣告因神启而产生的信仰和道德时才使用。教会对于高利贷的限制从来都没达到这个高度。事实上，利奥之后就因颁布某项制度顺带改写了对高利贷的政策，很像吉米・卡特对 401(K)[①]所做的那样，他们都在不经意间开创了一个投资和繁荣的时代。

利奥颁布的制度是因为一个名为"圣母怜子山"（Monte di Pieta）的机构，此机构坐落在今天意大利的佩鲁贾。由于互相推诿，关于这个机构的案子拖了半

① 美国《国内税收条例》在 1978 年增加的"第 401K 条款"，是美国为了促进补充养老保险（就是现在国内所说的企业年金）业务的发展，鼓励有能力的企业为员工提供社会养老保险以外的补充商业养老保险而出台的一种税收优惠政策，对企业为员工提供补充养老保险的资金提供税前一定金额扣除的优惠。卡特总统当时主要是为了增加国内储蓄而无心促成了 401K。——译者注

个世纪也没有裁决。圣母怜子山由方济会(Franciscan)①掌管，旨在帮助穷人渡过难关。被生活所迫的当地人向圣母怜子山求助时，会以16世纪时婚戒或者锯子之类的重要物品换取一份贷款。贷款期限通常为一年，当然，理想的话，借款人届时会偿还贷款，拿回抵押物。[18]

伦敦的主教于1361年首先发起了这样的组织。在随后的世纪里，靠着慷慨捐助者们提供的启动资金，这样的组织在意大利这片沃土上茁壮成长。方济会成员马尔科·迪马特奥·斯特罗齐(Marco di'Matteo Strozzi)在其自传中记载了他们教团当初的意图，就是为了抵制犹太人显而易见的盘剥利率，他们才建立起一系列的基督教主题的当铺。[19]

方济会有可能忽略的是，那些犹太当铺老板虽然没有发誓生活要克勤克俭，但他们也有妻子儿女需要养活，有些可能还很迫切。方济会没有忽视的是，他们也不得不向借款人收取一定的利息来弥补偶尔出现的坏账和他们可怜的经费。

为了理解方济会行为的精神所在，只要看看最近的诺贝尔和平奖获得者穆罕默德·尤努斯(Muhammad Yunus)这个有着美国教育背景的孟加拉银行家就可以了。大约30年前，这个在饥荒国家过着优越生活的经济学教授觉得道义促使他试验他所称的“小额贷款”(micro-lending)。[20]

第一笔贷款只有27美元，还是来自他自己的口袋。他不断地贷款给无抵押的贫民。他确信那些有心建立农村产业的人也有荣誉感去归还他们的贷款，他

---

① 又译方济各会或法兰西斯会，是天主教托钵修会派别之一。其会士着灰色会服，故亦称“灰衣修士”。拉丁语是小兄弟会的意思。方济会提倡过清贫生活，互称“小兄弟”。方济会效忠教宗，重视学术研究和文化教育事业，反对异端，为传扬福音而到处游方。——译者注

们确实做到了。事实上，他那 250 万美金的贷款，有 98% 以上都得到了偿还。尤努斯和他的孟加拉乡村银行成功地让成千上万的穷人变成了自主经营的生产者。一百多个国家随后都采纳了孟加拉乡村银行计划，包括我们国家。

和方济会一样，尤努斯知道如果要经营这桩生意就不得不收取合理的利息。到了 21 世纪，即使是诺贝尔委员会中原本持不同意见的人也认识到了这一点。他们于 2006 年授予尤努斯和孟加拉乡村银行最高的荣誉，一个以营利为目的的企业能首次获此殊荣，这真是一个令人耳目一新的转折。

然而在 16 世纪，利息的问题还是没有解决。作为竞争对手的多明我会很气愤，因为方济会似乎触犯了教会律例。犹太放贷人也同样气愤，因为方济会的低价抢占了他们的市场。于是，在 1513 年，指控被提交到了由利奥主持的拉特兰宫会议上。[21]

利奥的"教令"原作仍存于世，名为《第十届大会关于圣母怜子山的资料》(*Bulla concilii in decima sessione super materia Montis Pietatis*)，在网上仅售 1,750英镑，正如人们希望的，还提供方便的付款方式。总而言之，利奥裁定圣母怜子山是有价值的机构，它的条款是合理的。好事要做就做到底，利奥然后就威胁说任何有异议的人将被开除教籍。在利奥担任教皇期间给予他坚定支持的是他的堂弟朱利奥(Giulio)，就是那个在洛伦佐遇刺的时候被不幸杀死的朱利亚尼的儿子。1521 年，在利奥死后两年，朱利奥被任命为教皇克莱门特七世。

利奥在临终前，把一个不听话的德国牧师革除了教籍。同时期，一位有抱负的法国神学家脱离了天主教教会。假如教皇克莱门特七世多留意一下，他可能会为马丁·路德和约翰·加尔文两人先后脱离教会所困扰,不过由此引起的麻烦还是留给了后世的教皇们。

7. 公平的原则

14 世纪 50 年代的欧洲，在庇护教皇尼古拉斯五世温和（相对而言）统治下的统一基督教世界里，一位德国工匠正在努力从事一项工程，这项工程将在无意间永远瓦解他身处的基督教世界。梵蒂冈非但不为约翰尼斯·古腾堡（Johannes Gutenberg）的意图担忧，而且发挥了推动作用。1454 年，为给古腾堡的新尝试提供资金，教会同他签订了印刷合同，让他印制成千上万的赎罪券，也就是宣布宽恕某人罪孽的教皇敕令。一年之后，古腾堡印出了他著名的《圣经》，世界从此彻底改变。

印刷术对于 15、16 世纪的影响，就如同互联网对 20 世纪末和 21 世纪的影响。二者都使信息的传播民主化，但是任何知识的获得都伴随着某些人性的丧失，这个讨厌的规律在这两个时代都得以体现。尽管拓宽了获取数据的途径，但是古腾堡时代的人文主义者却选择忘却千年来已经取得的成就。按照他们的叙述，一股净化的飓风吹遍了那个时代的欧洲，扫清了一切暴虐的旧教皇制度留下的灰尘和蛛网。

关于这一事件在经济方面的影响，马克斯·韦伯在其出版于 1905 年的《新教伦理和资本主义的精神》（*The Protestant Ethic and the Spirit of Capitalism*）一书中给予了肯定。韦伯认为，新教改革本质上激励了资本主义革命。基督徒一旦失去了权威天主教的安全网，就只能靠自己了。由于没有安全感并渴望得到救赎，尤其是如果他还是加尔文派信徒的话，他们会把精力转向工作，并把由此获得的成功看作成为上帝的选民的一个标志。[1]

对韦伯来说，这种精神的力量避免了信仰和虔诚的丧失，并成为文化的一部分。美国的一位开国元勋就是个最好的例子。"我们不妨先用'资本主义的精神'来形容这样一种态度：为响应内心的召唤，在追求理想的过程中，有条不紊地谋求利润，就如同本杰明·富兰克林所展现的那样。"[2]韦伯的这种说法，是基于(至少是部分地)这样一个事实，路德——以及其他自封为改革者的追随者——都比天主教更关注《旧约》，所以也就更受犹太思想的影响。

从观点上看，在经济进程方面韦伯过于随意地把马丁·路德和加尔文归结为同伴。这还需要从头说起。马丁·路德和加尔文都出现在古腾堡的《圣经》出版后的一百年间，他们都继承了一项在过去500年间持续不断——几乎没有倒退——的商业革命传统。他们同时代的天主教会正在悄然放弃对高利贷的禁令。16世纪早期，作为一个学术作家，方济会的胡安·德·梅迪纳(Juan de Medina)率先提出风险应当以利息的方式收到正当的回报。[3]这一思想日后被其他人所接受。

若想对这一进程进行案例研究，只要看看古腾堡《圣经》的问世经过即可。只有在这种完全的天主教环境中，再无其他地方，古腾堡才有可能有自由、资金和稳定的制度来使活字印刷产业化。古腾堡有投资人，教会也允许这种所有投资人共同承担风险的做法。他也收到了贷款，估计还是无息的，看来拥有姻亲也并非毫无好处。①

使整个改革的理念复杂化的是这两位神学上的叛逆者——加尔文和路德，他们在有关经济的方向上存在着巨大分歧。加尔文的思想主导了 17 世纪，而路德主导了 15 世纪。在有关高利贷和犹太人的问题上两人的分歧尤其明显。论到宗教改革中单个教士对教会的影响，加尔文在高利贷问题上比先前任何教皇都有更大的影响力，而路德则在犹太人的命运上更具影响力。

先看看背景。13 岁的马丁·路德于 1497 年前往德国马格德堡的一所拉丁学校学习，同年萨沃纳罗拉正在佛罗伦萨点燃“虚荣之火”。21 岁那年，路德从法律学校退学成为一名僧侣，一个强烈内省的僧侣。两年后他被任命为牧师，他转而从事教学来摆脱自我强加的沮丧。[4] 1517 年路德在维登堡城堡大教堂门口张贴出他那著名的 95 条论纲，其中包括反对梵蒂冈出售赎罪券。如果放在一个世纪之前，这大概只能在当地引起骚动，然而印刷媒介彻底改变了一切。几个月内，路德的挑衅成了整个基督教世界的话题。

接下来的三年，梵蒂冈让越发不服管教的路德经历了一系列草草了事的管理听证会。虽然潜在的处罚可能会更严厉，比如在火刑柱上烧死，但这些听证会比当今大学生冲撞校园思想警察所面临的处罚还要宽大些。1520 年，洛伦佐的儿子即教皇利奥十世发布正式教皇令，威胁如果路德一再坚持将被剥夺教籍。路德坚持不改，公开焚烧教皇训谕，一意孤行。一年之后路德被宣布为异教徒。在一些同情他的德国贵族的帮助下，路德才得以逃生。

---

① 暗指古腾堡的贷款可能来自其姻亲。——译者注

随后的25年间，路德曾就许多问题发表演讲、撰写文章，但是没有哪一个主题能比他那次关于高利贷的详尽演讲更有激情的了，这发生在1524年，他和天主教教会最终决裂后的第三年。胆怯和不自信的人也不可能成为异教徒，路德的演讲当然铿锵有力，即便仅仅给主题下个定义也是如此。“那些放贷时指望能收回更多更好回报的人显然就是该死的放贷人。”[5]路德这样写道。这句话源自基督本人。这里他引用了《路加福音》中的关键段落：“借给人，不指望偿还。”

路德随即把怒火和嘲讽投向了那些为这种“脆弱生意”辩护的论点。[6]他最憎恶巧言令色。就好比今天某人的只付利息的浮动利率抵押贷款是另外一个人的掠夺性贷款，“Interesse”这个新词在路德看来就是“该死的高利贷”的另一种表达方式。

“Interesse”一词起源于拉丁语，意思是“介于中间”，是由基督教学者西斯帕努斯(Hispnus)在13世纪早些时候引入的(但是远未被广泛接受)，最初是用来描述贷款不能如期归还时给予贷款人的补偿。它包括了从款项应该被偿还到实际被偿还这段时间内使用该笔金钱的理论上的损失。在机会主义者的用法中，“Interesse”只是被用来代替“高利贷”一词来描述一项商业贷款在整个贷款期间的机会成本。在英语中，这个含义得以保留并演化为“Interest”。

路德完全不理这套。对他而言，“这个高贵、珍贵、敏感、小巧的单词”仅仅是高利贷的另一个名称而已。路德这样说道：“现在他们这么说，获得收入是合理的，用这些(100个)基尔德(gulden)①，我可能会在一年内赚更多的钱，因此收取

① 荷兰货币单位。——译者注

利息是正当和合理的。"然而，路德很公平地指出，真实的世界里你无法确保在一段给定的时间里钱一定能生钱。路德说道"如果我有 100 基尔德，想拿来做生意，我有可能面临 100 种赚不到钱的风险，不仅如此，可能还会亏掉四倍的钱。"[7]

路德更了解投资于土地的收益，然而对此他也提出了警告。他反对把所有财产同等对待，他坚持"要区分和鉴别收益到底来自哪一片土地"，这样，收益就会随土地价值的不同而变化。他也反对从土地获取"过多的回报"。他把"过多"定义为 7%～10%，这在当时可以说是一个通行的标准。"普通的穷人被暗地里强加了负担，受到严重的剥削。"换句话说，即使对于土地来讲，也不应有抵押贷款的束缚，不应有次级债和掠夺性贷款。"统治者应当好好调查一下。"[8]差不多 500 年前的路德就已经这么说了。

鉴于他的德国背景，路德不排斥用国家力量来实施他为追随者们设计的复杂的基督教商业伦理(不仅限于高利贷问题)。就像所有的基督教哲学家那样，路德接受私产和私人企业。他写道："买和卖是必需的，无可指责。"[9]然而他认为应该用一套内外结合的约束机制来规范国家和个人的贸易行为。

"牛、羊毛、谷物、黄油、牛奶等物品都是上帝赐予的礼物。"他这样写道。然而，他或许是第一个反对"对外贸易"的重要人物。尤其是来自东方的贸易，比如"印度的加尔各答，以及类似这些地方"。这些贸易的问题不仅是因为"榨干了人民和土地"，而且还腐蚀了他们，尤其是那些"昂贵的丝绸、黄金制品和香料，只为奢侈而用，没有任何实用价值"[10]。

路德对高昂价格的恼怒使他倾向于政府干预。令他气愤的是，他熟识的商人好像都只有"一条共同准则"，即以任何市场能承受的高价出售。如果往好的方面说，这种做法是在赚取丰厚的回报，而往坏处说则是“敞开了通往地狱的所有门窗”[11]。在路德看来，在一个理想化的基督教世界里，通行的法则不应当是“我卖我能卖、我想卖的高价”，而是“我卖我应当卖的正当而合理的价格”。不幸的是，16 世纪的德国并非理想的基督教世界。这样一个世界至今还没出现过。

鉴于人性的弱点，路德于是推荐了一个被后来的每个统治者都试过的做法（虽然它总是失败）。路德建议，政府“应该在这个事务上委派一个精明且诚实的人，由他来评估所有商品的成本并因此制定一个固定的标价，这个价格能让商人们获得他们应得的收益，并过上体面的生活”。路德很聪明，他知道当时德国人“忙于饮酒和跳舞”[12]，无暇来遵守太多规定。他最多只能期望竞争能迫使商人们在通常的市场上以惯常的价格出售他们的货品。

路德详尽论述了一系列的商业交易——年金、公平的价格，也包括高利贷。在这方面路德并不是唯一这么做的人。在启蒙运动前的基督教世界里，新教和天主教的哲学家们都没有把信仰和金融对立起来。很多人试图建立起一套基督教商业伦理。然而随着国际贸易变得日渐统一，人们的信仰却变得不那么统一，这样的努力变得越来越不现实了。如果可以选择，商界领袖们会忽略掉犹太－基督教商业哲学的全部历史，很多人确实是这么做的。正如我们即将看到的，这对世界经济而言并不一定是好事。

同路德一样，法国神学家约翰·加尔文在同样的动荡年代脱离了天主教会，但是从他们的著作来看，尤其是在高利贷问题上，人们会认为加尔文出现在一个多世纪之后。当路德在封闭的德国修道院中与他的恶魔角力时，加尔文却在法律学校中被怀有改革思想的法国人文主义者所感召。

在 16 世纪 30 年代的法国，改革是一项相当残酷的事业。加尔文和他的朋友们在日内瓦和斯特拉斯堡来来回回奔忙，最后才留在了日内瓦。1536 年，年仅 26 岁的加尔文出版了他的神学巨著《基督教要义》，他的声名由此确立。在后来近 30 年更为动荡的岁月中，他生活、写作，并藉由新英格兰给西方文化留下了巨大的影响。

韦伯和其他人已经在资本主义精神发展方面给予过加尔文太多的赞誉，而加尔文在高利贷方面也应该得到充分的肯定。在这个方面，他是革命性的。1545 年，加尔文在给他的同事萨士努斯（Sachinus）的贺信中，摒弃了流传近 3,000年的犹太－基督教高利贷禁令，把福音书中的精神应用于 16 世纪的商业规则。

在阅读加尔文和路德的著作时，我们不禁被他们言辞中的极度自信所打动。天主教的神父们如阿奎纳和安东尼奥虽然也向前推进，但却是探索性的，不时回头去寻求基督教的或古代的先哲的帮助。而对加尔文和路德来说，他们总是全速前进，不找到基督本人不回头。他们或许也尊敬先贤，但是他们更愿意相信自己的直觉和激情。

“我确信《圣经》中没有任何证据显示高利贷应当被全盘否定，”加尔文这样写道，“基督所说的‘借给人，不指望偿还’（《路加福音》6:35）的意思至今一直被扭曲了。”[13] 扭曲了！其他那么多脱离教会的牧师都遭受失败而加尔文却取得了成功，原因之一在于他思想和语言上的清晰。他的言辞或许很大胆，但是绝非信口雌黄。他在这个问题上也丝毫不为教会牧师们谨慎的想法所吓倒，更不用说路德了。加尔文说到耶稣：“他的话应当被理解为给穷人贷款时不应当期望偿还或是收取利息，但与此同时他可没有禁止向富人收取利息的意思。"[14]真是一针见血！

作为第一个在16世纪商业高度发展的背景下评价高利贷的神学家，加尔文给读者留下了深刻的印象。"如果所有的放贷都被谴责的话，人们的良心就会被强加上更沉重的枷锁，这是上帝所不希望的。"[15]他写道。他担心一个绝对论者的解读在高利贷禁令被取消的同时，禁令背后的精神也被抛弃。关于这点，他引用了传统的教规——Cessante rations，cessat ipsa lex①："如果律法的根基消失，律法也荡然无存。"

无畏的加尔文也向亚里士多德发起了挑战："据说，'钱不生钱'，那大海生什么呢？"加尔文一步步地让读者看到事实上钱是如何生钱的，也就是通过"使用金钱而得到的产物"。他质疑，为何压榨一个贫穷的佃农来获取他收成的一部分可以在道德上被接受，而要求一个富裕的商人为他用于某项营利活动的商业贷款付息却不能被接受呢？"所以我认为不能仅凭《圣经》中的一段文字来判断高利贷问题，而应该本着公平的原则。"[16]加尔文说道。

随后的几个世纪里，捍卫高利贷禁令的基督教徒们，尤其是跟他同名的加尔文·艾略特(Calvin Elliott)明显不同意加尔文的观点。艾略特用以抨击加尔文的一个说法是他在《要义》中写到高利贷问题的时候"缺乏一种十分确定的肯定性气度"[17]。缺少什么样的肯定性气度？难以想象加尔文在写作的时候怎么才能更确定。说实话，加尔文对这个问题所做的举动实在是很蛮横，仿佛是要一夜

① 英文为 When the reason for the law ceases, the law itself ceases。——译者注

之间就要把高利贷排除在新教的话题之外，至少把那些并非“与公正和慈善对立”[18]的放贷形式排除出去。

由于加尔文认可收取利息的贷款，他并不赞同当时普遍的仇视犹太人的态度。他在他的著作中尊重并客观对待犹太人的观点，以致路德教派的人指责他是“犹大”，甚至就是个犹太人。[19]

路德就没受过这样的指责。虽然他脱离天主教会时，曾为他重新诠释的《圣经》向犹太人寻求支持。犹太人为他抛弃教皇制度而感到鼓舞，因为这似乎可以瓦解和削弱他们的敌人。但是这种不稳定的缓和并未持续很久。在他 1523 年名为“耶稣基督生为犹太人”（“Jesus Christ Is the Born Jew”）的小册子中，路德主张，既然基督教已经脱离了教皇的枷锁，犹太人就应该全体皈依。犹太人却不这么看。他们认为相比路德的版本，犹太法典（Talmud）才是真正的圣经，并建议路德或许应该皈依犹太教。

犹太人的顽固使路德越来越恼怒，他决定实施报复。1543 年，他出版了 6.5 万字的专题论文“关于犹太人和他们的谎言”（“On the Jews and Their Lies”），文中充斥着怒火，在过去的 15 个世纪里没有哪一个教皇或是教会博士曾写过这样的文字。尽管没有说明，激起他怒火的，正是他对高利贷的仇视，仅就这一项内容，他在这个小册子中就攻击犹太人不下 25 次。

路德攻击起来毫不手软。“他们的呼吸因充斥着对异教徒财富的贪婪而发出恶臭。”他这样描述自己曾经的盟友，“世上没有哪个民族比他们更贪婪，现在是，将来也是，他们可憎的放贷行为就是明证。”[20]放贷牟利还只是他们世世代代的罪孽中最轻的一个。“他们的高利贷贪婪无度，”他警告，“他们到处偷窃谋杀，而且一直教他们的孩子也这么做。"[21]这些文字影响了德国接下来的几个世纪。权威著作《犹太人的历史》(*History of the Jews*)的作者保罗·约翰逊(Paul Johnson)形容这篇论文是"现代反犹主义的第一部作品,迈向'大屠杀'之路的一大步"[22]。

在路德看来,犹太人在《圣经》中寻章摘句为高利贷辩护的做法是对《圣经》的亵渎,尤其是利用《申命记》23:20中关于放贷给"异邦人"可得豁免的说法。"他们不仅放高利贷——更不要说其他恶行了,而且还说这是正当的,是上帝经由摩西授权他们这么做的。所以,像他们的其他恶行一样,他们以无耻的方式诽谤了上帝。"[23]

尽管路德迫切希望政府干预,但是他认为靠国家解决犹太人问题是没希望的。他这样描写妥协的德国政府:"我们的君主和统治者们坐在那里张着嘴打着呼噜,听任犹太人从他们敞开的钱袋和珠宝箱里攫取、偷窃、掠夺自己想要的财富。"[24]此时在英国,同样是从教会分离出来的新教徒,统治者们却没在打呼噜,而是在做实事。其中最值得关注的,是亨利八世即将颁布"'限制高利贷'法案"[25],虽然从名字难以揣测其意图,但这是一个主要的基督教国家首次对高利贷开绿灯,尽管规定了年息10%的上限。

穆斯林是一直抵制高利贷的,其教育网站"伊斯兰使命"(Mission Islam)如此评论基督教上述这段历史:"如今任何人都有机会去判别事情的是非对错。"[26]我们的穆斯林朋友这么想是无可厚非的。

8. 我在这儿要求法律的裁判

路德也好，加尔文也好，薄伽丘也好，但丁也好，阿奎纳也好，亚里士多德也好，他们几个都加起来也不如一位来自英国小镇的手套商儿子所塑造的放贷人形象深入人心。威廉·莎士比亚写《威尼斯商人》的时候还不满 35 岁，他虽然认识那么一两个放贷人——他父亲曾尝试过放贷，但他很可能一个犹太人都不认识。

莎士比亚生活的 16 世纪晚期，理论上英国并没有犹太人。早在三个世纪以前，他们就已经被驱逐出这个已经颠沛流离生活了 200 多年的岛屿。第一批犹太人随着 1066 年威廉的入侵来到这里。当时犹太人作为世界放贷人的身份多少已经确立。具有讽刺意味的是，接下来的两个世纪，尽管英格兰对高利贷放松了管制，犹太人反倒变得可有可无了。根据一份报告，1278 年，有些犹太人被指控"磨损货币"（"coin flipping"）[1]，即暗地里从硬币上刮下一些贵金属放入自己的腰包，然后再把这些硬币按照面值兑换出去。这种行为当然为当地人所不齿。据记载，有 300 多违法者因此被处以绞刑。1290 年，所有犹太人都被赶出了英格兰岛。

英国的犹太人分散到了整个欧洲，一些人在伊比利亚半岛找到了栖身之所。

但是好景不长。欧洲的其他犹太人也好不到哪里去。到 15 世纪晚期，西班牙宗教裁判所(the Spanish Inquisition)这个由国家发起的运动，让居住在西班牙的犹太人无法立足，即使是皈依了基督教的犹太人也未幸免。1482 年，教皇西斯笃四世(Sixtus IV)试图干预这场由皇室发起的猎巫运动(witch hunt)①，但没能如愿。他提出对被控异端的人应按程序审判，但一意孤行的国王费迪南德对此置若罔闻。到了 15 世纪末，西班牙的犹太人要么被处决，要么被驱逐。

在 16 世纪的大部分时间里，欧洲的犹太人被接连不断的改革和反改革风潮所折磨。他们的失落和不幸想必如同大约公元前1200年时置身沙漠时一般。临近世纪末，由于改革者的热情消失殆尽，即使是在英国，压力也终于有所缓解。1552 年，国会恢复了七年前中止的高利贷禁令，并称高利贷为“最讨厌和可憎的夹子”[2]，但是在 1571 年，在伊丽莎白女王统治时期，高利贷禁令被彻底废除。

放贷收息在英国合法并不意味着它在任何地方都受欢迎。清教牧师对高利贷和放贷者的责骂又持续了没有几百年也有几十年，而对犹太人的偏见和对高利贷的憎恶一样难以消除。这场持续千年遍及整个欧洲的纷争当然深深影响了年轻的莎士比亚。这种文化偏见在《哈姆雷特》②中得到了充分体现，波洛涅斯警告他的儿子雷欧提斯，一个学生在巴黎可能受到的诱惑：

> 不要向人告贷，也不要借钱给人；

---

① 天主教会为镇压所谓的“异端邪教”，经常将一些人定为会施巫术、招来祸端的巫师，并大肆搜捕这些巫师，尤其是女巫。——译者注

② 本书中莎士比亚作品的中文翻译采用朱生豪译本。——译者注

因为债款放了出去,往往不但丢了本钱,而且还失去了朋友,

向人告贷的结果,容易养成因循懒惰的习惯。[3]

《威尼斯商人》的故事情节取自两个世纪前的一部名为"Il Pecoronet"的意大利作品,意即"傻子"。[4]然而作品中所蕴涵的感悟却新鲜、大胆,为莎士比亚所独有。故事情节在当时的威尼斯展开,莎士比亚本人却从未到过那里。当时英国人对威尼斯的看法和三个世纪后的亨利·詹姆斯(Henry James)及托马斯·曼(Thomas Mann)对威尼斯的看法一样,黑暗、堕落,充满异国情调。尽管故事中的城市很阴暗,但是莎士比亚所描绘的市民们却如英国人一样明朗——高尚、正直且勇于承担错误。

年轻的巴萨尼奥需要一笔钱来向他深爱的美丽且极为富有的鲍西娅求婚。剧中的灵魂人物安东尼奥非常想把这笔钱借给自己的朋友巴萨尼奥。虽然确信他的商船马上就会返回威尼斯,并且能带回数倍于这笔借款的收益,但是安东尼奥手边却没有现金。为了筹措所需的款项,他求助于文学史上最有名的放贷人、最令人难忘的角色之一(都是指所有文学作品而言)——犹太人夏洛克。虽然可能冷酷无情,但是夏洛克却绝对不是傻瓜。在一段旁白中,当他被介绍给安东尼奥时,他总结了1,500年来所积蓄的仇恨:

他的样子多么像一个摇尾乞怜的税吏!我恨他因为他是个基督徒,可是尤其因为他是个傻子,借钱给人不取利钱,把咱们在威尼斯城里干放债这一行的利息都压低了。要是我有一天抓住他的把柄,一定

要痛痛快快地向他报复我的深仇宿怨。他憎恶我们神圣的民族，甚至在商人会集的地方当众辱骂我，辱骂我的交易，辱骂我辛辛苦苦赚下来的钱，说那些都是盘剥得来的腌臜钱。要是我饶过了他，让我们的民族永远没有翻身的日子。[5]

城中商人"会集"的区域与犹太人聚集区仅一墙之隔。犹太人聚居区以威尼斯语中的"炉渣"一词命名，因为这个地区到处都是这些东西，这里原是威尼斯铸造工厂集中的地方。[6]这个单词就是"getto"或者"gheto"。犹太人聚居区制度扩散到意大利半岛的其他城市，这个单词也同样逐渐为这些地方的人所熟知。该制度意在让犹太人参与城市的商业活动，他们在这方面很有用，但是还得把他们排除在城市的社会活动之外，因为他们在这方面没有什么价值。虽然聚居区制度对犹太人而言是绝对的侮辱，但是却给他们提供了类似避难所一样的地方使得他们的文化能够延续。尽管莎士比亚在描述犹太放贷人的生活细节时出了一些错误，但是他赋予了夏洛克突出和真实的个性，在西方文学中第一次塑造了立体的犹太人形象。伊丽莎白时代的戏迷们当然会同情安东尼奥，但是即使坐在戏院最差席位上的观众都能看出夏洛克对他的怨恨。安东尼奥并不否认他唾弃夏洛克，并称他是条狗。他不想得到夏洛克的友谊，只想得到他的钱。本着《申命记》的精神，他希望夏洛克把钱贷给"你的敌人"，并且如果他没能履行承诺，他可以在利息之外支付罚金。无论贷款与否，安东尼奥无意改变他对这个犹太人或所有犹太人的看法。夏洛克也明白这一点，因此他对这个"挥霍的基督徒"所要求的惩罚是"割下整整一磅白肉"。（第一幕，第三场）过于自信的安东尼奥不顾巴萨尼奥的强烈反对一口答应了这个要求。

毫不意外，一些莎士比亚研究者把安东尼奥对于巴萨尼奥的勇于献身的情感归咎于赤裸裸的同性恋倾向。要不是因为一个小插曲，这可能都不值得一提，因为学院派评论家们恨不得让古往今来世界文学作品中的所有角色都“出柜”，包括尼尔·西蒙（Neil Simon）①的《天生冤家》（*The Odd Couple*）中的菲力和奥斯卡。这种说法之所以引人关注，正如著名同性恋诗人奥登（W. H. Auden）很快注意到的那样，莎士比亚“一定熟悉但丁在地狱第十一层（原文如此）中所提到的放贷和同性恋之间的联系”[7]。这两种行为均被认为是违背人类本性的罪孽。安东尼奥或许像他的创造者一样，在调侃这两项恶行。

剧中有一个次要情节，巴萨尼奥的朋友罗兰佐和夏洛克的女儿杰西卡建立起了正式的恋爱关系。很少有评论家注意到这件事所隐含的基本意思，即犹太人也是家庭中的一员。他们并不是后世欧洲人尤其是德国人所描绘的放贷的猪。

在伊丽莎白时代的英国，尽管犹太人经历了世上种种的歧视，但是他们所受到的尊敬和所拥有的权利比 50 年前的美国黑人还要多。至少在莎士比亚的世界里是这样。故事的最终，安东尼奥的船只都失踪了，他没能履行他的义务。梦魇般的放贷人夏洛克要求严格按照约定来给予赔偿。一个差劲的剧作家或许让他像希拉斯·巴纳比（Sillas Barnaby）的《三月的木头兵》②（*Babes in Toyland*）中

---

① 尼尔·西蒙（1927— ），在好莱坞和百老汇都大受欢迎的当红剧作家，被称为百老汇喜剧之王。《天生冤家》（又译《单身公寓》）是其最受欢迎的作品之一，讲的是住在一套公寓里的两个男性好友间发生的种种故事。——译者注

② 美国歌剧，首演于 1903 年，于 1934 年被翻拍成电影。——译者注

想收走住在鞋子里的玩具国老妇人的抵押品的恶棍那样，愚蠢得只会大呼小叫。然而莎士比亚却通过一段强有力的文字塑造出了夏洛克人性的一面，这段文字足以永久地颠覆英语国家中的反犹主义主张。

> 难道犹太人没有眼睛吗？难道犹太人没有五官四肢、没有知觉、没有感情、没有血气吗？他不是吃着同样的食物，同样的武器可以伤害他，同样的医药可以疗治他，冬天同样会冷，夏天同样会热，就像一个基督徒一样吗？你们要是用刀剑刺我们，我们不是也会出血的吗？你们要是搔我们的痒，我们不是也会笑起来的吗？你们要是用毒药谋害我们，我们不是也会死的吗？那么要是你们欺侮了我们，我们难道不会复仇吗？（第三幕，第一场）

接下来法庭的那场戏暗示了为何英语国家会最终统治世界的经济，犹太人为何能在这些国家而不是其他地方繁荣起来。资本主义企业得以取得成功得益于法律的规范。企业家们，包括少数族裔，必须能够仰仗法律的有效和公正。这一认识来自摩西律法，并经由基督教的传播到达欧洲。在16世纪的欧洲，虽然高利贷的相关法律还不完善并且还在演进，但是不管教会还是世俗的当权者，他们对这些法律的高度关注足以证明商业企业道德问题的严肃性。

夏洛克明白这一点，他极度希望基督教法庭帮助履行他的合同。“公爵一定会给我主持公道的，”他向安东尼奥保证，“我一定要照约实行。”（第三幕，第三场）高贵的安东尼奥也接受了制度的要求。即便意味着死亡，他也准备履行他自己订下的合同。“所以我请你不用再跟他商量什么条件，也不用替我想什么办法，”他告诉公爵，“让我爽爽快快受到判决，满足这犹太人的心愿吧。”（第四幕，第一场）因为《威尼斯商人》是部喜剧，所以观众们知道安东尼奥不会死，夏洛克也不会施行他的报复。故事的结果，巴萨尼奥挚爱的鲍西娅伪装成“法律博士”，化名鲍尔萨泽现身法庭（很有意思的一个反转，当时男演员常在莎士比亚的戏剧中饰演女性角色）。“我在这儿要求法律的裁判。”夏洛克要求这位法学家对眼下这个困难的案子给出权威的意见。（第四幕，第一场）

虽然承认法律站在夏洛克这边，鲍尔萨泽仍做出了一个明显的基督徒式的请求：“犹太人，虽然你的要求是公道的，可是请你想一想，要是真的按照公道执行起赏罚来，谁也没有死后得救的希望；我们祈祷着上帝的慈悲。”夏洛克当然没有丝毫慈悲之心。他坚持：“我只要求法律允许我照约执行处罚。”（第四幕，第一场）

此时与鲍西娅婚后变得富有的巴萨尼奥愿意付给夏洛克两倍于他的投资的钱，如果他能饶过安东尼奥的性命，还可以更多。当夏洛克拒绝后，巴萨尼奥恳求鲍尔萨泽法外开恩。鲍尔萨泽拒绝了这一请求，因为这样会开一个危险的先例。“一个但尼尔[①]来做法官了！真的是但尼尔再世！”夏洛克脱口称赞这位“聪明的年轻法官”。就在此时，鲍尔萨泽给了夏洛克比他要求更多的正义。没错儿，他可以去取他的一磅肉，但是不能流下一滴血。鲍尔萨泽还提醒夏洛克和观众，法律尽管需要严格执行，但并不是没有它不公平的地方的。一个“异邦人”如

---

① 但尼尔（Daniel），以色列人的著名士师，以善于折狱著称于世。——《威尼斯商人》译文原注释，译者注

果想要杀死一个公民，即使是合法的，他将丧失他所有的财产，一半给予受害人，一半充公。

现在的观众对结局不怎么满意。安东尼奥出于仁慈，允许夏洛克基于两个条件仍保有他的一半财产：一是同意死后把财产传给已经结婚并皈依基督教的杰西卡；其二，他本人也皈依基督教。伊丽莎白时代的观众并不会对此感到如此不快。他们会理解安东尼奥的意图——一个仁慈的象征：基督教伟大的救赎，给予夏洛克一个重生的机会。

在首演后的一个世纪里，没人想去重演《威尼斯商人》。1701 年，乔治·格兰维尔(George Granville)带来了残缺不全的版本，叫做《威尼斯的犹太人》。尽管格兰维尔还是把夏洛克放在演员表的首位，但是却抽走了他的灵魂，将其变成了一个陈腐的犹太恶棍，正如当时人们所期望的那样。在一场对白中，当巴萨尼奥和朋友在晚宴上为如友谊和爱情般的永恒祝酒后，夏洛克举杯为复利的繁荣致辞："我的钱就是我的情人！祝福利上加利！"[8]

直到 1741 年，《威尼斯商人》才得以真正重排。这还仰仗一位名为查尔斯·麦克林(Charles Macklin)的来自多尼戈尔(Donegal)的爱尔兰人。在英国人心目中，爱尔兰人的地位还不如犹太人，这一点很可能有助于麦克林深入理解角色。除了这种共鸣，麦克林还潜心钻研犹太历史和文化，甚至拜访了犹太人在伦敦谈论和买卖股票、兑换货币的咖啡馆。据说，麦克林让夏洛克恢复了原有的面目，抹去了这个角色身上所有带有的喜剧色彩的元素。麦克林扮演的夏洛克恶毒、阴险、沉郁，他后来一直出演这个角色长达 40 年，直到记不住台词为止。

又一个世纪过去了，英国的演员们才开始以同情的态度来描绘夏洛克。这在很大程度上是由于19世纪自由主义的成长，不仅是文化上，经济上也是如此。此时放贷收息已经理所当然。即便是老练的观众也已经难以领会威尼斯人对这种事情的担忧了。19世纪，美国上演了不下100场《威尼斯商人》，有些抱着同情，有些没有。

这个世纪最受褒奖的美国版夏洛克是由爱德文·布斯(Edwin Booth)扮演的。与他同名的父亲曾是伦敦的成功演员，后来抛下家庭，跟一个科芬园①卖花女郎——就如伊莉莎·杜立德(Eliza Dolittle)②一样——逃到了美国，后来又生下了十个孩子。爱德文是六个男孩中的老四[9]。他的弟弟约翰③后来在华盛顿的福特剧院名声大噪。在那里，他用拉丁语说出了他最值得铭记的台词："Sic semper tyrannis。"(Thus always to tyrants，一切暴君都是这个下场)12天之后，他被一个痛恨他的盟军士兵认出并开枪打死。

林肯被刺两年后，爱德文在冬园(Winter Garden)首演了豪华的《威尼斯商人》。爱德文饰演的夏洛克不是一个悲剧性的犹太人，而是一个贪婪的资本家，一个纽约戏剧舞台上越来越司空见惯的形象。批评家约翰·格罗斯(John Gross)如此评价爱德文对角色的理解："当这位放贷人说到他认为安东尼奥最大的过错是拉低了'我们在威尼斯'的利率时，我们没有理由不相信他。"[10]。

在冬园观看爱德文演出的还有德高望重的美国诗人和文学评论家威廉·卡

---

① 科芬园(Covent Garden)，伦敦中部一个蔬菜花卉市场，也是伦敦中部最时尚的潮流区之一，正好位于西区的黄金地段，该处是市内有名的娱乐文化中心，皇家歌剧院及各间大型剧院均坐落于此。——译者注

② 该名字为萧伯纳《卖花女》中的主人公的名字，此指卖花女。——译者注

③ 即约翰·威尔克斯·布斯(Jogh Wilkes Booth)，1865年4月14日晚10时15分，他在福特剧院刺杀美国总统亚伯拉罕·林肯，"Sic semper tyrannis"是他刺杀林肯后跳上舞台所说的话。——译者注

伦·布莱恩特(William Cullen Bryant)。他以“夏洛克不是犹太人”为题写了一篇评论。布莱恩特评述道:“当初在聚居区中被唾弃的货币兑换商,如今登堂入室广受欢迎,这是实情。”布莱恩特在此提到了罗斯柴尔德家族,他们其实是犹太人,而古尔德家族①肯定不是。“并非是对犹太人的歧视停止了,而是对金钱的热爱增加了,并非是犹太人变成了基督徒,而是基督徒变成了犹太人。”[11]同年,在另一个大陆上,卡尔·马克思发表了巨著《资本论》(*Das Kapital*)的第一卷,这部作品几乎同样源于让布莱恩特不安的那种苗头,但是却提出了不同的解决之道。

---

① 杰伊·古尔德及其家族。杰伊·古尔德出生于1836年,被誉为“现代商业的创始人”,是19世纪美国铁路和电报系统无可争议的巨头。同时他还是股票市场的操纵者。他在1869年对黄金市场的狙击导致了被称为“黑色星期五”的大恐慌。他创造了很多操纵市场、筹集资金、吞并竞争者的新手段,在谈到美国近代金融历史时,古尔德总被认为是头号恶魔。——译者注

9. 挥霍者和投机家

如果卡尔·马克思是在极力颠覆某种已经建立的秩序，亚当·斯密（Adam Smith）则是极力建立这一秩序的人。作为新经济概念的锻造者，他的名字太恰如其分了。铁匠就是从原材料中锤炼出精致东西的人，而亚当，当然就是第一人。[①] 1723年，当小亚当呱呱坠地的时候，“Smith”不再只是一个职业，还是一个姓氏。在英国，得益于民主资本主义的发展，即使是最卑微的公民都有了自己的独特的身份和姓名。斯密的名字来自他的父亲。老亚当·斯密是位苏格兰律师，在他儿子出生前就去世了。老斯密及其先人们遗赠给亚当的，除却姓氏，还有一种对自我和鼓励自我实践的经济系统的敏锐意识。

斯密在他的名著《国富论》（*An Inquiry into the Nature and Causes of the Wealth of Nations*）中尽显其天资，这部里程碑式的著作出版于1776年。作为一位政治哲学家，斯密最先提出，自由的个体根据自身的利益做出独立的决策，由此将构建起一个变动的经济体系，这个体系比任何其他规划者妄图设计出的体系都能产生更好的结果。作为自由放任（laissez-faire，这本是个由法国人提出

---

① 亚当·斯密（Adam Smith）的姓Smith，还有“铁匠”的意思；名字Adam，则与上帝所造出的第一个人名字相同。——译者注

却最终被忽视的概念)思想的支持者,斯密反对禁止高利贷。这丝毫不奇怪。但奇怪的,也着实令人费解的是,在关于高利贷问题的辩论中,他在一个关键问题上变得摇摆不定了。同样令人不解的是,自命不凡的杰里米·边沁(Jeremy Bentham)瞄准了这个不坚定,对完美的"斯密博士"发动了一场引人关注的间或有点滑稽的攻击,这成了那个时代最有趣的哲学口水战之一。

在《国富论》中,斯密简要回顾了亨利八世以来英国高利贷法律的历史。如前所述,结婚多次的亨利废除了高利贷禁令,并宣布合法的贷款利率上限为10%。被斯密评价为"极度宗教狂热"的亨利的儿子爱德华六世又恢复了禁令。而爱德华同父异母的妹妹伊丽莎白重又取消禁令,再次把法定利率定为10%。詹姆斯一世则把法定利率降低到8%,复辟后又降低为6%,安妮女王又把它降至5%。斯密注意到,所有利率的调整"看来极其适当"[1]①,是随着市场利率而变化的。所以,它们没有阻碍英国经济的发展,斯密认为亨利八世以来经济还是向前发展的。

在斯密的年代,绝大多数收息的贷款都是以货币的形式进行,在斯密看来,这些资金既非亚里士多德名言中所说的"缺少孳息",也并非是闲置的,而是有可能非常多产。借款人收到的不是货币而是"货币的价值",即把那些货币运用到能够赢利的经营活动中的能力。当然,不是每个人都这么做。斯密对此进行了在当时很容易被理解的区分,即借钱去消费和借钱去投资。

从放款人的观点看,所有的付息贷款好像都是给予投资者的。放款人希望

① 本章中《国富论》的中文翻译,出自《国民财富的性质和原因的研究》,郭大力、王亚南译,商务印书馆,2008年。——译者注

能收回本金，且“借用人因曾使用这资财，要付他年租若干”[2]，而不论借款人如何运用这笔钱。借款人如果将贷款用于消费，“他就成为浪费者，他夺去了维持勤劳阶级的基金，来维持游惰阶级”。然而，斯密相信勤俭的人多于挥霍者。达尔文学说出现前，逻辑决定一切。“借钱挥霍的人，势难久立；”斯密解释说，“借钱给他的人，常要后悔愚不可及。”[3]

虽然《国富论》条理清晰推理严密，斯密在政府制定利息率这个问题上却出奇地吝惜笔墨。他对这个问题的底线是：不反对。事实上，他主张政府应当将这一利率限制到尽可能低，只要稍高于市场最低利率。如果英国的法定利率定得太高，斯密担心放贷人会寻找那些愿意支付高利率的人，也就是“挥霍者和投机家”。[4]

按照斯密的解释，投机家是那些从事新项目的人。边沁是这么描述这些人的：“开创一个新的渠道，尤其指那些具有原创性的渠道。”[5]对我们来说，他们就是风险资本家。挥霍者的概念太容易理解了。他们所有的收支账户，长期地、明白无误地、一贯地呈现出赤字。但丁特意把他们放入了“地狱”的第四层。虽然但丁善于判断罪恶，但是他也不知道该把投机家放在第几层。事实上，他完全没有任何理由把他们放在炼狱中。然而，在斯密看来，投机家无异于挥霍者——他们都是不计后果的人，吸取任何他们能获得的资本。

按照斯密的推理，如果法定利率很低的话，投机家和挥霍者不得不和“诚实人”[6]竞争。与投机家和挥霍者不同，诚实的人“不太可能浪费和破坏”他们得到的资本。如果投向上述两类人的投资回报很接近——官方的限制利率确保了这点，银行家们就会把钱投给勤勉、实在、可靠的诚实人。“一国资本的大部分就在诚实人手中，而在这些人手中的资本，大抵都用得有利。"[7]斯密这样说明。

《为高利贷辩护》(*Defense of Usury*)写于《国富论》问世十年之后，在这本大胆而又有趣的书中，不敬的边沁极尽揶揄之能事，嘲笑这位古典自由主义经济学开创者对正统说法的背离。作为比斯密年轻一代的人，且出身又比斯密高一两个阶级，边沁从不缺乏自信。他从小就是一个天才儿童，三岁开始学习拉丁文，二十多岁时就被英国政府委派撰写驳斥《独立宣言》的官方檄文，《独立宣言》的执笔人托马斯・杰斐逊年长边沁五岁，也同样是个天才。

作为一个哲学家和改革家，边沁通常被视作功利主义的奠基人，这个学派可以追溯至伊壁鸠鲁，但直到 19 世纪在英国才得以繁荣。[8]在他的著作《道德与立法原则导论》(*Introduction to the Principles of Morals*)中，边沁制定了"功利"的原则。他以创造幸福的能力来判断一个行为的价值，而所谓幸福就是拥有快乐没有痛苦。边沁毫不在意一个行为是对还是错。区分对错，需要一个道德标准的制定者，那大概得是超自然的个体，边沁超越了这个前提。虽然视角不同，但边沁与斯密同样认识到了自由市场经济无可辩驳的效力，不过他完全超越斯密的是，他强调高利贷禁令的彻底无效性。实际上，自边沁将这个禁令扫入垃圾堆之后，再无严肃的学者为其辩护。

边沁很反感"高利贷"这个词，他认为这个词直观的含义会引起人们的反感。"高利贷是件坏事，"他开玩笑说，"这样的事应该被取缔；放贷人是一群坏人，非常坏的人，这样的人应该被惩罚和镇压。"[9]在 18 世纪，即便是很世故的英国人，都认为这种看法顺理成章，这继承自他们的先辈，而先辈又继承自他们自己的先辈。古已有之的对高利贷和放贷人的仇视，不论是真实的还是虚构的——这让人想起夏洛克——重新又爬进了这个国家的灵魂，这触痛了边沁。

> 现在，我要问，从泰斯庇斯(古希腊诗人)时代到如今，有没有这样的情形，当借款人和放款人被一起引至台前，前者被引荐的时候总是得到各式各样的奉承，或敬仰，或爱戴，或怜惜，或三者皆有；而另一方，节俭的人，却被指罪大恶极。[10]

边沁承认，无论何时何地，放贷都不是一个受欢迎的职业。他用最简单的表述来描绘这种反感情绪后面的精神因素。“吃掉自己蛋糕的孩子是还没舍得吃自己蛋糕孩子的天生敌人。”[11]边沁解释说，显而易见，那些为了现时享受而放弃将来的人会嫉妒为了将来而放弃现在的人。这种嫉妒在借贷时被净化了，但随着到期日的临近，放贷人在借款人眼中从恩人摇身变成了暴君。边沁无奈地发现，“人在索回自己的钱时会有一种压力”，而且这种感受“谁都无法摆脱”[12]。如果边沁生活在今天，这也正是他看了6点档新闻中抵押房产因违约被收回的报道之后得出的感受。

然而，只有在基督教时代的基督徒中，放贷才是被禁止的。所以，边沁主张，最好忽视《申命记》中对高利贷的排斥。他的反基督教偏见表明，他非常不解，为何他的祖先们会被一个明显有问题的想法奴役了这么久。在这方面，边沁既尖酸又不失精准。他发现基督教脱离犹太教时，“这两个母子教会之间的差距并不大”。而具体说到放贷，“犹太人这种恶心的赚钱方式令人无法忍受”。于是基督徒离开了犹太人去寻找其他赚钱的方式，等到基督徒想提高收入的时候，“颇为流行的方式”就是直接“从犹太人身上榨取”[13]。

边沁不仅对自己的基督教先人不敬，对亚里士多德更是大放厥词：“这个大名鼎鼎的异教徒，在异教世界的所有事情上指指点点还不够，在基督教世界也建立起了自己专横的帝国。”虽然经手的钱财无数，“可能比古往今来任何哲学家都多”[14]，亚里士多德却在他探究的最基本问题上跌了跟头：

> （他）在任何一张钱上都没能找到哪个器官能够生出另一张同样的钱。被如此强大的有关身体的反面证据所鼓舞，他最终大胆地以普遍定理的方式向世人公布了他观察到的结果，即所有的钱都是不育的。[15]

在这个搞笑的段落中，边沁瓦解了已经持续了六个世纪的反高利贷的思想基础。从来没有人公然这样奚落一位泰斗级哲学家，而且在这个问题上，亚里士多德确实当之无愧。然而，边沁的聪明有点用偏了。他的偏离在于将卑劣的动机都归咎于前人，特别是基督徒，这也是启蒙运动辉煌成就中的一个常规错误。他声称（而且他似乎真的这么想），人们之所以接受亚里士多德对高利贷的看法，是由于基督教哲学家中反犹派的推动。这是无稽之谈。他轻率地无视基督教－亚里士多德主义的融合，这种融合是后来启蒙运动的基石，偏见遮蔽了他的洞察力。

当涉及高利贷法律细节的时候，边沁并不在意放贷收息行为的对错问题。至少在英国，这从来不是个问题，因为少年国王爱德华六世早在200年前就已经因为“肿瘤化脓”[16]归天了。实际上，此时的“高利贷”一词，甚至已不再是放贷收息的意思。这时的含义主观性更强，即指试图对贷款收取超过政府所认定的合乎道德或合理的水平的利率的行为。这个定义，边沁也不认可。

边沁解释："不可能有这种所谓的高利贷，因为不存在某种利率自然比另一种利率更合理这样的情况。"[17]他广泛地援引了不同国家、不同时代的做法。官方规定的最高利率因时代和地域的不同而变化极大。这些利率限制无所谓道德或是合理可言。不同于长期以来对放款人的歧视，边沁认为政府没有理由去调整放款人和借款人之间的利率，政府总在偏袒借款人。他发现，即使在英国，"放款人的利益也一直在被尽可能地削减。利率上限从一开始的10%，到8%，到6%，再到5%，最近有报告说正准备降低到4%"[18]。

边沁认为把复利当成"一种高利贷"来禁止同样也是歧视。法律保护债权人收回贷款的权利，但当债务人不能按时偿还时却拒绝给债权人任何救济，他觉得这是缺乏逻辑的。边沁写道："法律上的薄弱，使违约者从中获益，这是对背信、不公、懒惰、疏忽的鼓励和奖赏。"[19]

英国高利贷法律的逻辑问题在典当问题上体现得更为明显。尽管当铺老板手上牢牢地握有抵押物，但他却可以合法收取高达12%的利息。而他的客户正是高利贷法律意在保护的——贫穷和头脑简单的人，这些人正是挥霍者中的活跃分子。

即便这样，边沁也认为不必去控制。挥霍者但凡还有东西可以押出去，就算他发现"没有一个被称为恶魔的放贷人愿意与之交易"，边沁相信他也不会安分。相反，他会不择手段地去弄钱，有时候他的行为可能会比借款更加害人害己。边沁流露出轻微的自由主义思想："用绳索捆住成年人以防他伤害自己，这种做法不论是对其本人还是社会稳定都没有必要。"[20]他认为保护挥霍者和保护穷人的方法一样，就是让放贷人、银行家和当铺老板公开竞争，这样至少可以把利率降下来。

1787 年——美国历史上值得铭记的又一个年份，边沁撰文指出，政府阻止钱在放款人和借款人之间自然流动的努力是徒劳的，就好比卡纽特大帝（King Canute）试图阻挡潮汐一样。在他当时居住的俄国，规避法律成了一种通行的做法。虽然当时法律限制是 5%，但是需要钱的人都按照市场利率来支付——当时在俄国大约为 8%～10%。放款人签完 5% 的合法合同后马上就会同借款人私下达成一个 3%～4% 差额的附属协议。"整个法律体系在这个问题上是令人欣慰地彻底失效。"[21]在俄国，如同在其他地方一样，货币找到了自己原本的水平。

利率管制看起来是注定无法奏效的，从"自由市场"说的角度看尤其如此，于是亚当·斯密的含混不清在边沁看来无异于立场不明的异端。边沁以其独特的调侃方式试图解释为何一个"如此杰出的的大师"会犯下如此低级的错误。他语带嘲讽地写道："您听到群众的呼声，这呼声又被法律强化，它们萦绕在您耳边宣告着，高利贷是件令人鄙夷的事，高利贷者是一群邪恶阴毒的人。"[22]不过，真实情况可能就是这样：斯密深受社会上高利贷偏见的影响，以致他根本都没意识到自身在这方面的问题。

斯密对政府管制利率行为的支持已经够让边沁恼火的了，但让他怒火更炽的，是斯密对"投机家"的不信任。边沁继续写道："您还会听到那伙人中有人说，投机家是既愚蠢卑劣、又狡诈害人的族群。"边沁分析了投机家的行为，阐释为什么放贷人在投资新项目时希望获取更高的回报率:“无论是新贸易还是建立在新渠道之上的贸易,都要比建立在任何旧渠道之上的贸易承担更多的风险。”[23]

边沁举了个很有说服力的例子,英国工业革命中的任何一项重大进步都是“以新项目的形式首先出现的”。今天日常生活中的每一个便利都是昨天的某项创新,它们都出自“罕见的天才贡献”,而非轻率的投机。授权给某些“极度无知”[24]的立法者去判断他们一无所知的某个项目是否可信,这着实让边沁不寒而栗,所幸他在美国第111届国会①开幕前就去世了。在他看来,如果让这些立法者当道,英国人就得吃野果、披兽皮了。斯密不同意这样的观点,这让边沁很惊讶:

> “不,”我仿佛听见您说,“我不会为此感谢投机家,我宁愿感谢法律,通过限定利率,法律警惕地制约了投机家的鲁莽,防止了他们盗用国家财富的轻率行为,如果听之任之,他们的做法肯定会让国家利益受损。”[25]

尽管在哲学上已经把斯密打入冷宫,边沁却声称他这么做是对斯密的一种严厉的热爱。这个一贯自命不凡的年轻学者居然自以为是地期望大师在下一部著作中修正他所指出的错误。但是斯密没有。尽管有谣言说斯密接受了边沁的

---

① 美国第111届国会开幕于2009年1月6日。通常美国新国会在1月下旬开幕,但由于当时美国面临金融危机等诸多挑战,本届新国会提前开幕,首要任务是讨论奥巴马的经济激励计划和批准奥巴马内阁成员提名人选。——译者注

观点，却无任何证据。鉴于边沁才智上的锋芒毕露和他乐于挑起事端的作风，斯密识趣地避开了和他公开论战。

毫无疑问，这轮边沁获胜。逻辑明显在他这边。但是历史更垂青斯密。200多年之后，人们还在研究斯密并传授他的理论，但是边沁却渐渐淡出视野。虽然影响稍逊，功利主义发展成为几乎凡事均以效用为先的思想也符合公共利益。边沁的后继者包括罗伯特·欧文，他为我们贡献了"社会主义"一词，还有仍然健在的彼得·辛格(Peter Singer)，他因《动物解放》(*animal liberation*)一书在知识界受到尊重，至少在普林斯顿大学如此。

从斯密最早的代表作——出版于1759年的《道德情操论》中，我们可以发现他的影响力能够在学术界经久不衰的原因。与边沁不同，斯密用旧式的方法建立起他的经济哲学——将理论构建在复杂的道德和伦理基础之上。尽管从神学的角度来看显得冒进——他的著作混合了禁欲主义哲学和基督教思想，但斯密还是认为道德不仅仅是快乐和痛苦的计算。相反，他坚定地支持自然法则，因为这是为"在此生中指引我们行为的方向"[26]而赋予人类的。关于这一法则的源泉，他毫不回避："这些道德规范是神的指令和律法，神将奖赏信守责任的人，惩罚违背者。"[27]

基于这样的背景，斯密比边沁更容易因为仁慈而犯错。他也由此能够领会边沁所无法领会的自由企业应遵循的基本原则：企业在追求业绩的同时必须"自我克制"，这应该作为全社会的道德规范深入人心。迈克尔·诺瓦克(Michael Novak)——"民主资本主义"一词的提出者——如此总结斯密和他本人对这个体系的理解："正是因为理性的自利产生的结果并不一定合乎道德标准，所以宗教(或其他)价值观对民主资本主义而言必不可少。”[28]虽然斯密没能亲眼看到因“价值观”缺乏而致体系难以为继的这一天,但诺瓦克看到了,而边沁则至少在一定程度上难辞其咎。

10. 郁金香

老亚当·斯密在苏格兰的科卡尔第(Kircaldy)迎娶玛格丽特·道格拉斯的那一年(1720年)很可能是自1066年诺曼人入侵以来西欧经济最不稳定的一年。英法两国都被类似的狂热所席卷。法国的那场,叫"密西西比泡沫",它和现在的密西西比州没有任何关系。英国的那场,叫"南海泡沫",和南海更是风马牛不相及。但是,这两者都是真实的泡沫。当泡沫破裂的时候(是泡沫就注定要破裂),成千上万手中空余肥皂和空气的人永远都不会原谅那些把泡沫吹上天的卑鄙投机家。年轻的亚当想必也听了太多这类消息。

在英法两国的骚动发生前差不多一个世纪,发生在荷兰北部的一场类似泡沫的狂热比密西西比泡沫和南海泡沫更吸引大众的目光,尽管后两者的后果更严重。为了解这个现象,有必要了解一下产生这种现象的共和制度以及助推共和制度的金融工具。这些金融工具中最基本的是债券。销售这些债券的市场是在国际银行系统的基础上发展起来的,债券市场的发展增强了欧洲单一民族国家的实力,拉大了西方商业活动和世界上其他地区商业活动的差距。

与银行业务一样,债券市场的起源一直可以追溯到意大利北部的城邦国家。随着市场的逐渐复杂化,一种新的简单债券运作模式出现了。在意大利,城邦国通过发行债券来偿还债务，特别是为发动战争而产生的债务。套用今天的术语，一个公民买了 10 万里拉利率为 3% 的固定利率债券，或“息票”(Coupon)。这种投资能保证他每年获得3,000里拉的回报。在佛罗伦萨，政府多少有点强制性地让公民购买这种债券。[1]皆大欢喜的是，强制购买的性质让公民们免去了高利贷禁令的约束。更好的是，政府以及教会允许他们在需要流动性也就是现金的时候可以把债券卖给其他公民。

如果佛罗伦萨能成功地打垮敌人，并朝着和平与繁荣不断前进，公民们就会视这些债券为好的长期投资。如果想卖掉，债券持有人也很容易找到买方。随之而来的，需求大于供给将会使债券的市场价格高于“票面”价值。然而息票的利率是固定不变的。如果一个投资者以 12 万来买这笔债券，那么他每年3,000里拉的收入将产生 2.5% 的收益。

另一种情况，如果战况不利，佛罗伦萨的安全受到威胁，债券持有者就会倾向于卖掉债券。愿意接手的人也不会太多。较高的回报将会是一个卖点。一笔面值 10 万里拉的债券如果用 6 万里拉买下的话，仍能保证每年有3,000里拉的回报。买家就会在 5% 的收益率和无法得到偿付的可能性之间进行权衡。我们今天所说的“信息不对称”或许会推动这个交易。换句话说，就是买方能获得关于战争结果的内部消息并做相应的投资。在一个信息的传递只能靠信鸽的时代，能够比你的竞争对手更快、更稳妥地传递这种消息的能力，会起到巨大的作用。

应当注意到，所有这些金融工具都是在一个完全天主教化的欧洲出现的。就像在 1500 年，世界所有的商业中心——威尼斯、佛罗伦萨、布鲁日、安特卫普、伦敦都效忠于罗马。马克斯·韦伯的说法应该稍做调整,新教改革并没有创造出资本主义;只不过在新教分离出去之后,天主教教会认同了西班牙帝国已有的旧世界的重商主义。

实际上西班牙和法国都曾模仿意大利的模式来筹措它们的战争资金,但是都不成功。问题在于,相比一个充满竞争和商业气息的城邦国家,专制的国家没有多少动机来履行它们的债券义务。整个 16 和 17 世纪,西班牙周期性地在发行的债券上失信,这当然吓跑了投资人。在这个时期,投资人在作为西班牙主要竞争对手的荷兰北部省份中获得了持续的成功。1581 年,其中七个省联合成立了七省联合共和国(the Republic of the Seven United Provinces)。

为摆脱西班牙统治而进行的战争时断时续,为筹措资金,七省联合共和国采纳了意大利的融资模式并扩大了规模。有限责任股份公司是荷兰最重要的发明之一。最先出现的荷兰联合东印度公司(荷兰语缩写为 VOC)在 1602 年成立的时候吸引了超过1,000名的投资人。政府主办和垄断地位让投资人确信公司终将获得成功,"有限责任"确保他们最多也不过损失掉投资额。

VOC 的使命是合法的:加强荷兰在东印度地区的商业活动并在这些岛屿上寻求新的机会。[2]由于初始成本比较庞大,最初的回报并不尽如人意。事实上,VOC 直到 1610 年才开始派发股息,而且是以香料的形式。1609 年,出于对 VOC 无法支付股息的失望,著名的荷兰商人艾萨克·勒·迈尔(Isaac le Maire)及其同伙组成了一个秘密集团,设法从所处的困境中搞出钱来。他们不动声色地从其他股票持有人手里以一定的费用借来股票,并承诺在将来某个日期归还。然后他们以市场价格卖掉这些股票并暗中散布公司前景不乐观的言论,受惊吓的人们卖掉了手上的股票,致使接下来的几个月股票价格下跌了 12%。迈尔及其同谋再以较低的市场价格购进股票归还,其中的差额都装进了腰包。

实质上,迈尔和同伙"卖空者"是在做空市场。这震惊了 VOC 的股票持有人,因为他们之前都没有做空或看跌的经验。就如人们猜测的,这个策略一旦被揭示出来,结果并不有趣。他们把迈尔送上法庭,并将他永久监禁。

到了 1612 年,所有人都逐渐看清楚 VOC 在短期内不打算赎回任何人手中的股票。正如佛罗伦萨的债券,需要流动性的股票持有人不得不把股票卖给其他可能的投资者。世界上第一个股票市场就此产生。最早的规定之一就是禁止卖空。然而政府并没有明确禁止远期交易,只不过宣布所有的远期合同并不能被法律保证强制执行。这一规定助燃了我们所说的这场狂热。

在第一个股份公司和第一个股票交易市场成立之间,聪明的荷兰人引入了世界上第一个现代中央银行——阿姆斯特丹交换银行(Amsterdam Exchange Bank),或称卫斯尔银行(Wissel bank)。[3] 如其他欧洲小国一样,七省联合国没有足够的实力和领土来建立和施行一个主导货币。所以,有 14 种以上的他国货币在新共和国境内流通。为了消除混乱,荷兰建立起了中央结算所来存储储户的任何货币,并使兑换率标准化。一个在此有存款的买家可以从卖方那里购买任何一项货品,只要简单地借记在他的卫斯尔银行账户上,同时在卖家的账户上贷记同样的金额即可。

不同于后来成立的其他中央银行,卫斯尔银行手中准备了足够的贵金属储备(铸币)作为偿付准备,以备所有储户同时要求立即清偿。这防止了任何潜在的资金抽逃并使七省联合国发行的债券在整个 17 和 18 世纪成为欧洲最安全的债券。软货币(soft money)的倡导者或许会抱怨这种"完全储备"的银行运营方式无法创造信用，而创造信用如今被视为银行最典型的特征。硬货币(hard money)的倡导者或许会回应，它创造了足够的信用，以致这个小小的共和国在银行成立之后的200年间统治了世界商业活动。在此期间，荷兰人率先引入了多种信用工具——期货、期权、卖空，等等，这使阿姆斯特丹成为金融世界的中心。

荷兰体系的发展动态激发了国民对市场的积极参与，这种热度在世界的任何地方都前所未见。到了17世纪初，荷兰成了一个当日交易(day trader)盛行的国度。其中一个经常被经济学家忽视的原因是它的文化因素，即共和国大部分信教的人都接纳了加尔文主义，这是第一个把高利贷作为日常规范来接受的重要基督教运动。不久，加尔文荷兰归正教会(the Calvinist Dutch Reformed Church)取得了特权地位，也就是说一个人想要成为政府官员必须先成为教会的常客；不一定很虔诚，但是至少得经常光顾。[4]

在阿姆斯特丹和哈勒姆这样的城市，都市生活每天的诱惑——阿姆斯特丹著名的红灯区De Wallen可以追溯到14世纪——让信仰降到了最低。城市脆弱的道德神经又被1634年爆发的黑死病进一步消磨，这场席卷了整个七省联合国的瘟疫三年间夺去了15%人口的生命。无常的宿命感随之而来，幸存的人急于想抓住眼前的一切，他们聚在街头密集的小酒馆中醉生梦死，这些被称作"college"的小酒馆也是商人们做生意的地方。一位荷兰历史学家后来这样写道："身处苦难中的人们被特殊的狂热，特别是短期内致富的渴望攫住。"

如果说国际贸易让国民们暴露在新病毒中，它也让他们接触到了更有益的生活方式，其中最悦人的，非郁金香莫属。50 年前，普通的荷兰人是分不清西红柿和郁金香的，两者都是从 16 世纪才开始引入：郁金香引自土耳其，西红柿引自南美。[5]后来发生的事情还要归因于法国人。17 世纪 30 年代前后，那时候就为时尚疯狂的法国女人开始在她们的礼服上装饰鲜花。为了赢取贵妇名媛的芳心，拜倒在她们裙下的有钱人竞相呈上市面上的奇花异草，这么看来，郁金香显然比西红柿更具美感。

同以往一样，一旦某种适度的需求开始形成，荷兰人就努力使之商业化，郁金香的销售也是如此。[6]普通的球茎以磅为单位出售。按磅计量的商品合同不需要区分单个球茎，正如小麦合同不需要按麦秆来区分一样。因为只有从 6 月份开始的三个月内才是安全运输球茎的月份（在郁金香四五月份的短暂花期之后），因此，9 月份之后到来年 6 月份之前的购买都只能采用期货合同了。到 1636 年瘟疫最盛的时候，一个非正式的期货市场已经在阿姆斯特丹的小酒馆中成长起来了。

郁金香球茎期货市场的运作方式和今天的期货市场差不多。球茎的买家和卖家签订一份合约，规定他们在指定的交割日按照指定的交割价格（在球茎交割日最后，球茎卖出的价格）进行货币和球茎的交换。和当今的期货市场不同的是，这个自发的期货市场缺乏管制。交易是在个人之间进行的。个人之间也不需要缴存保证金来确保交易履行。而且合约也不像今天的期货合约那样持续"盯市"（market to market）——也就是价格每日更新以反映逐日波动。更甚的是，交易者知道一旦事情不妙，法院也不会强制执行合约。事实上，这方面的法律罕有且粗糙。正如经济学家彼得·加伯（Peter Garber）论述的，"通常买家当前并没有要在交割日支付的现金，卖家当前也没有花球在手”。[7]

之后到底发生了什么，传说多于文献记载。价格的飙升最初从某种异常美丽和稀有的变种郁金香开始，不久之后就波及普通的郁金香。[8]整个过程好像只是为了满足狂热，并没有实际的郁金香在买卖。这种情况发生在瘟疫肆虐，又因没有任何体育赛事可赌而显得沉闷的 1636—1637 年冬月。价格从 11 月开始持续攀升到来年 2 月，之后平稳了一小段时间，然后突然神秘跳水。就如过山车一般。在没人弄明白它如何开始前，郁金香狂热就消失了。

1637 年 2 月 24 日，花商们齐聚阿姆斯特丹，建议允许 1636 年 11 月 30 日之后签订合同的买家在支付给卖家 10% 的合约价后退出交易。到了 4 月，省和市政府纷纷介入，让买家在支付合约价格的一小部分后摆脱合约。这不会是最后一次过度保护的政府帮助不谨慎的投资者摆脱困境。

奇怪的是，荷兰郁金香狂热的故事随后便遁入了历史的迷雾。直到两个世纪后的 1841 年，一位英国记者查尔斯·麦凯（Charles Mackay）出版了一本名为《人们的离奇幻想和疯狂》（*Extraordinary Popular Delusions and the Madness of Crowds*）的书。麦凯对惨败的郁金香投资人和遍及全国的冲击的描述在那些不太喜欢资本主义的人和荷兰人中引起了共鸣，读者人数之众足以使这本书成为畅销书。[9]

麦凯并非第一个为讲故事而脱离史实的作者。他重述这场狂热的时候，根本没有追踪当时荷兰的账目或者交易记录。时代文学总是有意避开悲惨的故事，这段郁金香交易故事的最终结果就不错。郁金香非但没被当成愚蠢的标志，反倒不以为耻地成了荷兰的代表性花卉。加伯这样论述道，狂热的参与者们不讲公道，缺乏理智，只是抱定一个念头，政府会把他们从自己的愚行中拯救出来，政府还真就这么做了。加伯说道："这不过是被瘟疫折磨的人们利用活跃的郁金香市场而做的一场毫无意义的冬日酒令。"[10]

把郁金香狂热变成赌博是因为缺少全国统一的货币制度。各级当地政府或许帮助参与者摆脱了困境，但是他们没有用自己的钱。18 世纪的英法政府却完全不同。它们的参与使得泡沫被吹得更大，而破裂之后的伤害也是致命的。

11. 泡沫

恐怕就连但丁也想象不出18世纪的伦敦。参观者不用走出多远就能发现一场活生生的斗鸡表演。大场面的逗熊和逗牛①随时都有，还可以下注，就像今天的NFL（全美橄榄球联盟）和NBA（全美篮球协会）。对喜欢冒险的人来说，还有更具想象力的比赛，包括驴、猴子还有狗（这自不必说）。置身于这样的环境中，兑换一条街上的股票经纪人和投机者就如同在家里一般自在。对于那些厌倦了对熊、猴子、牛下注的人来说，总是有新的项目可投资，如永动机或是能从白银中提取铅的新发明。[1]

就像在一个世纪前的阿姆斯特丹一样，投机者们毫不犹豫地叫卖着他们还没拥有的物品。这种小把戏叫做"未抓到熊之前就卖熊皮"。所以那些卖空的人被称作"熊皮掮客"，很可能"空头"和"熊市"就来源于此。在这些下注比赛中，与争斗时诡计多端的熊形成对照的是公牛，它们只会闷头向前冲。舞台斗兽早已被禁［问问迈克尔·维克（Michael Vick）②就知道］，但这些词汇还是保留了下来。

① 逗熊（牛）：一只或者多只训练有素的斗牛犬攻击一头拴着的熊（牛）。——译者注

② 迈克尔·维克出生于1980年，是原美国职业橄榄球联盟亚特兰大猎鹰队的著名球星，2007年被发现涉及一宗非法斗狗案，并被指控在自己的一处产业让某公司从事赌博性的斗狗行为。2007年12月，维克在法庭上承认参与杀死至少八只狗等一系列罪状，被判处23个月的有期徒刑。——译者注

尽管出生在一个正大光明的苏格兰银行家家庭，约翰·劳(John Law)在伦敦肮脏的地下生活中找到了自己真正的位置。一位跟他同时代的人说他“精通各种堕落之道”[2]。1694年4月，这个23岁的赌徒和登徒子怒气冲冲地走出布鲁姆斯伯里(Bloomsbury)的一家酒馆，一位名叫爱德华·威尔逊(Edward Wilson)的人紧随其后。在为一个他俩都声称爱上了的女人发生争吵之后，他们决定按照酒馆的规矩，到外面去解决这件事。于是，在布鲁姆斯伯里广场，两个人拔出了剑。决斗只持续了1分钟。劳突然向前一冲，法庭记录这样写道："受到宽达两英寸、深达五英寸的致命伤害后，爱德华·威尔逊当场死亡。"[3]

劳在一天内被捕，两周内被起诉并被判决。距被公开绞死还有几天，在新门监狱(Newgate Prison)等死的时候，即使是劳这个一贯的乐观主义者也不可能预见到，未来有朝一日他会一手把法国经济体系变成世界上最强大的经济体系，而他自己将横跨整个体系(至少在某一段时间)，成为体系中集伯南克、盖特纳、巴菲特于一身的人物。

首先，劳得逃离新门监狱，他靠朋友的帮助做到了。他们秘密地把他带离英国，来到阿姆斯特丹，对于像劳这样死不悔改的浪子来说，这是一个适宜的地方。在这儿他又重操赌博旧业，但是这次绝不鲁莽行事了。作为一个数学天才，他研究赔率并以此来赌博。几年时间，他发了点小财。在布鲁姆斯伯里事件过去20年后，当他前往法国时，劳已经非常富有了。

在他逃亡的时期，劳还发现并实施了一个新抱负。他把研究赌博赔率的热情和技巧同样用于研究阿姆斯特丹的银行和市场。[4]潜逃10年后，他将自己的心得写成一篇论文，探讨以信用为基础的经济的好处，这篇4万字的论文为他赢得了一流理论家的声誉。1705 年,他想借助这篇论文返回苏格兰,并希望在那里实施自己设计的体系。然而,那时苏格兰正在和英格兰协商建立一个联合体,而英格兰还不准备以年轻失检为由将劳谋杀威尔逊的事情一笔勾销。

再次逃亡和遭拒 10 年后,劳终于找到了一个愿意实验他的 S 资金系统的国家。当时的法国已经没什么可再失去的了,深陷债务泥潭,经济艰难前行却看不到解脱的希望。劳说动了奥尔良公爵(此人在路易十五世未成年之前一直掌管这个国家)让他建立一个国家银行——兴业银行(the Banque General)。让劳喜出望外的是,公爵满足了他提出的发行纸币的要求,这是法国历史上的第一次。[5]当时劳只是想向经济体系中注入流动性。纸币可以在任何时候兑换成硬币。为提高对新发纸币的信心,公爵宣布伪造纸币将被处以极刑——"极"(capital)出自拉丁文"caput",意为"头"。他还指示自己的税收人员以纸币的形式把钱送交给劳。劳的体系开始了运转。

这已经相当好了,但是劳这个一贯的冒险者想要的更多。他的目标是创造财富,而不仅仅是让财富更快地流动。受荷兰经验的启发,他决定把自己的银行和一家快要倒闭的法国海外贸易公司——法国密西西比公司合并,这家公司的主要使命和荷兰东印度公司类似。这家公司从未在路易斯安那瘟疫满布的泥潭中赚到一毛钱,尽管那里的主要城市还是以劳的支持者——奥尔良公爵的名字命名。

虽然路易斯安那幅员辽阔,地理位置遥远,像劳这样精力充沛的商人依然能够向新公司——西方公司(Compagnie D'Occident)注入潜在财富的味道。政府授予的垄断地位帮助他获得了不少信用。没人质疑劳的号召力。如果这还不够

(一开始这的确也不够),那么劳还向投资者承诺,如果他们想赎回所购债券的话,他们可以在6个月后以票面价格拿回自己的钱。[6]这是一个不可思议的交易,因为发行18个月来,债券是以票面一半的价格来销售的。法国人从来没有做过远期交易,他们无法拒绝这样的观念。所以每个人都想买入。

为了筹集更多的资本,法国政府允许劳为他的国际企业再发行5万股股票,每股的票面价格仅为500里弗,以便大家都能买得起。为使这些股票更诱人,劳引入了一个后来影响市场三个世纪的好主意:投资人可以以"保证金"(on margin)购买。[7]换言之,他们只需先支付500里弗的75%。剩下的他们可以借,不是向银行或是中介公司借,而是向发行公司借,条款很简单,12个月的分期付款,共计550里弗。没人对10%的零头有意见。在此之前两个世纪,马丁·路德认为,面对高利贷盛行的乱象,国王们的最差表现莫过于"坐在那儿,张着大嘴打呼噜"。法国的统治者比德国人做得好:他们没打呼噜,他们在投资。年幼的国王是劳公司重要的持股人。

1719年对劳来说是个重要的年份。1月,公爵接收了兴业银行,并将其更名为皇家银行(the Banque Royale),由劳来掌管,它发行的纸币由皇室来担保。5月,劳收购了东印度公司和中国公司(China Company),并把所有的海外公司重组为印度公司(Compagnie Des Indes),拥有法国在欧洲以外所有贸易的垄断权。7月,公司从王室购得铸币权。到了10月,公司获得了收税的权力。[8]

同年,随着股票资金的不断涌入,劳作出了一项史无前例和令人难以置信的举动:他决定买下所有法国的债务,使他成为这个国家唯一的债主。为了让王室从交易中尝到甜头,他把利息从4%降到了3%。好处是,偿还的债款为劳的公司提供了稳定的现金流。坏处是,它几乎成了公司唯一的现金流。

高兴的投资者们忽略了劳的资金来源。到了1720年年初,劳发行了超过60万股的西方公司股票,面值达到3亿里弗。当时,股票以票面值30倍的价格在出售,而且还在上涨。[9]为描述这些中了魔的投资人的财富,人们发明了一个新词——"百万富翁"(millionaire)。然而,不为这些百万富翁所知的是,公司的所有海外收益,包括其涉足的奴隶和烟草贸易,都无法证明这些股票价格的合理性。

1720年1月5日,劳被提名为收入审计总长(Controller-General of Finances),权力相当于总理。[10]他已经开始替政府收税、铸币、印纸钞、管理中央银行、掌管所有海外贸易、处理路易斯安那事务,这个地区的面积占到如今美国国土的一半大小。这些对任何人来说都是令人陶醉的成就,更不用说对一个因谋杀而潜逃的非法移民了。

英吉利海峡的另一边,英国正不安地关注着这个他们最害怕的对手的蓬勃发展,至少看上去是这样。《英国周刊》(*Weekly Journal*)驻巴黎记者向他那些肯定满心嫉妒的英国读者报道了劳的成就:"通过他精明的管理,在相当短的时间内,国家的债务得以偿还,捐税得以取消,艺术得以鼓励,商业得以改善,信用得以恢复——总而言之,国家在废墟中得以重生。"[11]英国不会坐视法国超过他们。他们也将制造自己的泡沫。

1720年4月14日,来自英格兰罗切斯特的制鞋匠之子,身材肥胖的约翰·布朗特(John Blunt)以300英镑的市场价格出售了其总价值200万英镑的南海公司(South Seas Company)的新股。按照劳的办法,他也提供了便利的融资,首付 20%，其余部分以每两个月为一期的分期付款支付。[12]

南海公司成立于 10 年前，以开展南美和英国之间的贸易为目的。西班牙人和葡萄牙人在两个世纪前就瓜分南美地区的事实并没让公司的投机家们丧失信心。这其中无知起了很大作用。布朗特越不了解南美贸易的现实情况，他就卖得越好。公司的早期投资人还包括艾萨克·牛顿、乔纳森·斯威夫特（Jonathan Swift）①和国王乔治一世。

作为一个贸易公司，在其运营的第一个十年，公司只是从非洲运送奴隶到美洲，并坐视西班牙的税收蚕食了利润。1715 年，布朗特设法说服威尔士国王任命他为公司的首脑。他不动声色地把公司的经营朝自己的长处重新定位，即贿赂和市场操纵。和劳一样，当别人只看到问题的时候他看到了商机，尤其在英国沉重的债务这件事上。丹尼尔·笛福，《鲁滨逊漂流记》的作者，也是公司宣传册的撰写人，把债务归咎于 20 年来流血的战争。他这样写道："现在我们看到了，我们的财富消失，我们的储备耗尽，我们的收入被卖掉、被抵押、被提前使用。整个王国被卖给了高利贷。"[13] 直到 20 世纪末，战争都一直被"冠名"为债务发动机。

到了 1720 年，债务达到了在当时非常惊人的3,100万英镑。布朗特打算像劳那样筹钱来买下债务。政府的债主们成了公司股票的目标持有者。他们愿意以较高的市场价格把每年固定的收入换成南海公司的股权。为了使计划更吸引政府，他把债主减少到一个——他的公司，并把利息从 5% 降到 4%。为了使计

---

① 乔纳森·斯威夫特（1667—1745），英国一爱尔兰作家，讽刺文学大师，以《格列佛游记》和《一只桶的故事》等作品闻名于世。——译者注

划更吸引管理政府的贵族和国会议员，他向他们出售“概念”股——无须支付保证金，而且条件还很不道德——只要股价上涨他们就能兑换现金。

即使国会已在他掌握之中，在这场金融史上最沉闷的拍卖会上，布朗特还得比谨慎的英格兰银行出价高。布朗特之所以觉得这个挑战难度较大，在于他手中没有钱。他只能通过出售他所认购的股份来筹集资金并用这些股本来收购债务。正如与他同时代的一位历史学家所写，“这是他大肆宣称的格言，他重复过无数次，那就是要想抬升公司的好处，唯一的办法就是想尽一切办法提高股票的价格”[14]。布朗特还有一个银行不具备的优势。他在出售股份时不会遇到法律和政治方面的限制。他可以随心所欲地卖他的股票或者把它们送掉。事实上，他已经给上议院和下议院送了许多股份。他在上议院的敌人警告他：“股票买卖这种有害行为将造成无法弥补的损失，会让精英们离开工商业。”[15]但这丝毫没有起作用。布朗特占了上风，交易最终得以签署。

和西方公司一样，南海公司只能靠更多的人来购买更多的股票来维持它的繁荣。为了扩大规模，布朗特提出了18世纪的次级贷款方式：首付10%，剩下的部分以10%的利息分4年支付。现在，每个人都想参与进来了。“我向来自伦敦的人们询问，他们在那里信仰什么？”乔纳森·斯威夫特这样写道，“他们告诉我，是南海公司的股票。”[16]

与此同时，在法国，劳遇上了他意想不到的麻烦。新出炉的百万富翁们在惊讶于自己获得的巨额利润之余，开始套现购买贵金属。他们未曾想到，如同后悔不迭的劳所发出的哀叹，“股票价值实际上已经超过了王国所有的黄金和白银”[17]。为了保护他脆弱的系统，劳开始使用专制手段。他以法律的名义禁止未经许可佩戴钻石，制造或贩卖黄金制品，以及储存超过少得可怜的最低限额的黄金和白银。为了执行这一法律，他招募密探并授权宪兵搜查人们的家里是否有违反政府限制的赃物。启蒙运动的智者伏尔泰当时才20多岁，他称这次镇压为“史上最不公正的法律”和“荒谬专制统治的极限”[18]。这并没能使投资人恢复信心。差不多200年后，当FDR（富兰克林・德兰诺・罗斯福）①采取类似做法时，同样也没能成功。

当股价开始波动的时候，劳许诺以高于市场价的固定价格买回股票，如果人们都当真的话，他这个承诺其实是不可能兑现的。人们果然当真了，劳无法兑现，但是他控制着印钞机。他让九台印钞机加班加点地印刷数十亿的里弗来满足股票持有人套现的要求。[19]整个系统脱离控制地疯狂运转，劳已经无法再用什么理智的举措来阻止这一切了。

正如黑夜会随白天而来一样，恶性通货膨胀随纸币的过度注入而产生了。又如黑夜过去是白天，恶行随着高通货膨胀接踵而至。似乎做什么事情都不再需要理由。为什么不赌博呢？为什么不纵酒狂欢呢？既然已经出卖了灵魂，为何不把肉体也一并出售了呢？既然已经耗尽了自己所有的钱，为什么不去抢别人的呢？法国人从未目睹过如此明目张胆的当街抢劫。几乎每天都能从塞纳河中捞起被劫者的尸体。[20]

动乱反过来引起了报复性自卫和社会正义的兴起。奥尔良公爵的一个年轻浅薄的远房表亲合恩伯爵，亲自体验了正义。在股票市场上耗尽家产之后，他和

① 富兰克林・德兰诺・罗斯福(Franklin Delano Roosevelt)，美国第32任总统。——译者注

两个朋友抢劫并谋杀了一个经纪人。年轻的伯爵被捉住。

当时正义的车轮正转得飞快——就这件案子而言，的确如此。鉴于一个星期就发生了11起谋杀案，法庭决定杀一儆百。对伯爵既不绞死也不斩首，他将被轮子碾碎。幼稚的伯爵还在问："被轮子碾碎会很遭罪吗？"答案是一个响亮而令人痛苦的"是的"。他被脱光衣服、四肢伸展地绑在一个大桶上，在一大群欣赏的人们面前慢慢被碾死。这比任何一场逗熊表演都更富娱乐性。"我经常祈望这些纸币能被投向地狱之火，"当时有人这样写道，"这些纸币带来的邪恶罄竹难书。"[21]不知道亚里士多德、阿奎纳和路德是否在高利贷之路的尽头看到过这一壮观的景象。

在伯爵被残忍处决之后，劳开始镇压投机和随之产生的恶行。当然为时已晚，一切已经无药可救。1720年年底之前，公爵和议会让劳发行的纸币退出了流通，重新恢复了金银货币，并把劳送回了他的来处——将其流放。好像老天要惩罚这个国家这些年的挥霍无度，法国被一场来自于中东的瘟疫所席卷。1721年1月，病毒被带到了一艘开往新奥尔良的船上。船上1,000名原应成为殖民地开拓者的乘客只有200人得以幸存。法国人把发生在大西洋两岸的事情联系到了一起：最终，上帝击败了贪欲。

劳的泡沫破裂后，逃离法国的资金有很大一部分流到了英国。但是，世上再多的钱也没法让泡沫持续膨胀。一两个月后，布朗特也像劳一样失败了。他让政府部门的朋友取缔了对手的股份公司。但是这一举动取得了适得其反的效果。它暴露了布朗特的软弱，而非彰显其实力。它动摇了公众的信心，这最终捅破了泡沫。

乔纳森·斯威夫特在其写于泡沫破裂时的小说《格列佛游记》[22]中表达了他的焦虑。在书中，格列佛在前往南海的途中遭遇了一场剧烈的风暴，这一打击使他搁浅了，感到精疲力竭和麻木。这种感受无疑正是英国的投资者所体味的。当时有人写道："在任何国家都不会有这种错乱和毁灭，无人能够伸出援手。"[23]

基于人类无法改变的本性，他们归罪于南海公司的经营者——而不是他们自己的贪心，并向政府寻求解决之道，他们并不在意政府就是始作俑者。尽管1720年时国会的大部分成员都握有股票（很多是受贿所得），但也不妨碍这个庄严的机构去寻找一个替罪羊——不过，当然不会太较真。至于布朗特，他被赶出了城，幸运的是保住了小命。雪上加霜的是，瘟疫也袭击了英国。《邮差》（*Post Boy*）报的一篇社论对此有较为正确的领悟：

> 对于公共灾难，人们理所当然地将其完全归咎于自然原因，有信仰的人则应该将其视作公正仁慈的上帝给出的判决……放荡和腐败，这些因缺乏信仰而带来的致命恶果，到处盛行；人们沉沦于难填的欲壑；高利贷和欺诈被公然为之；再也没有任何强有力的约束去缚住人们的贪婪。[24]

虽然归罪于劳和布朗特很容易，但是他们只是在一条已有的道路上引导了这一狂热而已。正如经济史学家托马斯·伍兹（Thomas Woods）所解释的，"只有扩张的货币政策才是这种现象的根源"[25]。只有政府才能扩大货币供给。一旦这种供给被释放，随之而来的通货膨胀不仅扭曲了一个社会的经济也扭曲了人们的心理。斯威夫特措辞很谨慎。被心中的热情所鼓动,这种癫狂状态就如同某种宗教显而易见的骗局。不论是在英国还是在法国,这样的狂热之下,即使是经政府授权的明显是模仿荷兰东印度公司成功做法的方案,在参与的时候至少也得加些小心。正如最近这几年的经验所昭示的那样,时至今日,政府发起的计划依然能激发起不切实际的狂热。

12. 家族生意

1815 年的那个 6 月 18 日，不知多少家庭与这一天在比利时那片苍翠沃野上发生的事件结局息息相关。英国、普鲁士和荷兰的近 7 万个家庭把他们的儿子送上了战场，在第七联盟各色旗帜下进行战斗。同样数量甚至更多的家庭把他们的儿子送到复辟的法兰西帝国的旗帜下进行战斗。但是没有一个家庭能像一个名不见经传的来自德国的家族那样认真地注意这场将要发动的战争。尽管一家之主迈耶（Mayer）已于三年前去世，他的五个已经长大成人的儿子让这场战争得以发生。如果说拿破仑养活战场上的军队靠的是老式做法——通过抢劫，威灵顿（Wellington）养活联军部队则是用了新方式——举债。举债获胜了。滑铁卢之战为安排这场战斗的这几兄弟博得了声誉，他们的惊世运作永久改变了战争融资和进行的方式。[1]

迈耶·阿姆谢尔·罗斯柴尔德（Mayer Amschel Rothschild）出生于 1744 年，生于马丁·路德最为憎恨的城市——法兰克福。“法兰克福是一个金银洞，一切生发和成长的财富都在这里被铸成货币，流出了德国。”路德在此前两个世纪如此写道，“如果堵上了这个洞，我们今天就不会听到那些四处都是债务和没钱的抱怨了；也不会再有人抱怨所有城市都背负着沉重的税收并且已被支付利息所拖垮。"[2]如果说这两个时期的法兰克福有什么区别的话，那么只能是路德对18世纪的法兰克福有更多的抱怨。

迈耶也不太喜欢法兰克福。虽然只比杰里米·边沁早出生了四年，迈耶成长于一个基本上路德化的城市，看上去与边沁所在的伦敦相差了几个世纪。在众多值得记住的公共陈列品中，有一幅叫做《犹太人的母猪》(*Judensan*)的壁画。这幅壁画描绘了一群犹太人对一头母猪做着各种以现代标准看非常下流的动作。令人作呕的画像上方是一个死亡的婴儿，他的身体被无数的刀伤刺穿。标题告诉人们，据称犹太人在"1475年"的一场宗教仪式中杀死了特伦特两岁大的西蒙，[3]当然，上面没有"据称"这个词。欢迎来到法兰克福！这个城市的杰出人物、迈耶同时代的作家约翰·沃尔夫冈·冯·歌德(Johann Wolfgang von Goethe)认为这幅壁画"不是个人仇恨的产物，而是作为一个公共纪念碑被竖立起来"[4]。

迈耶·罗斯柴尔德的世界里满是令人不快的意外。他和他的儿子们就如夏洛克那样小心谨慎地穿行其中。即使在积累了40多座遍及欧洲的豪宅和数不尽的财富之后，罗斯柴尔德家族仍旧行事谨慎。"他们嫉妒我们犹太人，眼睛盯着我们的头，"迈耶的儿子阿姆谢尔在家族富裕之后这样写道，"(他们想)喝我们的血。"[5]在迈耶出生200年后，发生在他的祖国德国的疯狂之举足以证明，罗斯柴尔德家族最为担忧的事情绝非杞人忧天。

无论是否正当，罗斯柴尔德家族手腕确实极为精明。周遭的统治阶层——亲王、大公和选民如两个世纪后的信贷经理们服务于所罗门兄弟公司那般服务于罗斯柴尔德家族。这些人是市场上的傻瓜，他们的无知和挥霍让聪明人致富。

实际上这个地区富人们的花销经常超过收入，这为那些收入超过花销的人提供了机会。由于这些人的生意大都在法兰克福，这便为罗斯柴尔德家族打开了财富之门。

到了这个时候，即使在路德化的德国，高利贷已经不是问题了。放贷收息早就成了德国银行家们的日常工作，对此几乎没有人觉得应该忏悔。[6]随着德国的发展，犹太人在货币兑换和放贷生意上比他们的基督教徒对手更精明，这方面他们声名远播。这有利也有弊。就在罗斯柴尔德家族刚刚掌控欧洲金融之际，马克斯·韦伯在其文章中对此做了很好的描述，他认为“定位于政治和投机导向的”犹太人是以“贱民资本主义”理念来经商的，与他们德国同胞热诚的“新教伦理”恰好相反。

可以肯定，迈耶·罗斯柴尔德深谙谋财之道。他凭自己在稀有钱币和徽章方面的一技之长使自己的家庭摆脱了虔诚卑微的出身。迈耶的顾客都是些有背景的人，他们偶尔也会深陷债务。迈耶于是扩展了自己的业务来满足他们的需求。他们中需求最强烈的就是黑森的王储威廉，后来是威廉九世——迈耶其实就是他非正式的宫廷犹太人顾问。威廉对外的出口大项，就是以前连美国小学生都知道的令人胆寒的黑森佣兵。是迈耶替威廉安排融资，这些佣兵才得以走上战场。在18世纪末期，通过为威廉和他的佣兵服务，迈耶成了法兰克福最富有的犹太人之一，不过这个成就很快就被他的儿子们大大超越了。

在迈耶的所有财富中，最珍贵的莫过于他的五个儿子。他称职的妻子古特勒(Gutle)从1771年起到1792年几乎每年都为他生下一个孩子。在他们生下的大约19个孩子中，按照18世纪可怜的标准成活率，只有10个活到了成年，其中有5个儿子——阿姆谢尔、所罗门（Salomon）、内森（Nathan）、卡尔曼（Calmann）和詹姆斯（James）。在罗斯柴尔德严酷的以男性为中心的家庭中，这五个儿子向他们的父亲学习基本规则，直至这些规则成为他们的福音书。这些规则中，最重要或最具预见性的一条，是迈耶在临终前对儿子阿姆谢尔说的："你们兄弟要始终团结，这样你们就会成为全德国最富有的人。"[7]谨遵父亲的嘱托，这些孩子们将取得父亲都不敢奢望的成就。

当迈耶还很健康的时候，他也免不了苛责儿子们，尤其是内森，这个父亲眼中不定性的败家子后来成了包括他父亲在内的罗斯柴尔德家族中最有权势的人。"首先，我们所有的代理商都在埋怨你，亲爱的内森，"梅耶写给他不久前派往伦敦的三儿子，"说你发货的时候太没章法了。"他随后用了一条更通俗的格言："他们说，没有好的条理，一个百万富翁生意做得越大就越容易破产，因为整个世界都不诚实，或不怎么诚实。"[8]

还有一次，迈耶责怪内森负担了太多无利可图的贷款还瞒着不报："如果你有很多坏账——这本是上帝所不允许的，而且还把它们当成好资产一样入账，那你只是在装富而已。"[9]21世纪的华尔街如果听取了这个建议的话，次贷危机也就不会发生了。

然而，迈耶给出的某些建议，触及了犹太人观念深处晦暗的一面。这些蕴涵着智慧的话语所关注的焦点都非常独特。"先父教导我们，"所罗门提醒内森，"如果一个身处高位的人和一个犹太人建立了合伙关系，那么他就属于犹太人。"[10]迈耶一再重复的生存格言更刺耳："如果你不能被人爱戴，那就要让人们对你心生畏惧。"[11]罗斯柴尔德家族就是这么做的，但在他们祈望威慑欧洲之前，他们首先必须赢得滑铁卢战役的胜利。

到拿破仑逃离被流放的圣赫勒那岛准备做最后一次反扑的时候，罗斯柴尔德兄弟的生意已经遍及欧洲各地。阿姆谢尔接管了法兰克福银行，所罗门在维也纳开始了自己的业务，内森搬到了伦敦，卡尔曼在那不勒斯开设了自己的店铺，詹姆斯移居巴黎。内森是他们中最聪明的一个。历史学家现在还在疑惑为何这个不满40岁的商业银行家，不久前还只是个小纺织品出口商，居然成了从拿破仑手里拯救欧洲的人。“我在伦敦的弟弟是总指挥，”所罗门当时这样写道，“我则是他的陆军元帅。”[12]

威灵顿公爵需要帮助。虽然英国的金融状况是全世界最稳健、最透明的，但无休止的战争耗尽了国家的财富，而敌人还是一个可以使其国人全民皆兵并投入战斗的人。1813年2月，威灵顿公爵报告说他“几乎不敢迈出家门，因为公债的债主们正等着索要应该还给他们的钱”[13]。1814年，内森被任命为正式的财务官，除了良好的社会关系和无所畏惧的业务能力，他能够提供的东西更多。作为重新兴起的走私者，内森及其兄弟们熟谙如何从整个欧洲大陆聚拢硬通货，并以可行的方式汇集到威灵顿那里。兄弟之间的相互信任以及彼此间迅捷安全的沟通起了很大的作用。罗斯柴尔德兄弟比美第奇家族或他们之前的任何家族都走得更远，他们建立起第一个真正意义上的跨国公司。

关于战争的结果，至少它对罗斯柴尔德家族影响的那部分，已被渲染成神话，真相几乎无法浮出水面。当时广为流传的版本是——现在仍旧有人相信——内森在战争即将胜利之时辞别战场，闯过风大浪高的英吉利海峡一路狂奔回家，并着手在不景气的英国市场上购买股票，他知道即将到来的好消息会抬升股票的价格。据称,他凭此狡猾之举将1.35亿英镑收入囊中。

真实的故事没有这么多戏剧性和如此丰厚的利润。罗斯柴尔德家族对威灵顿决定性的速胜的获知和哈利伯顿(Halliburton)公司①获知施瓦茨科普夫②(Schwartzkopf)在海湾战争中意外的决定性速胜情况差不多。需要连续几个月甚至几年才能做完的工作不得不缩短在几天内完成。对罗斯柴尔德家族来说更糟的是,他们在硬通货还很稀缺、价格正高的时候已经将其全都买进。要在战后脱手是很困难的,而且代价高昂。能够弥补损失的是战争末期内森在伦敦债券市场上所做的实际收购交易,但是这些交易所获的利润同传说中的天文数字有天壤之别。[14]这段时间的紧张使兄弟之间传奇般的协作经受了考验。

如果说他们在财务上因滑铁卢而遭受损失,那么兄弟们的声誉却没有。这场战争使他们从一群不为人知的下层犹太人摇身变为银行界的波拿巴家族,尤其是内森。滑铁卢战役结束三年后,回报来了,仍处于分崩状态的同盟国的一员普鲁士,来求新近名声大噪的罗斯柴尔德家族帮其摆脱困境。载入史册的不是随后发行的债券的规模,而是它的条款。内森大胆要求普鲁士政府"除了单纯的政府信用之外提供某种担保"[15]。

单纯的信用?在柏林,出自一个犹太新贵口中的这些话该让人们心中多么痛楚,但内森还只是热身而已。他坚持所有的贷款都必须用普鲁士皇家领土做抵押担保,贷款从伦敦拨发,债券不仅要在伦敦发行,还得在法兰克福、柏林、阿

---

① 哈利伯顿公司成立于1919年,总部位于美国得克萨斯州休斯敦,是世界上最大的为能源行业提供产品及服务的供应商之一。——译者注

② 诺曼·施瓦茨科普夫(Norman Schwartzkopf),美国陆军上将,中央司令部司令,海湾战争多国部队总司令。——译者注

姆斯特丹、汉堡和维也纳发行——都以英镑计价。这些要求是前所未有的而且还带羞辱性，但是已经赤贫的普鲁士没有多少选择。正如迈耶告诫自己的孩子那样，“和处在困难时期的政府做生意，要好过和走运的政府打交道”[16]。

在互联网出现之前阴谋论就已经盛行，在19世纪没人比罗斯柴尔德家族更容易成为阴谋论的焦点人物。他们是犹太人出身，却有着影响全球的野心，而且比克罗伊斯(Croesus)①还富有，这三点古往今来都是引发阴谋论的动机。他们是集彼尔德伯格集团(Bilderbergs)②、《美国联邦法规》(CFR ，*Code of Federal Regulations*)、哲基尔岛富豪、新保守主义者于一身的家族。他们主要在家族内部联姻[堂(表)亲之间，这没什么好奇怪的]，并且只把权力交给男性继承人，这些都愈发增加了他们的神秘色彩。“罗斯柴尔德家族是现代银行业的奇迹。”一位美国观察家于1835年写道，“我们看到，犹大的后人们，在他被审判2,000年之后，凌驾于国王之上，比皇帝的地位还高，将整个大陆玩于股掌之间。罗斯柴尔德家族统治了基督教世界。”[17]

滑铁卢战役四年后，在自己的小说中，瓦尔特·司各特(Walter Scott)爵士以罗斯柴尔德家族为原型创作了一个发生在六个世纪前的故事。“这些不信犹太教的人，残忍又暴虐，可是他们有时候也得靠着流散各地的锡安山子孙③。”艾凡赫的情人丽贝卡对她放贷的父亲这样说，“如果不是借助于我们的财富，他们

① 克罗伊斯，约卒于西元前546年，与巴比伦齐名的中东古国里底亚最后一代国王，以财富甚多闻名。——译者注

② 彼尔德伯格集团，成立于1954年，是一个由欧美各国政要、企业巨头、银行家组成的精英团队，50多年来商讨了许多重要的世界议题，被誉为世界上最有权力的精英俱乐部，被指在“暗处”操纵着世界。——译者注

③ 指犹太人。锡安山，耶路撒冷的山，古时建有神殿，常被代指耶路撒冷。——译者注

既无法在战争中占到上风，也不能在和平时取得成功；我们借给他们的金子超额回到了我们的钱柜里。”[18]

鉴于他们在滑铁卢战役中所充当的关键角色，相当多本来挺聪明的人指责罗斯柴尔德家族煽动了包括珍珠港战役在内的每一次军事行动。然而这些阴谋论者所忽视的，是罗斯柴尔德家族的商业模式。滑铁卢战役改变了这一模式。他们已经不再是贸易商而是资金管理人，照看着庞大且不断增长的政府债券资产。他们不需要战争。他们也不想要。战争使债券持有人身处险境。如果债券的发行人以1945年德国和意大利的状态来收场的话，那么就会有一大堆人只剩下一大堆一文不值的废纸了。到了19世纪中期，罗斯柴尔德家族已经在到处鼓吹和平，而关于这一点，美利坚联盟国（the Confederate States of America）①在吃尽苦头之后才领会到。

在美国南北战争开始的时候，南方联盟有充分的理由相信罗斯柴尔德家族会在财务上支持南方的事业。罗斯柴尔德家族在纽约的代理人奥古斯特·贝尔蒙特（August Belmont）担任民主党全国主席。他强烈反对1860年亚伯拉罕·林肯的总统候选人资格以及他的“没收财产及武力解放黑奴的灾难性政策”[19]。贝尔蒙特的直言不讳让同情北方联盟的人很自然地认为罗斯柴尔德家族会支持南方。毫不意外地，在彼时彼处，一些人的反应就不怎么客观公正了。《芝加哥论坛报》（*Chicargo Tribune*）警告说：“贝尔蒙特、罗斯柴尔德家族和整个犹太族

---

① 美利坚联盟国，又称邦联州、CSA、邦联，即南北战争时的南部联盟，是自1861年至1865年由美利坚合众国分裂而出的国家，由今天美国南部的一部分地域组成。在其短暂的存在期间内，一直为自身存亡与合众国作战。——译者注

裔……大举买进南方联盟的债券。"[20]其他人把他们的敌人想象成"犹太人、杰夫·戴维斯(Jeff Davis)①和恶魔"[21]的邪恶三位一体。南方委派其犹太裔国务卿犹大·本杰明(Judah Benjamin)去招募英国人来支持自己的这个做法,对北方多种宗教之间的和谐相处没有多少帮助。

如果说政治能促成奇怪的同盟,战争则更是如此。19世纪30年代,当罗斯柴尔德家族首次跻身美国金融界时,他们的地位微妙得令人惊讶,南方的政客们并没有虚席以待笑脸相迎。密西西比州的州长迅速地用手头所有文化上的老套说辞来抨击内森——这个"罗斯柴尔德男爵"。这位州长说:"他的血管里流着犹大和夏洛克的血……而且他身上集合了他这两位同胞所有的特质。"[22]

罗斯柴尔德家族在这个没什么把握的求爱期表现得很忸怩。不知道他们是否对奴隶制心存疑虑,但是他们肯定对认购这个不太可能履约的国家所发行的债券心存疑惑。从战争在萨姆特堡(Fort Sumter)一打响南方就有资金上的麻烦。尽管他们的国民对南方政府开始最初两次发行的债券响应热烈,但是国外投资人却迟疑不决。如果没有国外的支援,南方政府为自己提供资金的能力是很有限的。南方社会的半封建本质决定了这个地区不可能创造出流动性奇迹。

作为补充,南方政府和一家法国商人银行合作推出了一个看上去很巧妙的计划。那家银行代表南方政府发行一种债券,这种债券不是用南方稀缺的硬通货赎回,而是用南方丰裕的棉花赎回。条款很优厚。债券票息7%,为期20年。[23]更好的是,或者说看起来更好的是,债券购买者还可以每磅6便士的战前

---

① 杰弗逊·汉米尔顿·戴维斯(1808—1889),美国军人、政治家,因于美国内战期间担任美利坚联盟国首任也是唯一一任总统而知名。——译者注

棉花价格将手中的债券换成棉花。英国的棉纺工业依赖于南方的棉花。通过控制棉花供应，南方政府可以抬高棉花的价格并使以棉花为支持的债券对投资者更有吸引力。

这个计划一直运行得很顺畅，然而开战仅一年后，北方就占领了新奥尔良港。这时候，一个英国商人若要将债券折现为棉花，他就得突破北方联军坚不可摧的要塞。债券的价格因此一路下跌。随着国外资本的枯竭，南方政府决定用印钞的方式来解决资金短缺问题。到战争结束前，他们发行了 17 亿不断贬值的联盟国元。尽管北方政府也大量印钞，但是南方政府所创下的财政混乱记录，只有后来的德国魏玛政权才能与之匹敌。在这种情况下，通货膨胀率不可避免地不断攀升。战前只值 10 分的一条面包到了战争结束时要卖到 400 联盟国元。人民陷入饥荒。

罗斯柴尔德家族"通过选择袖手旁观，帮助决定了南北战争的结果。"[24]研究这个家族最权威的历史学家尼尔·弗格森(Niall Ferguson)这样评价。他们的选择被证明是有先见之明的。那些出于忠诚或由于鲁莽而投资于南方政府债券的人为他们的忠诚或鲁莽付出了毕生的积蓄。北方政府拒绝偿付南方政府的债务。北方的银行也不打算赎回这些南方联盟的债券，即便是用棉花也不愿意。正如罗斯柴尔德所明了且很快也将亲身经历的，注定要失败的事业必将导致财富的丧失。

13. 马克思眼中的高利贷

海因里希·海涅(Heinrich Heine)出生于杜塞尔多夫的犹太家庭,比罗斯柴尔德家族活下来的五个儿子中最小的詹姆斯晚了五年。1811 年,不满 20 岁的詹姆斯去了巴黎,并在那里打拼出一片天地。六年后,他开了一家商人银行,罗斯柴尔德兄弟银行(De Rothschild Frères),很快,他就不出意外地从顽劣少年变成了法国最有权势的银行家。

海涅也去了巴黎。对 19 世纪的德国犹太人而言,这算是条常走的路线,也是一条革命之路。在叔叔所罗门的照看下,他曾在汉堡尝试了一阵子银行业务,后来又去波恩和柏林漫不经心地学了一阵子法律,这时他听到了光明之城的召唤。在这一过程中,海涅经历了彻底的文化转变。他喜欢上了写诗,脱离了犹太教,把名字由哈伊姆(Hayyim)改为海因里希,受洗成为路德派教徒,并且搭上了社会主义。[1]

海涅对资本主义企业的敌视,主要源于它们同犹太主义的相似性,而他正越来越厌恶犹太主义思想,就如他厌恶以前旧的自己。在海涅到达之前,非犹太教的法国左翼已经宣扬这种相似性有整整一代人的时间了。弗朗索瓦·傅立叶在其 1808 年的著作中将商业描述为“万恶之源”,把犹太人说成“商业的化身”[2]。

皮埃尔－约瑟夫·普鲁东(Pierre-Joseph Proudhon)——世界上第一个自我标榜为无政府主义者的人,为世界贡献了名言"财产是盗窃"——谴责犹太人把欧洲资产阶级者都变得跟他们一样,"顽固,可憎……人类的敌人"[3]。傅里叶的弟子阿尔方·塔西诺(Alphonse Toussenel)①还写了第一篇长文,抨击犹太人是反人类的放高利贷的阴谋家。

作为一个声誉日隆的抒情诗人,海涅发现他在文化上的自我仇视在巴黎名副其实的左岸地区如鱼得水,而他也从不羞于将其表达出来。1822年,他将"贫困、痛苦和犹太人"[4]描述成肆虐世界的三种最大的邪恶。在他看来,犹太人的弊病集中地体现在罗斯柴尔德家族身上。当时已经成为男爵、近在咫尺的詹姆斯,蒙受了他大部分的诟病。海涅称他为"巴黎的夏洛克先生",并一本正经地称他曾看见一名股票经纪人朝着詹姆斯的便盆鞠躬致敬。他半开玩笑地说,梵蒂冈缓解了和犹太人的关系只是因为教皇欠了詹姆斯男爵的债。海涅最著名的一句话是:"只有一个上帝——财神。罗斯柴尔德就是他的预言者。"[5]尽管说得多,喊得响,海涅却从不羞于为了得到赞助而奉承罗斯柴尔德、为得到零花钱而奉承自己的叔叔所罗门。即使在那个诗歌最受欢迎的时代,诗人的收入也还是不多的。

以海涅在当时的影响力,这些言论其实是为他的一位在巴黎结交的年轻朋友做预演,而这个人将会改变世界。

如同黑兹尔·莫茨(Hazel Motes)——弗兰纳里·奥康纳(Flannery O'Con-

---

① 阿尔方·塔西诺(1803—1885),法国作家和新闻工作者,空想社会主义者,傅立叶的门徒,仇视英国,反对犹太人。——译者注

ner)1952年的小说《智血》(*Wise Blood*)中的主人公一样，马克思最终重新构建了父母传给他的宗教体系，但却不是以耶稣为中心。小说中的莫茨创立了没有耶稣基督的教会。马克思走得更远。他创造了没有神的信仰。

追本溯源，马克思的父亲为了事业的发展而皈依了路德教。巧合的是，他把自己的名字从希尔舍(Herschel)也改为海因里希。他把姓从莫迪凯(Mordechai)改为马克思。卡尔·海因里希·马克思1818年生于特里尔城，是海因里希和罕丽(Henriette)七个孩子中的第三个。尽管他的父亲像个自然神论者，但马克思是作为基督徒长大的。从高中阶段的学校毕业时，他毕业证上的评语是："通晓基督教学说和原理，基础扎实，并对基督教会的历史有比较深入的了解。"[6]

毕业后，家里希望他像父亲一样学习法律。同海涅一样，他对法律兴趣不大，也像这位年长的朋友一样尝试写诗，但是却没有取得相似的成就。他确实做到的，是如同古往今来的许多大学生一样，放弃了自己脆弱的基督教信仰。

在二十几岁的时候，这位新晋的无神论者和志向远大的社会主义者对他先辈的信仰发动了猛攻。这体现在他对布鲁诺·鲍尔(Bruno Bauer)论文的回应上。布鲁诺·鲍尔是左派的重要人物，也是一个反犹太主义者，他主张犹太人应当为了人类的解放运动而放弃犹太教。马克思把自己的想法提炼到两篇论文中，于1844年以"论犹太人问题"("On the Jewish Question")为名发表。马克思并没有完全摒弃鲍尔，他对鲍尔还颇为尊重，认为他在阐述自己的偏见时"大胆、尖锐、机智、透彻，而且文笔贴切、洗练和雄健有力"[7]。在他看来，鲍尔的问题在于他将犹太人的解放问题当成了纯粹的宗教问题。

马克思认为这应该是个更为根本的问题。他写道："在我们看来，犹太人获得解放的能力问题，变成了必须克服什么样的特殊社会要素才能废除犹太教的问题。”[8]① 为回答这一问题，马克思强调，关注的焦点不应是鲍尔所指的“安息日的犹太人”，而应扩大到“日常的犹太人”。按照马克思的看法，是自负和自利驱使着犹太人整日忙碌，就如同摩西律法指引着他的行为一样，而摩西律法在很大程度上是为了解决现实问题而创立的律法。马克思年少时没有研习过摩西律法，但是这不妨碍他领会其中的精髓。他解构了犹太教的一神论，称这种宗教“在其现实性上是许多需要的多神教，一种连厕所也成为神律的对象的多神教”[9]。

他问道：“犹太人的世俗宗教②是什么呢？做生意。他们的世俗的神是什么呢？金钱。”使“犹太人不可能存在”的方式就是将做生意的前提消除掉。马克思认为，如果不能做生意，犹太人的“宗教意识就会像淡淡的烟雾一样，在社会这一现实的、生命所需的空气中自行消失”[10]。

马克思认为犹太教是一股自负的、反社会的力量，在很大程度上侵蚀了社会。他不止一次地把犹太教诠释为一种金融活动而非宗教活动。他指出：“犹太人的实际精神成了基督教各国人民的实际精神。基督徒在多大程度上成为犹太人，犹太人就在多大程度上解放了自己。”[11] 这个观点估计马丁·路德也能接受，他也曾是德国法律学校的退学学生。马克思认为，对犹太人的接纳已经到了基督徒开始模仿犹太人放贷方式的程度：“犹太人的神世俗化了，它成了世界

---

① 本章中“论犹太人问题”一文的中文翻译，摘自《马克思恩格斯全集》(第三卷)，中共中央马克思恩格斯列宁斯大林著作编译局编译，163—198 页，人民出版社 2002 年版，该版本是从德文直接译出。——译者注

② 原译文中，“宗教”为“礼拜”。——译者注

的神。"[12]

马克思没有提到约翰·加尔文。26 岁的他或许还没有意识到路德和加尔文在高利贷问题上的分歧——当然,加尔文比较宽容。这使得马克思文中那些令人印象颇深的关于世界上加尔文教派最活跃的地区正是"犹太精神对基督教世界的实际统治"[13]地区的引述显得愈发切合实际。这个地区刚好就是新英格兰地区。

马克思认为,只有在成功地"消除了犹太精神的经验本质,即做生意及其前提"[14]之后,犹太人和整个社会才能得到彻底的拯救。这不会是个简单的任务。按照他的想法,做生意是所有资本主义企业的代称,而资本主义就是犹太主义的行为规则。他嘲讽地得出结论:"犹太人的社会解放就是社会从犹太精神中获得解放。"[15]

但惯用多种修辞手法的马克思从来没有放弃过用一贯的放贷人形象来描绘犹太人。他在《资本论》中对资本家的描述读起来像是第三帝国排演的《威尼斯商人》的剧本说明。"狂热地投身于资本剥削,无情地驱使人们为生产而生产。"[16]马克思为上述这段话做了显眼的注释,把放贷人解释为"长期以来另一种形式的资本家"[17]。在这部 19 世纪后半期创作于伦敦——当时,《威尼斯商人》已成为伦敦西区的重要标志——的巨著中,"放贷人"有了非常特定的含义,马克思利用了这个概念。

按照保罗·约翰逊的理解,"马克思的共产主义理论可以说是他反犹太主义理论的最终产物"[18]。给人的感觉有点像火炬传递。对高利贷的敌视跨越时空,由教皇们传给路德,又由路德的追随者传给了马克思。从《资本论》开始,马克思的追随者们将向较大的放贷企业发动最无情的攻击，需要的时候，还要指向“狂热地投身”贷款活动的放贷人群体。

14. 时间就是金钱

伦德尔·卡尔德(Lendol Calder)在其佳作《融资美国梦》一书中揭穿了“失落的经济美德神话”[1]。卡尔德力证每一代人都认为自己这一代是唯一堕落的一代,总感觉上一代才是没有债务的伊甸园。事实并非如此。“从初登美洲大陆至今,”卡尔德写道,“美国人的梦想通常都需要以未来作抵押。”[2]即使是最早到达美国的那些清教徒,也哀叹债务成了自己身上“沉重的负担”[3]。

这些年来发生改变的,只是美国人为未来融资的方式。在美国人的实验开始之初,几乎没有我们能称之为货币的东西。早期的定居者几乎见不到黄金和白银,更不知道纸币为何物。大部分的商业活动依靠易货贸易,以物换物。

严格意义上的易货贸易受制于经济学家所说的“双重需求偶合”(double coincidence of wants)[4]。一位殖民者想买玉米,但手中只有一匹老驮马可供交换,他就必须找到手中有多余玉米同时又需要一匹老驮马的人。只有出现一个几乎所有人都认为有价值的商品时,商业活动才会变得自由。在北方的殖民地区,鱼和玉米,还有海狸皮和贝壳充当了同印第安人交换的媒介,但是都没有被普遍接受为“商品货币”。在南方殖民地区,烟草近乎于这种角色。然而,烟草并非完美的交换媒介。它有可分割、易携带且本身能实际使用的优点,但也有体积大、季节性强和成分易变化的缺点。[5]

随着经济的发展，人们很快发现一个再大的背包也放不下一捆的烟草。只有两种商品经受住了几个世纪的考验，那就是黄金和白银。从国外流入的金银币适时地在美国开始流通，其中最受欢迎的是西班牙银元。“dollar”(元)一词源于“thaler”，是指那些在附近矿山开采然后在波西米亚地区的约阿希姆斯塔尔(Joachimsthal)矿铸造的硬币，最初被称为“Joachimsthaler”。轧着花边的西班牙银元很容易被分割成八块，每块被称为“bit”。于是“two bits”(两个 bit)就成为 1/4 美元(两角五分)的标准术语。因为金银是国际都认可的商品，所以外国硬币非常完美地充当了交易媒介。事实上，直到 1857 年，国会才颁布法律禁止在商业中使用外国硬币。[6]

直到 1690 年，作为殖民地的马萨诸塞决定临时发行纸币，政府发行的纸币才得以在西方世界出现。在一次前往魁北克的军事远征后，由于掠夺来的物资不足以如预期的那样支付远征的费用，政府急于安抚不满意的战士而印刷了 7,000镑的纸钞。预计未来几年的税收收入能够让这些战士将纸钞换成金银。为了增强人们对纸钞的信心，政府许诺以后不再印制纸钞。[7]事情的发展并不出意外，至少现在回过头来看是这样，政府没能赎回战士的纸钞，而且第二年又印了为数不少的纸钞。在这里我们可以看出来一个国家的习惯就是这么开始的。

英国的金融家托马斯·格雷欣爵士(Sir Thomas Gresham)或许能预言接下来会发生什么事。1558 年，他曾写信给刚加冕的年轻女王伊丽莎白，提醒她“劣币和良币不能同时流通”[8]。在女王的父亲亨利八世和异母哥哥爱德华六世统治期间，英国允许铸币降低成色流通，即铸币的金银含量减少但是面值不变。市民都深谙此道，使用劣币来进行交易而将良币（那些面值与实际金银价值相符的铸币）储藏起来。这封信便引出了格雷欣法则——“劣币驱逐良币”。

虽然这封信写出三个世纪以后格雷欣被赋予了这一法则的冠名权，但是这一概念古已有之。看看阿里斯托芬（Aristophanes）在格雷欣出生前2,000年所写的《蛙》中的段落：

> 我们城中的人和钱币有着同样的经历。
>
> 城里有忠诚可靠的子民。
>
> 城里有上好崭新的金币和古代的银币，
>
> 这些铸币都是用成色十足的合金打造，金或者银，
>
> 每一个都做工精良，经得起考验，敲起来铮铮作响。
>
> 可我们却从不用它们！
>
> 我们每天经手的都是些别的货币，
>
> 那些上周刚打出来的劣等铜币，上面刻着劣质的商标。
>
> 就如人一样，我们认得出那些正直、清白、高尚的人。
>
> 我们唾弃那些厚颜无耻的人……

经济学家最终用术语“不兑现货币”（或法定货币，fiat money）来描述类似马萨诸塞的这种货币发行行为。“不兑现货币”指政府批准发行（在拉丁语中，“fiat”意为“让它去做”）的货币，也就是说，该货币要么没有足够的特定商品做保障，要么根本就没有保障。按照格雷欣法则，所有的法定通货都是“劣币”。在接

下来的几个世纪里，进步的法定货币拥护者们一直在和顽固的反对者们作斗争，这些反对者坚持使用商品货币，典型的就是金或银，或是两者兼用。反对者渐渐发现，同那些掌握着印刷机的人对抗几乎是一场注定落败的战斗，尤其当他们印的还是钱的时候。

随着美国的发展，信用以及对信用的态度将演化成两个截然不同的阵营：微观的和宏观的，个人的和团体的。基督教对高利贷固有的厌恶将始终影响我们对信用、债务及相关问题（不论这些问题是大是小）的态度。同时，直至今日，美国梦的美好前景和感觉甚好的旧式浪费习惯还将慢慢腐蚀个人和国家的决心。这种历史性的二元性可以追溯至两位美国最伟大的奠基人——本杰明·富兰克林和托马斯·杰斐逊。

本杰明·富兰克林出生于1706年的波士顿，接受倾向加尔文主义的长老派的教育。他在17岁时逃到了费城，在这里成为崇尚商业的美国国民的完美典范。尽管他在巴黎的舒适生活或许会让不折不扣的清教徒约翰·亚当斯（John Adams）不快，富兰克林却不是挥霍者。他循规蹈矩70年，所得的回报都实至名归——他还将这些“规矩”编纂成册，恐怕自马太、马可、路加和约翰后没人可以超越他。

富兰克林将他的初级指导手册命名为《穷理查历书》（*Poor Richard's Almanack*）——因该书的化名作者理查德·桑德斯（Richard Sauders）而得名。富兰克林于1732年他26岁时开始出版这本历书，此后的250年里这本书每年都能卖出1万本之多。每个版本都包含有我们在其他任何历书中也能看到的基本的东西，包括日历、天气数据、占星和天文方面的信息，甚至还有人口统计，但是与众不同的是它还有富兰克林对美好生活的领悟，许多是有关债务和信用的。

正是富兰克林把“时间就是金钱”[9]这个精妙绝伦的等式引入到我们日常用语中。这个观念在今天的影响力犹胜往昔。

举例来说，在2005年的奥斯卡获奖影片《冲撞》(*Crash*)中，导演保罗·哈吉斯把影片中关键的妙语给了由饶舌歌手卢达克里斯饰演的年轻恶棍安东尼。当一车的泰国偷渡者落到他手中的时候，安东尼没有选择把他们卖去做苦工。相反，由于一时的良心发现，他在唐人街放跑了他们。“快点吧！”他大喊着催他们离开面包车，“这就是美国！时间就是金钱！快，快！”直到2005年法国“移民”骚乱之后，欧洲的一部分知识分子才开始赞赏这个理念(这一曾被他们讥讽为美国金钱文化的核心价值观)的凝聚力。

富兰克林认为这个等式是有两面性的。他主张“不要浪费时间和金钱，要妥善利用它们”[10]。浪费时间的概念很容易理解。富兰克林认为这种浪费是“最大的挥霍”。他指出如果一个能每天挣10先令的工人无所事事地坐了半天，那就等于扔掉了5先令。

同样是在“给一个年轻商人的忠告”(“Advice to a Young Tradesman”)这篇文章中，他还提出了“信用是金钱”这个更有趣的观点。他解释说，如果一个放贷人的钱闲置的话，那他就损失了这笔钱的时间价值。虽然没有直接提到亚里士多德的名字，但是他先于杰里米·边沁驳斥了亚里士多德钱无法生钱的理论。“记住，钱有多产和再生的本质。”他写道，“钱能生钱，生出来的钱还能生出更多的钱，这样一直下去。”[11]

很可能富兰克林对莎士比亚的了解要多过对亚里士多德的了解。果真如此，那么他一定知道波洛涅斯（Polonius）著名的忠告——“不要向人告贷，也不要借钱给人”，但这不意味着他会去遵守。在《穷理查历书》中，他赞同借钱给人，他对向人借钱的看法则夹杂着前后不一致。

富兰克林不时提醒读者借钱的危害：“向人借钱是自寻烦恼”；“与其负债起身，不如空腹上床”；甚至强调“第二恶行是说谎，第一恶行是欠债”[12]。然而，令人难以置信的是，富兰克林也向读者说明了借钱的意义。他在1736年写道：“有钱的所有好处就在于用钱”；“只要你是个有判断力和诚实的人，你就能以一年6镑为代价来支配100镑”[13]。

富兰克林进一步发展出了一套借钱的伦理。他坚持“按期偿还借款，一刻也不要耽搁”，这也是对信用卡持有者永恒的忠告。作为一个实用主义者，他担心拖延还款会“永久地合上你朋友的钱包”[14]。他还担心懒散和放纵的外表会让放贷人不放心并让借款人看上去不那么守信。尽管对宗教不怎么热衷，但他还是相信基督教的上帝，认为上帝会根据他在生活中的表现施以奖赏或惩罚。然而，相对于上帝对他的看法，富兰克林更关心同胞们对他的看法，毕竟上帝不大可能以年息6%借钱给他。

在富兰克林出版《穷理查历书》的那些年里，企业家们正在殖民地区试行储蓄银行业务。事实上，直到17世纪中叶英国才出现储蓄银行。在此之前，商人倾向于把多余的黄金存到国王的铸币厂里。1638年查理一世打破了他们的这个习惯，他向商人们“借”了20万磅黄金为一场迫在眉睫的内战提供资金。[15]商人们最终虽然拿回了自己的钱，但是他们丧失了信心。他们转而开始把他们的黄金存在私人金匠那里，将收条作为便利的交换手段。到内战结束的时候，有些金匠开始为他们并未保管的黄金发行收条。"部分准备金制度"的批评者认为这就是该制度的原型。如今,基本上所有的银行都实行部分准备金制度。换言之,他们欠储户的钱多于他们储备在保险柜里的钱。这有时候会出现问题。

在殖民地区为数不多的私人银行中,最突出的是马萨诸塞土地银行(Massachusetts Land Bank)。这家银行成立于1740年,以土地作为储备发行银行券。由于土地的流动性差,人们对他们兑现银行券的能力信心不足。这种担心催生了一家与之竞争的白银银行,他们发行的银行券能以白银赎回,[16]起码他们自己声称会如此。银行券的泛滥使其持有者担心如果发生通货膨胀,他们的财产势必受损。在波士顿商人和总督的请求下,国会很快介入了并关闭了这两家银行。

至少在一段时间里,这两家银行满足了公众希望更多货币投入流通的呼声,这种呼声从来就没有消失过。作为硬通货的倡导者,富兰克林提出了一个半开玩笑半当真的解决办法。"我提个建议,你们可别怪我,"他告诉读者,"我保证你们就是不接受我也不会怪你们。"[17]富兰克林发现他的同胞们每年大约花费20万镑用于进口货物,钱就这么从本地的流通体系中流失了。如果说这些钱有一半是花在必需品上,那么另外一半,富兰克林认为是花在了"非必需品"上。他由此提出了一系列建议让他的读者来避免多余的进口品,这些建议中的大部分都是诸如"如果你想喝朗姆酒,那么在里面倒上一半的水"之类的玩笑话。这个策略就能使额外的10万镑注入到流通中,这比多印钱可靠多了。"然后,"他非常严肃地说,"商人们的旧账和呆账就能如实还上了,那么生意即使没有做大也至少变得有把握些。"[18]

美国独立战争和其他所有战争一样,考验了每个人坚持硬通货的决心。为给战争筹措资金，大陆会议(Continental Congress)发行了不兑现货币，几乎没打算在七年内将其兑换为硬币。随着战争的进行，国会继续印制了许多“大陆币”(Continentals)，这些钱一年比一年不值钱。到了战争的第六年，大陆币对金属铸币的比率已达168∶1，所以才有了“还不如大陆币值钱”[19]的说法。

因为惨痛的经验和财政上的保守本质，开国元勋们在起草宪法的时候又转回头使用了硬通货本位。第一条第八款授权国会“铸造货币，调议其价值，并厘定外币价值”。第一条第十款，禁止各州自行铸币，并规定只能以金银币作为“偿还债务的法定货币”。然而，重要的是，第一条第八款还授予国会“以合众国的信用举债”的权力。

遵循宪法赋予的权力，国会通过了《1792 年铸币法案》，确立了美国的双重金属货币本位制度(复本位制)。这两种金属就是金和银，并规定了 15 格令银兑 1 格令金的固定比例。这一比例反映了 1792 年市场的实际情况。[20]然而，采用复本位制，市场价格会发生变化。随着黄金对白银实际价格逐步上扬，人们开始保留黄金货币或将其熔化掉，这再一次证明了格雷欣法则的正确性。到了 1810 年，银币，不管是本国的还是外国的，几乎成了流通领域唯一的法偿手段。

作为一个能力超群的政府高官，托马斯·杰斐逊热切地关注着新共和国探寻自己金融基础的进程。1776 年，当他把《独立宣言》递交给富兰克林审阅时，他的年纪还不及后者的一半大。不过，年龄差异带给他们个性上的影响远没有成长环境带来的影响大。南北战争前的弗吉尼亚，是个土地丰裕、现金匮乏、道德标准暧昧的地方，对乡绅们来说，债务仿佛是天经地义的事情。年纪越大，杰斐逊在债务中陷得越深。

然而奇怪的是，越是深陷个人债务，杰斐逊越是能清醒地反对国家债务。作为一个年轻人，他对这个问题有着开放的认识。“一个没有信用的国家是不可靠的。”[21]他在写给詹姆斯·麦迪逊(James Madison)的信中如是说。这发生在1788年——这个国家正式开始运转的前一年。同年，他向乔治·华盛顿吐露：“倘若我们没有信用，我们将被一个资源匮乏但是更有信用的国家打垮。”还是在1788年，他对财政专员们表达得更为强烈：“我迫切地感到需要保留对外借款的权力。”[22]

在上述这些交流中，杰斐逊一直在力图劝说他的同僚们放弃对借款行为的抵制。不过，他表达了对使用国家信用的保留态度，提到应以“绝对必需”为前提，而他在联邦政府的工作经历更坚定了他的这种保留态度。在乔治·华盛顿的第一个任期内，担任国务卿的杰斐逊同亚历山大·汉密尔顿(Alexander Hamilton)及其拥护联邦制的同盟者在政府的规模和形式问题上进行了针锋相对的斗争。在这一过程中，他越来越警惕联邦政府权力的扩大化和集中化趋势。他认为金钱助长了联邦制拥护者的野心，他努力地遏制这种趋势，至少他试图如此。

1798年，在为约翰·亚当斯总统担任副总统期间，杰弗逊提出，缩减一个国家政府权力范围的最稳妥的办法就是通过一项宪法修正案，“取消联邦政府借款的权力”[23]。按照他的想法，他还会收回政府印钞和发行任何无准备的法定通货的权力。这将使发动战争变得困难，但是他开始担心是否是借钱的权力和印钱的权力实际上引发了战争。15年后，他在一封信中明确提出了这一主张，认为债务的存在“使大地浸透了鲜血”[24]。

然而，在担任总统期间，他所做的一项重大举措不仅超越了宪法赋予他的权限,而且还不得不大笔举债。他力排众议,以类似国际抵押期满拍卖的形式购买了路易斯安那地区。法国需要这笔钱来资助没完没了的对英战争,杰斐逊需要这片土地作为对付欧洲列强入侵的缓冲地带。

技术上讲,美国不是从法国手中买下了路易斯安那,而是从交易所涉及的800万美元债券的包销商阿姆斯特丹的霍普公司(Hope and Company)和伦敦的巴林兄弟公司(Barings and Company)手中。① 巴林兄弟公司是当时最著名的商人银行,它参与交易时,根本不顾这些债券筹措来的钱会让拿破仑对自己的祖国继续发动战争。为了完成交易,美国冲抵了法国将近400万美元的债务并以黄金的形式预先支付了300万美元。这宗交易对杰斐逊也很公平,这片比法国面积大三倍、矿产丰富的肥沃土地算是相当够分量的抵押品。

做完这宗交易五年后,杰斐逊回到了他挚爱的家乡蒙蒂塞洛(Monticello)。一安顿下来,他就发现自己的烟草遭受了严重的霜冻灾害。他立即通知他的商业代理人,他将无法按期归还从孀居的泰伯夫人[25]那里的借来的8,000美元。然后,不出所料,他并没有花气力去变卖烟草,而是去侍弄花草了。那位寡妇就只能等了。

此后的17年间,杰斐逊大部分时间都是在蒙蒂塞洛或其附近度过的,直到1826年7月4日他去世为止。巧合的是,这天刚好是《独立宣言》签署15周年纪念日。同一天,《独立宣言》的另一位起草者约翰·亚当斯也辞世了。尽管对

---

① 美国于1803年以1,500万美元向拿破仑买下路易斯安那州,按本书的说法,美国支付了其中的300万美元,冲抵法国欠美国的债务近400万美元,其余800多万美元以债券形式付给法国。英国的巴林兄弟公司和阿姆斯特丹及伦敦的霍普公司则向法国买走了美国的债券。——译者注

国家事务做出了杰出贡献，在家乡，杰斐逊则是一个长期欠账不还的人。他债务缠身，经历了一次又一次的财务危机。事实上，在美国俚语词典里，他的情况应该被用来解释“主次颠倒”(misplaced priorities)这个词。虽然总是入不敷出，他还一直把钱花在书籍、美酒和马匹，尤其是一所无底洞般耗资巨大的房子上。

为了弥补开销，1817年，杰斐逊求助于他的好友——美国银行(the Bank of United States，此指第二美国银行)主席威尔逊·尼古拉斯(Wilson Nicholas)，想借6,000美元。尼古拉斯欣然答应替他做了担保，银行批准了贷款。六个月后，也就是1818年4月，尼古拉斯请杰斐逊为自己的一笔2万美元、年息12%的贷款担保，杰斐逊只得答应。[26]真是不智之举。尼古拉斯后来未能归还贷款，这笔债务落到了杰斐逊身上。为了摆脱困境，杰斐逊又申请了一笔贷款，并劝说自己最宠爱的外孙杰夫·兰多夫(Jeff Randolph)为自己担保。作为抵押品，杰斐逊押上了本可以传给兰多夫的近1,000英亩的土地，这么做的后果就让他自己的后代为他本人的挥霍所累。

就在这一时期，面对公众，杰斐逊加强了他对国家债务的抨击。比如，1813年，他悲叹“作为一个群体，父辈们为了自己的恶习、喜好，或其他个人私利，挪用子孙后代们的辛劳，逼他们为自己的事业付账——不论正义的还是非正义的，赚钱的还是倒闭的”[27]。指责杰斐逊伪善未免过于轻率。很可能，他只是在影射他个人的混乱状态而已。他了解还不上债务的后果。1820年，在让自己的外孙背负上了他的债务后，他写道:“每一代人都应义不容辞地偿还自己所欠的债务。这一原则如果能得以遵循，那么世界上一半的战争都可以避免。”[28]

在他生命最后那年1月份的一个不眠之夜，困窘的82岁的杰斐逊在床上辗转反侧，竭力为家里谋划财务补救方案，这时候一个念头出现了，用他女儿的话来说，“如同来自极乐世界的灵感”[29]。即由他们家发起一次抽奖活动。只要花上区区1美元，一个普通人就能有机会获得杰斐逊的一部分财产。杰弗逊希望能筹到6万美元，这就足够偿还债务并让他和女儿过上比较安逸的生活。杰斐逊甚至希望弗吉尼亚州能买下这些彩票然后付之一炬，以作为对他多年来为公众服务的一种答谢。

这正是他年轻时所不齿的有悖民主精神的那种政府津贴。然而对杰斐逊而言很不幸的是，弗吉尼亚的年轻立法者们继承了民主精神并抵制了这个抽奖活动。“我看着自己的希望破灭，这是对我晚年安宁生活的致命一击。”他给杰夫·兰多夫的信中这么写道，“对于我自己来说，我并不在乎家财散尽，我无法承受的是给家人留下了烂摊子。”[30]

对比一下杰斐逊和哈里·杜鲁门(Harry Truman)卸任后的生活对我们会很有启发。杜鲁门一卸任就开着自己的汽车回到密苏里州，住进了他和妻子以前曾与岳母共住的一所位于独立镇的简陋的家。为了不致降低总统的身份，他回绝了所有公司和商业上的邀请。在这个还没有总统黄金降落伞(golden parachutes)①的年代，他靠军队养老金和回忆录的收入来生活。他在1957年曾说：“如果不是能变卖一些我和兄弟姐妹们从母亲那里继承来的财产的话，我可能就要接受救济了。幸亏变卖了这些财产，我才在经济上免于尴尬。”[31]还好，这种经济上的操守没有全被留在19世纪。

① 黄金降落伞，指按照聘用合同中公司控制权变动条款对高层管理人员进行补偿的规定，这里指总统任期结束后的优厚福利待遇。——译者注

15. 杰克逊时代

如果说有什么地方让硬通货的倡导者们格外不喜欢美国银行的话，那就是前一章所描述的那种相互帮忙的做法：前总统托马斯·杰斐逊向行长尼古拉斯求借6,000美元。尼古拉斯做了担保，他的董事会批准了。六个月后，尼古拉斯请杰斐逊为自己的2万美元借款担保，董事会也批准了。这两宗交易分别发生在1817年和1818年。美国第二银行(the Second National Bank of the United States)于1817年1月开张营业。这两位互惠者丝毫没有浪费时间。

杰斐逊栽在自己一手造就的现实上。1791年，他反对建立美国第一银行①。作为国务卿，他试图说服华盛顿总统否决当时悬而未决的银行议案，因为它"触犯了有关永久营业、外侨、财产没收与充公、分散布局与垄断等多方面的法律"[1]以及其他许多就连华盛顿也不比当代读者所知更多的法律。更为根本的是，杰斐逊不信任一个中央制的、垄断的银行操作——即使它80%的所有权都是由私人掌控。

财政部部长亚历山大·汉密尔顿的想法恰恰相反，而他的意见占了上风。

---

① 即美国的第一个中央银行——美利坚合众国银行(Bank of the United States)，后来人们称其为"美国第一银行"。——译者注

国会于1791年授予银行20年的经营权。其中一项权力就是印制银行券，用以弥补当时所推测的流通中贵金属货币——金银货币的不足。[2] 这些银行券可以代替等值的贵金属货币去交税，这使其取得了类似法定支付手段的地位。当时，政府的财政收入几乎完全依靠税收，主要是对国内生产的产品征收的销售税和对国外生产的产品征收的进口税。

然而，就在第一届政府任期内，财政收入都不足以满足成长中的联邦政府的需要，于是新政府开始向它的新银行借钱。贷款和纸币的注入不可避免地导致了通胀的高企，同时引发了当时茶叶党①原型日渐增长的不满情绪。1811年，当银行议案需要重新提请审议时，美国最古老和对立持续时间最长的两个阵营出现了：纸币阵营和硬通货阵营。虽然两个阵营同盟者的构成随时间变化而不同，但是两阵营之间的紧张状态却很少衰减。1811年，硬通货阵营在参众两院以一票的优势获胜。美国第一银行停止了运营。

虽然哲学家乔治·桑塔亚那（George Santayana）说"那些忘记过去的人注定要重蹈历史覆辙"这句话的时候并非针对中央银行系统，但是没准儿他以前也曾这么说过吧。就这件事而言，更稳妥一点的说法应该是"……注定要在五年之后重蹈历史覆辙"。这就美国银行重生所经历的时间。在这段时间里，甚至在原来的美国银行消失之前，州级特许银行就已经出现了，这些银行经历了战争的严

① 历史上的美国茶叶党发端于1773年，当时仍属英国殖民地的美国东北部的波士顿民众，为反抗英国殖民当局的高税收政策，发起了波士顿倾茶事件，参加者遂被称为茶叶党（Tea Party）。从此之后，茶叶党也就成了革命的代名词。各种发泄不满情绪的团体聚集到一起，便被称为"茶叶党"运动。茶叶党的重生始于2009年2月，为反对奥巴马政府的房屋救济贷款政策，有人谋划并成立了茶叶党，这是新茶叶党。——译者注

峻考验，这就是美国领土上仅有的一次对外战争——以爆发年份命名的 1812 年战争。

战争肯定需要大量的资金，而获取资金最简单的方式首先是借款，如果必要的话其次就是印钞。联邦政府采取了前一种方式，而州银行则用后一种方式来帮政府的忙。唯一的问题是这些州银行，尤其是在财政上比较保守的新英格兰地区以外的那些银行，没有贵金属（金、银）来支持它们发行的纸钞。1811—1815 年，流通中的贵金属货币数量是略微下降的，而纸币的数量却几乎翻了一番。新英格兰人要求其他州那些行事鲁莽的银行用贵金属赎回纸币，这直接威胁到了这些银行的生存，再进一步说，也影响了战事的推进。[3]

美国政府解决这个问题的办法，是允许所有银行暂停贵金属货币支付。虽然按照章程银行有义务用金银赎回在外流通的银行券，但是它们已经不必如此了。仅仅就在 25 年前，国家的缔造者们起草了美国宪法第一条第十款，即所谓的契约条款（Contract Clause），明确地禁止各州行使有利于个人或机构的私力救济（private relief）①。而现在，他们的继承者正运用美国政府的权力做着他们不允许各州做的事情。[4]

两个世纪之后的总统顾问拉姆·伊曼纽尔（Rahm Emanuel）会主张"我们不应该把这么严重的危机浪费掉"[5]。中央银行的拥趸们根本不需要伊曼纽尔来提醒。他们充分利用了战时和战后经济上的混乱——暂停贵金属货币支付的规定直到 1817 年依然有效，为重新开设美国银行造势。这是一个解决办法。另一个

① 私力救济是指权利主体在法律允许的范围内，依靠自身的实力，通过实施自卫行为或者自助行为来救济自己被侵害的民事权利。——译者注

办法就是推行硬通货，这也是一个艰难的政治抉择，就是让所有银行用贵金属货币赎回纸钞。这将会使很多银行被迫关门。它们那些缺乏硬币准备的银行券将被清算，而那些一度被驱赶到地下的“良币”将重见天日。

国会通过授权成立第二美国银行来拖延时间。问世的最初18个月，这个新中央银行的全部业绩，就是助长了战争所引发的通货膨胀而且也未能遏制住州银行愈演愈烈的混乱状态。流通中的货币实在太多，一个多世纪以来只能在路边交易的纽约股票经纪人觉得登堂入室的机会到了。① 他们以每月200美元的价钱在华尔街40号租了一块地方，于1817年3月8日隆重地把他们的组织更名为“纽约证券交易委员会”(“New York Stock & Exchange Board”)[6]。

然而到了1818年年中，第二银行的官员们和门罗政府中的相关人员意识到他们必须止住这种乱象，此外别无它途。为筹集购买路易斯安那的资金而销售给欧洲投资人的债券即将到期——以金银铸币计值达400万美元。作为政府财政代理机构的中央银行，只得召回给各商业银行的贷款并坚持让它们以贵金属货币来偿还。由此引发的巨大紧缩造成了美国第一次人为的繁荣和萧条的循环。之后还会有许多次。

支持硬通货的经济学家威廉·高格(William Gouge)如此描述1819年的大恐慌，“银行得救，民众尽毁”[7]。不过，恐慌引发了一个新运动，这一运动在不久之后在安德鲁·杰克逊(Andrew Jackson)时代找到了拥护者。杰克逊义无反顾地接受了支持健全货币的理由，并用他对付塞米诺尔人(Seminoles)的办法来对

---

① 在美国证券发行之初，并无集中交易的证券交易所，证券交易大都在咖啡馆和拍卖行里进行。——译者注

付中央银行的支持者，只是这群支持中央银行的人比塞米诺尔人更难以驯服。

安德鲁·杰克逊无疑拥有颇多才干，但是现代的民主党人在每年一度的杰克逊纪念日庆典上却甚少提及。一个名为《血腥的安德鲁·杰克逊：音乐剧版》（*Bloody Bloody Andrew Jackson*：*The Concert Version*）的非百老汇音乐剧，精彩地捕捉了现代自由主义者心目中的“老山胡桃”①形象。正如约翰·拉尔（John Lahr）②在《纽约客》中所评论的，杰克逊被塑造成“带着枪、痛恨印第安人的霸占土地的老顽固，满脑子都是命定扩张论③”[8]。这个印象是如此根深蒂固，于是剧作家们放心大胆地去进行拙劣的演绎。

杰克逊的生平为人们所熟知。他于1767年出生于一个为战斗而生的苏格兰－爱尔兰家庭，少年时代就参加了独立战争，充当一名通信员，因为被俘险些送命，在战争中又失去了双亲。后来自学法律，当选为国会议员，被任命为田纳西民兵上校，和印第安人交战无数，赢得了新奥尔良战役的胜利，娶了一个结过婚的女人，参与过不下13次的决斗，大多都是为了捍卫妻子的名誉，杀了至少其中一个决斗者，自己也挨过几颗子弹，对了，他还拥有大约150名奴隶。

现代的民主党人除了他的蓄奴外，很难发现杰克逊还有什么经济方案值得称道。杰克逊主义者喜欢精简的政府，越小越近乎家庭越好。他们视维护人民的财产权为政府的首要职责。在银行问题上，他们主张银行和州分离，以纯金属货币代替容易引发通货膨胀的纸币，用100%银行储备来取代部分储备制度。[9]

---

① 因手段强硬而闻名的杰克逊总统的绰号。——译者注
② 约翰·拉尔，《纽约客》资深影评家。——译者注
③ 19世纪为美国对外侵略扩张而辩护的一种理论。——译者注

上帝最好别让已死的人暗中监视自己还活着的子孙，因为如果杰克逊奇迹般地上了天堂，看到2008年的TARP（美国政府的问题资产救援计划），会觉得那就是纯粹的地狱了。

抛开意识形态的差异，杰克逊对第二美国银行在政治上也很不满。他怀疑银行专制的主席尼古拉斯·比德尔（Nicholas Biddle）——这个贵族出身的费城人妄图利用银行的权力和金钱挫败他1828年的总统竞选。[10] 1824年，杰克逊获得了民意和选举的多数票，但是到了众议院却输给了约翰·昆西·亚当斯（John Quincy Adams）。杰克逊非常想弄清楚这桩"堕落的交易"是如何发生的。1828年，他又与亚当斯竞选总统，银行相当不明智地推动强制投票，连它自己的支持者都感到震惊。

在当时，比德尔比如今美联储主席的权力还大。25名董事中只有5人是由联邦政府任命的。国会和总统对银行的运作都没有控制权，既无法撤回政府的资金，在授权期满时也不能拒绝其延期。1828年，对这些可能性比德尔一点都不担心。他是自己世界的主宰。1832年夏，杰克逊的第一个任期行将结束之际，国会参众两院都投票同意授权中央银行继续运营，比德尔的主宰权得到了确认。[11]

在众议院最终表决前，北卡罗莱那州的国会议员萨缪尔·卡森（Samuel Carson）改变了主意，转而投票赞成继续授权。当他被质询时，总检察长罗格·坦尼（Roger Taney）了解到卡森刚从银行收到了一笔2万美元的贷款。"现在我不想说他直接受贿。"[12]坦尼写道；相反，他谴责这种"强大的银弹攻势"对那些穷困的公职人员的腐蚀。这位一贯贤明的坦尼后来被任命为最高法院的首席大法官。

同年7月，杰克逊否决了继续给予中央银行授权的提案，而且是以一种异乎寻常的方式。“如果听任有钱有势的人为一己之私经常干涉政府的法令，那将非常令人遗憾。”自此，杰克逊开始进行抨击，并且不依不饶。他阐述道，社会差别是永远存在的，但是当法律增加了“人为的差别”时，处于劣势的社会成员“有权抱怨政府的不公正”[13]。紧接着，他赋予自己——还有国会，如果其成员愿意行使的话——裁定某项议案是否合乎宪法的权力。比德尔其实很欢迎这一讲话。他认为这太过分了，到11月大选时投票者会抛弃杰克逊和他的“无政府宣言”并“将国家从这些卑鄙的人手里解救出来”[14]。这并非是中央银行的行长最后一次误读民意。杰克逊在11月份的大选中轻松击败亨利·克雷(Henry Clay)，随即便把矛头指向了比德尔。

这时中央银行还有四年的经营期，而且拥有庞大的资源去争取在未来推翻杰克逊的否决。杰克逊却从不羞于自行其是(在对塞米诺尔人的战争中，他未经任何人允许就拿下了佛罗里达)，这次他决定将联邦储备从第二美国银行撤出而存入可靠的州银行。“先生，我的目的就是拯救我们的国家，如果允许这家银行存在，我们的国家将不复存在。”[15]杰克逊这样告诉持不同意见的财政部长。1833年10月1日，他下达了抽回储备资金的命令。当被自己的支持者质疑这么做的动机时，尤其是考虑到他可以否决以后任何企图延长银行经营期的议案，杰克逊指出，这家银行会在自己的生存受到威胁时“买下整个国会”。为了避免这种风险，杰克逊打算把这种“腐败的手段”[16]从比德尔手里收回来。

比德尔进行了反击。在转移储备的命令下达一周后，比德尔在费城会见了董事会成员。他相信，如果他们要对抗杰克逊，美国人就将尝到信贷制裁的苦果,而国会必将体察到民众的痛楚。董事们对比德尔的战斗号角心领神会,他们要求清偿贷款,收紧了信贷。

1834 年春,战斗到了生死存亡的关头。老将军知道如何制定战略。他找来《全球报》(*Globe*),这是家宣传"真正信仰"[17]的报纸,也就是说杰克逊想让他们印什么他们就印什么。以这家报纸为传声筒,杰克逊让当时全部的 24 州国民知晓了他的担忧,那就是他担心比尔德把银行变成"永恒的选举机器"[18]。凭借这个以及其他各种充分的理由,他告诉人民,他决定撤回政府的储备。

杰克逊是第一个直接对人民发出呼吁的总统,比富兰克林·德兰诺·罗斯福的"炉边谈话"还早一个世纪。这一举动使杰克逊彻底战胜了他的对手,他们只能大喊不公平。杰克逊第一届任期时的副总统约翰·卡尔霍恩(John Calhoun)认为,杰克逊的呼吁是"颠覆宪法、专制横行的时代来临的警报"[19]。根本就无须煽动,亨利·克雷响应了卡尔霍恩有关专制主义的指控,声称如果国会不采取果断行动,"致命的崩溃马上就会来临,我们都将死去——不光彩地死去,如同低贱、卑劣、怯懦的奴隶"[20]。

卡尔霍恩和克雷在参议院做出了这样的指控。在那个混乱无序的年代,没人会指责他们是在攻击杰克逊。"攻击"那时候意味着像南卡罗莱纳州的国会议员普雷斯顿·布鲁克斯(Preston Brooks)在 1856 年那样,在参议院用手杖柄殴打马萨诸塞州参议员查尔斯·萨姆纳(Charles Sumner)几乎致死,而另一位持枪的国会议员则在一旁拦住旁观者。

卡尔霍恩和克雷之所以能攻击杰克逊,是因为他们作为参议员有六年的任期,而且在任何情况下都不是由选民直接选举出来的。国会议员就没有这样的隔离(保护)。1834 年 4 月 4 日,又一个选举年,众议院投票决定储备应该继续留在州银行,第二美国银行不应该再得到授权。杰克逊欢呼道:"我取得了辉煌的胜利。""强大的银弹攻势"终被"处决"。[21]

杰克逊卸任一个月后,就在他的继任者也就是他的副总统马丁·范布伦(Martin Van Buren)安然就职的时候,纽约的商号们开始了衰退,包括交易所经纪人、证券交易商、地产投机商。美国经历了整整五年才从 1837 年的大恐慌中完全复原。[22]将近 200 年之后,历史也未能找出崩溃发生的确切缘由,但是即使在当时也无法否认的是执政党成了众矢之的。这一思维模式由此开始形成。

从好的方面想,大恐慌清除了金融领域数量惊人的沉疴:过度扩张的银行、不稳健的投资、多如牛毛的投机。同时,范布伦从"受宠"的州银行手中收回了政府的资金,并以贵金属货币的形式存放在政府的金库里。这是美国历史上第一次也是唯一一次由政府建立起独立的财政体系,没有任何国内银行参与,财政收入完全由硬通货支撑。这一太平日子持续了 20 年,直到内战使得印刷"绿背美钞"再度成为解决国家债务的诱人方式。

至于第二美国银行,以州特许银行的形式继续支撑着并且也卷入了 1837 年的大恐慌。比德尔最终于 1839 年下台,两年之后银行倒闭。1844 年,58 岁的比德尔在费城去世,比享年 78 岁的杰克逊早了一年。但是中央银行的理念并未随他的去世而消亡。任何银弹、任何穿心的尖桩①、任何总统都无法把这个理念消灭掉。

---

① 纯银的子弹和尖木刺穿心都是传说中彻底杀死吸血鬼的办法。——译者注

16. 如山巨债

阿历克西·德·托克维尔(Alexis De Tocueville)来到美国是在1831年的5月,适逢杰克逊执政的第三年。当时他只是个25岁的法国纨绔子弟,但却有着异乎寻常的敏锐的洞察力。九个月后他离开了美国。三年后他写出了我们所熟知的《论美国的民主》(*Democracy in America*)这部不朽的经典著作。从古至今还从未有人如此精准地捕捉到了美国人的精神。

托克维尔承认,美国人的性格并无特别之处。他也了解其他国度的人民,他们努力、勤劳、有抱负、有信仰、崇尚平等、强调个性。然而,他不了解,甚至世界上也未曾有过,整个国家都是这样的人民。为了理解这样的人民,必须理解平等的悖论,这也是托克维尔一开始就指出的。

托克维尔注意到,在一个废除了贵族特权、所有职业都向辛勤工作的人们敞开的社会里,公民们会想当然地认为自己"生而不凡"[1]。尽管托克维尔并未专门论述信用问题,但他了解美国人为何善于利用它。他写道:"当一个广阔的竞争空间向所有人敞开时,在动荡的民主当中财富的聚散均在转瞬间发生,人们的头脑就只幻想着一夜暴富,幻想着来得快去得快的巨额财产,幻想着各式各样的机会。"在这样的情况下,"眼前变得越来越重要……对明天则无暇顾及太多"[2]。

查尔斯·狄更斯对美国人轻易欠债有着更怨毒的看法。托克维尔造访美国十年后，狄更斯也赴美开始了他的酸葡萄之旅。他以“酷爱‘精明’交易”[3]来解释这个国家时常无力还债的原因。尽管狄更斯明显夸大了这一问题，但他并没有凭空捏造。他的造访恰逢1837年大恐慌到来之际，他指出了各种欺诈、“毁约”(Defalcations，狄更斯原话，指破坏特定债务以使其不能通过破产来免责的一系列不良做法)的必然后果。“短短几年间，这种‘精明’对公共信用的破坏，对公共资源的削弱，已经超过了‘一味诚实却很鲁莽’在一个世纪里所造成的影响。”[4]

狄更斯特别谈到了“走背运的开罗”[5]，这是一个位于俄亥俄河和密西西比河交汇处的伊利诺伊小镇。投机者们想把开罗变得能和圣路易斯相匹敌的企图未能得逞，狄更斯称之为“彻头彻尾的骗局”。事件被披露后，这些骗局侵蚀了人们对美国的信心并阻碍了外国的投资。当然，所有这些，至少部分是事实。以今天只有3,000人口的开罗的现状，对比拥有近300万人口的大都会圣路易斯，就可以想见当初要把开罗打造成大城市的计划不可能大获成功。然而，就是这些规划者和梦想家开发了西部并建成了那里绝大部分的城市。如果“一味的诚实”是美国人的典型性格的话，那芝加哥恐怕现在仍是沼泽，堪萨斯城也还是洪水肆虐的荒原。

并非只有那些外国的社会批评家对美国个人和政府都乐于接受负债而说三道四。马克·吐温也说起过他无意中听到的一个投机者的自吹自擂，“两年前我还一文不名，现在我有了200万美金”[6]。著名的演说家爱德华·埃弗里特(Edward Everett)——就是他，在葛底斯堡发表了两小时的演讲却被林肯总统两分钟的演说盖过了风头——把 1857 年的大恐慌归咎于由国民、社团、企业和政府无意间共同欠下的“如山巨债”。爱德华·埃弗里特随处都能看到“依靠预期收入过日子、借贷购物、超能力消费的本能癖好”[7]。

好也罢,坏也罢,19 世纪的美国出现了各种商业机构来满足人们超能力生活的需要。虽然典当业在希腊和罗马帝国时期都很常见,但是和欧洲一样,美国的第一个当铺(至少是合法的)到 19 世纪初才出现。这么迟出现不仅与人口特征有关还与当地的风俗有关。典当业是一种城市商业行为。当铺老板需要足够庞大的以工资为生的人群来维持这种商业模式的运作。纽约市于 1803 年出现了第一家合法当铺。到了 1897 年这个数字攀升到 134 家。19 世纪末一位改革派记者如此说道:“相对于面包师和牛奶工人,这个城市更离不开当铺老板。”[8]

当铺的经营模式非常简单,现在依然如此。一个顾客需要现金。她——19 世纪时主要顾客都是女性——把一件自认为值钱的物品拿到当铺。当铺老板以重新出售时的价值来估算价格。众多失望而归的顾客可以证明,有经验的当铺老板往往目光如炬。他们真是见多识广。当铺老板于是贷给客户一笔款项,利息通常依照法律的限定,并以物品作为抵押。如果客户按期偿还了贷款和利息,她就能拿回物品。如果她延长贷款,这对当铺老板来说更好。如果顾客最终未能偿还贷款,当铺老板就可以变卖这件物品。[9]

因为对客户有好处,这样的机构才能在美国的城市里生根。没有申请救济时所需的羞辱性的面谈,不用信用核查,没有条款复杂的合同。缺点当然是有利息。尽管美国的大多数州都有关于高利贷(如今高利贷已被定义为索取超额利息)的立法,但是对于“超额”究竟是多少却没有形成真正的共识。

以纽约为例，超过 100 美元的贷款可收取 2%的月利率，低于这个数额的利率则为 3%。[10]对于改革者来说这显然不够公平，因为小额贷款和大额贷款占用了当铺老板相同的时间，但是收益却较小。为避开法律对于高利贷的限制，当铺老板们经常收取各种费用，这样可以使年利率高达 300%。19 世纪后半叶，当改革者开办他们的救济当铺时，和中世纪意大利的圣母怜子会不同，他们收取每月 1.5%的利息来弥补他们的费用。

作为一条历史注解，当铺通常的标志是三个悬挂的金球，这可以追溯至美第奇家族的盾徽。为了沾上美第奇这个名字的魔力，小放贷者们就剽窃了这个标记。这个标记未经授权的传播代表着或许是第一个有记载的商标侵权案。说到侵权，美国的出版商们没付版税就出版了狄更斯的作品卖钱，这就可以用来解释为什么他来美国时心存不满。

尽管很便利，但在 19 世纪的美国，当铺对工人阶级的贷款却没有形成垄断。在纽约，据估计有 2/3 的贷款是由小型贷款机构完成的。在这个世纪的大多数时间里，这些机构都和法律规定玩着捉迷藏的把戏，尤其是在法律强制性地规定上限利率低于 10%的时候。为了能在违约率高的小额贷款中获利，这些放贷机构不得不收取 20%甚至更高的年利。至于抵押物，他们接受动产抵押或附上一个工人的工资单，后者就是今天发薪日贷款(payday loan)的基本做法。

可以想见，这些小贷款机构并不受新闻界待见。事实上，在 19 世纪末的某些时候，改革者们把用于地产投机商的恶名“土地狂鲨”(land shark)改成更好记的“贷款狂鲨”(loan shark)①，用在这些贷款机构头上。虽然这个名头有暴徒的

① 美国英语中，land shark 意为“侵占土地者”，而 loan shark 意为“放高利贷者”。——译者注

意味，但是这些人很少打断人的腿。通常，他们对赖账不还的借款者最极端的做法，也只是将他们"当众曝光"——通常都是对女性，他们会在朋友或者工友面前把她逮个正着，然后当众羞辱她。19 世纪，人们还是有羞耻心的。

借款人常常是为解决由一种名为分期付款的诱人新事物引发的债务才来找"贷款狂鲨"的。在 19 世纪初，这种新事物是给有钱人用的，零售商提供给他们，有点小敬意的意思。直到 19 世纪 80 年代工人阶级才参与进来。为了吸纳他们，大型的零售商雇用了"拉生意的人"，这些中间人用家乡话和他们套近乎，实际上是要把分期付款购买的好处介绍给他们，这可是地道的美国式做法。[11]

19 世纪末期，美国的城市变得空前绝后地多样化。每天都有整船的新移民到来，他们可没穿科比·布莱恩特的运动衣，腰上也没别着 iPod。他们是作为异邦人来到这片陌生土地上的，他们很感激零售商掮客提供的入门服务。一本关于这个时期的传记记述了一位女掮客卖给作者母亲一台缝纫机，然后在接下来的 25 年里每周都会上门来收取 25 美分的分期付款，在这个过程中变成了这家的密友。[12]

在当时，人们考虑分期付款的时候首先想到的是买缝纫机。需要澄清一下，伊萨克·辛格(Issac Singer)并没发明缝纫机，他自己也从没这么说过。毕竟他得忙于照顾孩子——他跟 5 个不同的女人生了 24 个孩子，而他只跟其中的 2 位结过婚。辛格制造公司所发明的，是正式的分期付款方案。公司仅 1876 年一年就卖出了 25 万台缝纫机，大约占全国缝纫机销售的一半，绝大部分是以"指定时间分期付款"[13]的方式卖出的。没有哪项技术比这更能影响美国人。

19 世纪的大部分时间里，分期购买房屋是被视作激进甚至是犯忌的。正统的做法是一个家庭存钱存到买得起房子了才会去买。建筑信用合作社(Building-and-loan association)彻底改变了这种做法。“在美国,我遇到过一些我得承认我以前一无所知的社团,”托克维尔写道,“并为它们能巧使美国居民动员大多数人的力量共赴一个目标和使人们自动前进的办法赞叹不已。”[14]① 托克维尔碰巧也到了费城“这个世界上唯一一个人们以数字而非名字来区分街道的城市”[15]——同样在 1831 年,美国首家储蓄贷款协会(saving-and-loan association)在费城诞生。到 1893 年,这样的协会已将近6,000家。[16]

起初,它们就只是社团。实际上很多连办公室都没有,也没有领薪水的职员,更不用说公司机库停着里尔喷气机之类的东西了。想购买房屋的人会购买协会的股份,数额和他们想借的钱相等。购房者可以分期支付他们所购协会股份的价款,但须支付 6% 的借款利息。[17]无意之中,这些协会开创了房屋贷款的分期付款(amortization)方式。

“amortization”一词来源于中世纪英语“amortisen”,意为“杀”——这个意思或许会在近期于次贷危机中饱受煎熬的人群中间得到共鸣。一般来说,分期付款的意思逐渐发展为利息和本金一起固定地按月支付。尽管道德家们还被这种自愿承担债务的做法所困扰,但针对基本生活品的严格的分期付款计划或多或少有助于一个家庭自觉地按照收入来做预算。如果他们还想住在自己的房子里,他们就得每月把钱拨出一部分来。若要有效运转,这种支付体系需要一个由正直的抵押放款者和有责任感的顾客所构成的基础。

---

① 此句翻译,参考〔法〕托克维尔著,董果良译,《论美国的民主》,商务印书馆 1988 年版。——译者注

1890年,美国的统计调查估计,全国家庭的私人债务总额为110亿美元。负责统计的官员对这个证明美国"制造了债务狂热"的数据感到非常不安,他请求同胞们"恢复清醒头脑"并开启一个"紧缩开支和清偿债务"[18]的时代。虽然这一请求按现在的标准来看有些苛刻,但是托克维尔认为这种道德教化是一个公务人员应有的职责。他分析认为,政府有义务"教导人们,财富、声望和权力是对劳动的奖赏,巨大的成功来自不懈的追求,只有辛勤劳动得来的东西才能长久"[19]。

虽然托克维尔肯定了教会对激励人们"热爱未来"所起的作用,也承认美国人"既希望在现世尽量得到满足,又不放弃到来世去寻找机会"[20],但是他低估了教会和它产生的舆论力量。整个19世纪,基督教发挥了一种很好的约束性影响。"债务是不诚实行为的不竭之源,"19世纪晚期广受欢迎的布道家亨利·沃德·比彻(Henry Ward Beecher)满怀正义的怒火这样说道,"它打开了人们心中各种邪恶的源泉,它污染了人们的良知,玷污了人们的荣誉,它使人们作恶,让人们沦为彻头彻尾的欺诈者。"[21]这个著名的废奴主义者不仅憎恨奴隶贸易还憎恨贷款狂鲨,像他这样劝诫世人的人还有成千上万。

对于放纵的种种诱惑,大多数美国人努力在现世的成功和通向来世之间寻求平衡。阿特摩斯·沃德(Artemus Ward)——亚伯拉罕·林肯喜爱的喜剧独角戏演员——不无讥讽地总结了美国人灵魂深处的纠结。"让我们都快乐起来吧,过力所能及的日子,"他调侃道,"没准儿这样的日子得靠借钱才能过得上。"[22]

17. 黄金十字架

1896 年的总统选举展现了美国政治史上最富戏剧性的政党联盟。杰斐逊、杰克逊和格罗弗·克利夫兰(Grover Cleveland)——他们都是硬通货的支持者——所在的政党转而支持软货币。这种转变并非易事。按照最终代表该党参加总统选举的候选人的说法,“兄弟对垒,父子相争。基于爱、相知、友谊而结成的最温暖的纽带被弃之不顾”[1],其语风不禁让人回想起南北战争时代。

斗争的焦点并不关乎战争与和平,也非禁令或种族隔离等所有这些可能的热门话题,而是针对只用简单的一个词就能概括的单个一件事——黄金。起来造反的软货币势力,是美国的债务人群体,他们以正义者的姿态义愤填膺地反对他们的债权人——“暗地里垄断了全世界金钱的少数几个金融巨头”[2]。与造反势力对阵的,是所谓的波旁民主党(Bourbon Democrats),他们宣誓遵从他们金融主子的吩咐。造反者要求的只是废除金本位制度。他们 36 岁的领袖在一场为他赢得党派提名的演讲中这么说道:“你们不要再把荆棘之冠压向劳动者额头。不要再把人类钉上这黄金十字架。”[3]

这个时候共和党人已经提名威廉·麦金利(William McKinley)作为总统候选人。但是威廉·詹宁斯·布莱恩(William Jennings Bryan)这个“大平原上的少年演说家”十分清楚，他面对的是一个比麦金利更可怕的对手——确切点儿说，是比麦金利身后的权力掮客马克·汉纳(Mark Hanna)更可怕的对手。的确，要想获胜，布莱恩就必须击败汉纳作为掮客所代表的人，美国有史以来最可怕的银行家，甚至很可能是1896年前后世界上最有权势的银行家——约翰·皮尔庞特·摩根(John Pierpont Morgan)。

摩根家族的崛起令投资银行的历史着上了让人放心的基督教色彩。相对于美第奇家族的天主教背景和罗斯柴尔德家族的犹太背景，他们是新教徒。摩根家族——这里的指称包含合伙人和家族成员——将俯瞰着(真是相当形象)世界金融力量从伦敦转移到纽约。与美第奇家族和罗斯柴尔德家族相同的是，他们的历史都是从一位勤勉的先人开始，然后在子孙时代达到巅峰。

1837年，大恐慌之年，皮尔庞特恰巧于这年出生，巴尔的摩商人乔治·皮伯第(George Peabody)搬到了伦敦。此时已在国际范围内颇有名望的皮伯第开设了一家商号并开始营业。他经营干货(dry goods，这是个无所不包的词，包括纺织品、服装及同样含义模糊的“杂货”)，同时也为其他生意提供资金。他所从事的这种生意被称为商人银行，是今天投资银行的前身。[4]商人银行家们只同机构以及我们所说的“高净值个人投资者”(high-net worth individuals)——难道就没有一个更好的叫法吗？——打交道。他们发行股票和债券，为海外贸易融资，另外业务范围中还包括为商品贸易提供经纪服务。他们身处的，是一个业务大厅里没有出纳窗口，没有圣诞俱乐部，也没有天鹅绒绳子等候线的世界。

皮伯第不甘心沦为伦敦的普通银行家，他以美国银行家自居。这么做可是有风险的。当皮伯第开始在伦敦立足时，狄更斯正在家中书写美国“彻头彻尾的骗局”，当然，还有“毁约”，他的看法同很多伦敦银行家不谋而合。美国许多州政府对英国贷款的违约进一步破坏了英国人对美国政府的印象。因此，当1842年美国人试图向英国人借钱时，詹姆斯·罗斯柴尔德撵走了美国人的代理：“告诉他们，你见到了欧洲金融界的领袖，他说美国人别想从他那里借到一美元，一美元都休想。”[5]

商人银行家是靠兑现他们发行的证券来树立声誉的。当皮伯第家乡马里兰州的官员们不能履行他们的义务时，他们也让皮伯第的信誉遭受了不利影响。朋友们对他退避三舍。最好的俱乐部也不让他入会。“我相信，你我都会看到幸福日子的来临，”他在给自己同胞的信中写道，“就像从前一样，作为身在欧洲的美国人，我们不必为我们国家的品行而羞愧。”[6]

考虑到债务违约对自己本人和对机构信誉所产生的后果，银行家历来都会尽其所能地将事情摆平。皮伯第和他在巴林银行的合伙人们为了使其继续履行债务，在马里兰州发起了一场形象运动。他们所做的无非是贿赂一些有影响力的人以获得他们的支持，其中最主要的是参议员丹尼尔·韦伯斯特(Daniel Webster)。一位巴林银行的高级职员用轻描淡写的口吻写信给他的美国中间人：“你给丹尼尔·韦伯斯特的款项如果泄露出去的话，会很难堪的。”[7]值得欣慰的是，策略奏效了。利息得以继续支付，皮伯第自己购买的本已贬值的债券现在价值重又回升。他因此发了笔小财并重建了自己的声誉。

作为一个喜欢流连于烟花柳巷的单身汉，皮伯第没有合法的继承人。当他年迈体弱时，他开始寻找一个能继续经营他生意的合伙人。40岁的波士顿银行家朱尼亚斯·斯潘塞·摩根(Junius Spencer Morgan)被极力推荐过来。他于

1854 年搬到了伦敦，带着他的妻子和儿子——多病的少年约翰·皮尔庞特。皮伯第是个不易共事的人，但是丰厚的回报前景可期，所以朱尼亚斯选择了忍辱负重。克里米亚战争抬高了小麦的价格，运送小麦的铁路也迎来了黄金时代。对那些想去美国投资的英国人来说（当时已经有 10 亿美元的资金投入到了铁路上），皮伯第和摩根是他们的不二之选。[8]

俗话说：盛筵必散，当然也包括克里米亚战争。小麦的价格既然有飞涨之时也就难免有滑落之日。这引发了 1857 年普遍的恐慌。纽约银行的对外黄金支付被暂停，皮伯第发现自己处于岌岌可危的境地。幸好英格兰银行 80 万英镑的紧急信贷拯救了公司，使其免于倒闭。这场灾难使朱尼亚斯和他当时在华尔街做实习生的 20 岁儿子皮尔庞特十分惶恐。父亲在写给儿子的很多信中的一封里写道："将你今天看到的一切刻入脑海，永远不要忘记，稳扎稳打应该是每个年轻人的座右铭。"[9]

在接下来的 12 年里，已经健康强壮、自信满满的皮尔庞特代表父亲在华尔街工作。皮伯第于 1864 年退休，公司名字变成了 J. S. 摩根有限公司（J. S. Morgan & Co）。1869 年，皮尔庞特做了一件大事，这让他以一种银行家们从未有过的方式从同辈中脱颖而出，并悄然跻身于美国的权力核心。赌注本身不值一提，143 英里长的奥尔巴尼和萨斯奎哈纳河铁路（Albany & Susquehanna）。[10]然而对于态度强硬的金融家杰伊·古尔德（Jay Gould）来说，这段铁路代表着他倾力打造的铁路网中的一个结点。铁路的建立者约瑟夫·拉姆齐（Joseph Ramsey）拒绝了古尔德购买这段铁路的提议，于是仅比皮尔庞特年长一岁的古尔德决定恶意占有它。

在 1869 年,“恶意”并非我们今天所指的“你的律师对我的律师大喊大叫”。“恶意”是指在纽约街头招募 800 个暴徒组成武装团队,并把他们送到当地与拉姆齐组织的 450 名当地铁血青年进行战斗。战斗的高潮是双方的火车实打实地对撞,至少十个人在激战中被打死,拉姆齐的队伍占了上风。

皮尔庞特没有采取这种方式。他在战场被打扫干净、死者被掩埋之后才介入,为他的纽约公司购买了 600 股的铁路股份,并让拉姆齐重新坐回总裁的位子,作为回报,他只要求在董事会占据一席。在当时,他的做法很新奇,因为银行家们不会出任董事。但是正如皮尔庞特意识到的那样,一旦你进了董事会,谁也不能抢走你的生意。

父亲还留在伦敦,皮尔庞特则继续在美国这头发展自己的生意。作为一个虔诚的美国新教圣公会教徒和顽固的道德主义者,他远离游手好闲、铺张浪费和赌博。“在强盗式资本家①中,他是唯一一个恪守苛刻道德约束的人。”[11]摩根传记作者荣·切尔诺(Ron Chernow)这么写道。1873 年,他的道德约束给了他回报。靠着同政府来往密切发家致富的金融家杰伊·库克(Jay Cooke)在一宗铁路交易中由于野心过大而失败破产,这引发了 1873 年的大恐慌。德雷克谢·摩根(Drexel Morgan)——皮尔庞特集团的名字——非常稳妥地利用了随之而来的衰退。“我想,在这个国家里再也没有哪种担忧能产生这么好的结果。”[12]皮尔庞特在告诉父亲他的公司在这恐慌之年赚到了 100 万美元时如此写道。

之后的 20 年里,由于库克的出局,皮尔庞特使 J. P. 摩根这个名字成了财富

① 美国英语的说法,指 19 世纪末期靠残酷剥削致富的资本家。——译者注

和权力的同义词。尽管他热衷于道德秩序，却依旧不断地使一个又一个的生意摩根化，尤其是铁路。当某条铁路因管理不善需要破产接收时，他就会代表投资人（通常是英国人）介入，提升其效率，并对其进行重组使之纳入自己的控制之下。“通过重组铁路公司”，切尔诺发现“摩根家族上升到了一个新的权力层次，超越了以往的任何商人”[13]。

1893年，当恐慌再次来袭时，随之产生的衰退提供了大量新的权力机会，其中包括拯救正在挣扎求生的一家名为通用电气（General Electric）的高科技企业。这次恐慌还为摩根提供了一种与以往不同的机会——他职业生涯中最辉煌的一次。当时的背景是美国于1879年恢复了金本位制度。尽管普遍担心流动性危机，但是19世纪80年代很有可能是美国历史上生产率最高的10年。[14]价格下降，工资攀升。这导致储蓄增加和资本形成加速。这又进而满足了国家工业化的迫切需要。硬通货的倡导者或许会不喜欢《国家银行法案》（National Banking Acts，南北战争时期通过，此时仍然有效），然而19世纪80年代却是美国历史上最接近自由放任经济的时期。[15]那些指责乔治·W.布什实施自由放任政策的民主党人或许会让那些批评真正的自由市场经济捍卫者（比如民主党人格罗弗·克利夫兰）的人们感到好笑。

1890年，在克利夫兰两个任期之间的间隔期①，支持软通货的共和党三次干扰和破坏金本位制。第一次，他们通过了《谢尔曼白银采购法案》（the Sherman Silver Purchase Act），使美国重回金银复本位制，这也使“格雷欣”一词再次家喻

① 格罗弗·克利夫兰，第22任（1885—1889）和第24任（1893—1897）总统，是美国历史上唯一分开任两届的总统，也是内战后首个当选总统的民主党人。——译者注

户晓。第二次,他们通过了《1890 年麦金利关税法》(the McKinley Tariff Act of 1890),这导致进口品价格上升从而再次引发通货膨胀。第三次,国库的纽约分库开始以银行券代替黄金结算。美国货币的贬值使国外的债权人感到恐慌。对摩根而言,儿时在英国受到的反美主义伤害仍隐隐作痛,同时也为了保住国家的荣誉,他施加了足够的压力从而使白银法案在 1893 年被废除。

对于负债的西部和南部农民来说,关税没什么用处,但是他们欢迎随货币贬值而来的通货膨胀。在他们看来,这是同大城市银行家结账的最好方式,就如同他们欢迎众议院中保守的南方白人民主党人一样。他们对银行家的敌意如此之深,以致有几个西部州宣布银行业为非法,得克萨斯州甚至完全禁止。对华尔街的蔑视直到 1893 年大恐慌时才开始凸显,如同每次恐慌后都会发生的一样,农民们要求发行一种新的廉价货币。《亚特兰大宪章报》(*Atlanta Constitution*)鼓吹道:“这个国家的人民不在乎多久后黄金支付会被暂停,因为这里不是黄金迷恋者和夏洛克主义的温床。”[16]

正如《亚特兰大宪章报》所暗示的,尽管确实没采取过什么手段,犹太人群体还是在华尔街显山露水了。同内森·罗斯柴尔德一样,他们大都是以干货商身份起家的。他们中有德裔犹太人的先驱如阿拉巴马州的勒曼(Lehmans)、新奥尔良的拉扎德(Lazard)、辛辛那提的库恩和雷波(Kuhn and Loeb)、宾夕法尼亚的古德曼(Goldman)。[17]到了世纪之交,华尔街在文化上出现了两极化,库恩雷波和犹太人占据了一极,J. P. 摩根和 WASP(White Anglo-Saxon Protestant,盎格鲁-撒克逊系的白人新教徒)占据了另一极。尽管摩根本人并不喜欢一些犹太银行,但是他以金本位制度的代言人形象化解了很多平民主义者的反犹太情绪。

1895年,用摩根的话来说,美国发现自己"正处在金融混乱深渊的边缘"[18]。出于各种原因,美国国库的黄金大量流失。政府在几个星期之后将无法偿付所欠的债务。这个世界上唯一能拯救金本位制的人坐火车来到了华盛顿,不请自来的他要求面见总统格罗弗·克利夫兰。当总统满足了他的请求之后,摩根披露了他雄心勃勃的计划:摩根和罗斯柴尔德两家公司联手筹集350万盎司黄金,其中一半或一半以上来自欧洲,以此交换大约价值650万美元30年期的黄金债券。

交易达成之后,金融市场反应热烈。然而,内陆地区明显不甚高兴。平民主义者一开始就不明白为何美国需要金本位制度。对他们来说,克利夫兰只不过是"犹太银行家和英国黄金"[19]的工具。甚至就连纽约的《世界报》(*World*)也明显不顾所在城市人口结构的变化,转向了反犹主义,称摩根的辛迪加为一群"吸血的犹太和外国人"[20]。威廉·詹宁斯·布莱恩要求众议院的工作人员大声朗读《威尼斯商人》中夏洛克的契约,尽管带着文艺腔,但无非是出于他本人对犹太人的种族歧视。[21]在布莱恩的黄金十字架类比中,摩根扮演了庞提乌斯·彼拉多(Pantius Pilate)①总督的角色。他那些不言自明的罪孽提醒了美国人,他们的国家还是一个负债国。

作为一个共和党人,摩根运用了他重大的影响力使共和党转向金本位制度。在1896年共和党大会上,作为摩根集团的一员,马萨诸塞州的参议员亨利·加博·洛吉(Henry Cabot Lodge)给汉纳和麦金利展示了游戏规则:坚持金本位,不

① 钉死耶稣的古代罗马的犹太总督。——译者注

再提绿背纸钞和白银，摩根集团就会为你出力；放弃金本位，摩根集团就会和你对着干。[22]麦金利他们清楚，摩根是在为克利夫兰撑腰。他们仅诉诸于他的共和党人身份是无法获得他的支持的。随着民主党的诉求转向相反的方向，汉纳和麦金利意识到坚持摩根阵线带来的政治价值。

再看另外一个阵营，1893 年的大恐慌使得克利夫兰不太可能再度获得总统提名，他批准的罗斯柴尔德—摩根的交易更使这变得毫无可能。不论基于何种原因，经济走下坡路总是会激起民众正义的怒火，这次平民主义者巧妙地利用了这一点。然而，布莱恩还给民主党带来了另外一样东西——他的中西部虔信主义。对于上一代人来说，民主党人不论是在文化上还是社会意识上都是一个自由放任的政党。1884 年克利夫兰第一次竞选时，共和党人就曾给他的政党贴上著名的“朗姆酒，浪漫主义和反政府”标签。到了 1896 年，民主党在布莱恩的领导下，政治上来了个 180 度的大转弯。用今天的术语来说，他们在经济上从右派转变成了左派，在文化上则从左派转成了右派。至少是把支持他们的选民都弄糊涂了。

从 1892 年到 1896 年，选举地图戏剧性地变换了颜色。1892 年克利夫兰赢得了大部分以天主教人口为主的大工业化州的胜利，包括纽约、新泽西、康涅狄格和伊利诺伊州。他还席卷了南方——南方人是宁可把选票投给一条狗也不会投给共和党人的——并击败了本杰明·哈里森这位当时在任的共和党总统。1896 年，布莱恩控制了南方，但是麦金利拿下了纽约、新泽西、康涅狄格和伊利诺伊以及从北达科他到缅因这条弧线中相连的各个州，并最终赢得了选举。[23]在后来的选举中，两党的核心主张都越来越不明确，它们之间的差别逐渐模糊。这可能就是投票的人数不断下降的原因。太多雷同,没有太多的选择余地。

在第二美国银行倒闭和联盟储备银行成立之间的75年里,J.P.摩根是美国最近似中央银行的机构。和官方的中央银行家不同,摩根有其自身特有的实力,1907年在联邦将中央银行系统国有化之前他还要施展他的最后一次大手笔。[24]同年10月,当他参加在弗吉尼亚召开的主教派大会时,市场出现了波动。已经70高龄处于半退休状态的摩根登上了他的私人专列调头返回华尔街。

每次发生这样的事情,人们都会给出上千条理由来解释市场为何会崩溃,但却莫衷一是。有人归咎于总统西奥多·罗斯福(Theodor Roosevelt)。实际上,泰迪(西奥多·罗斯福的昵称)总是让包括摩根在内的金融家们处境艰难,他经常批评他们是“有钱的大恶人”,并威胁要削弱他们的权力。他比大多数政治家都要诚实些,之后他承认他的这些“攻击和揭露”有可能引发了恐慌。

信托公司也难辞其咎。这些公司管理着信托账户——遗嘱、不动产以及其他当时银行还不能操作的业务。尽管通常比较保守,但是一些敢于冒险的公司发现了法律的漏洞并开始从事投机活动。正如经常发生的那样,尤其是对于新手来说,这些投机者未能预见到某些风险,与股市联系密切的华尔街机构开始偏离正常轨道。

J.P.摩根适时地出现了。他在之后几个星期里所做的事情成了日后的传奇。他的确如同巨人一般踏上了华尔街,好比“权力和意志的化身”。对他敬畏有加的女婿赫伯特·萨特里(Herbert Saterlee)写道:“他做事情与别人的差别在于,他从不躲闪、从不反复、从不放慢脚步。他一味地勇往直前,好像他是唯一一个沿着拿骚街(Nassau Street)一路走过并经过国库分库的人。”摩根向银行家、信托公司总裁、实业家和政府官员发出了召集令,他一召唤他们就应声而来。当他需要用钱来堵住市场的伤口时,他们就纷纷解囊。"两周之内,"切尔诺写道,"他解救了几家信托公司和一家主要的经纪公司,保住了纽约市,拯救了纽约证券交易所。"[25]

就算是那个时代的先进分子,如其中的伍德罗·威尔逊(Woodrow Wilson)和西奥多·罗斯福,都对摩根所做的工作感佩不已。不过,他的努力也让他们开始考虑如果让一家中央银行去做同样的工作是否更好。他们认为,如果有一个架构合理的"联邦储备"(Federal Reserve),国家或许就再也不会经历市场崩盘了。

18. 金融奇才

如果说 1907 年的大恐慌是由某个单独事件触发的话，那就是试图操纵联合铜业公司(United Copper)股票，这个预谋最终遭受了惊人的失败。在试图操纵股票的投资者中有个名叫查尔斯·W. 莫尔斯(Charles W. Morse)的人。作为一个典型的华尔街投机分子，十多年前，莫尔斯就曾在坦慕尼协会(Tammany Hall)①的帮助下成功操纵了纽约的冰市场，并为自己赢得了“冰王”的绰号。[1]

在恐慌行将结束之际，政治集团总是会找一个恶棍作为替罪羊来进行审判。莫尔斯正好符合他们的要求。他很快被判犯有银行欺诈罪并在亚特兰大的监狱服刑 15 年。他在 1910 年 1 月来到监狱。入狱不久，他碰到了另外一个新来者，这是一个富有魅力、野心勃勃的意大利移民。这个略带点儿口音的小个子意大利人以他完美的老派风度迷倒了莫尔斯，同时自己也被莫尔斯迷住了。在狱中相遇 10 年之后，在莫尔斯的启发和支持下，这位意大利人以后会为自己赚取上百万的财富并赢得“金融奇才”的头衔。

---

① 坦慕尼协会，也称哥伦比亚团(the Columbian Order)，1789 年 5 月 12 日建立，最初是美国一个全国性的爱国慈善团体，专门用于维护民主机构，尤其反对联邦党的上流社会理论；后来则成为纽约一地的政治机构并且成为民主党的政治机器。——译者注

如果读者以为这个奇才是阿马迪·贾尼尼(Amadeo Giannini)那就猜错了。1910 年时，贾尼尼正在旧金山快快乐乐、规规矩矩地经营他的意大利银行(the Bank of Italy)。六年前，他在一个原先是酒吧的地方创立了这家银行。1906 年大地震刚过，贾尼尼就明智地把银行的保险柜拖回了自己的老家——当时还是乡下的圣马特奥。当随后的大火烧毁了旧金山大多数主要银行时，只有他能满足城市迫切的流动性需求并在此过程中获得了可靠的声誉。1928 年，他把自己正不断膨胀的业务与一家洛杉矶银行合并保留了后者更为恢弘的名字——美国银行(Bank of America)。

贾尼尼是那种城市愿意用他的名字来命名学校的金融家。旧金山的贾尼尼中学就是一个例证。然而，没有人会以莫尔斯在亚特兰大监狱里的朋友的名字来命名学校，但无论如何，他的名字还是流传到了后世，而且他比贾尼尼更有知名度。实际上，这位奇才的名字在去年或前年比在 10 年或 20 年前叫得更响。这个名字，就是庞齐(Ponzi)。

1910 年，28 岁的查尔斯·庞齐(Charles Ponzi)和五个没有证件的意大利移民从蒙特利尔搭上了一辆南行的火车。17 天前，他刚从蒙特利尔的监狱里获释，他因为伪造支票在那里坐了两年的牢。幸运之神还是没对他展露笑颜。他和他的老乡兼死党们在越境进入美国时被俘获。那几位意大利人都指证庞齐是“蛇头”，他们被释放了，而庞齐则被押往亚特兰大。也是命中注定，在那里他碰上了莫尔斯。[2]

庞齐成长于一个富裕的意大利家庭，会说几种语言，他无心从事体力劳动，在罗马上大学期间，在赌桌上输光了所有的钱之后就动身来了美国。他要在美国洗心革面，也许这只是说给溺爱他的母亲听听。[3]然而，1912 年当他从亚特兰大的联邦监狱被释放的时候，重新做人似乎还是遥不可及。

在南方转来转去地寻找快速致富之道期间，庞齐听说一个年轻女子急需植皮。一向感情用事的他自告奋勇献出了自己 72 平方英寸的皮肤来帮助这个女子。他自我牺牲的事迹上了当地的报纸，庞齐还把剪报寄给亚特兰大的看守。[4]虽然情感上获得了回报，但是他的无私之举还远算不上是自我救赎，至少还不是这个堕落的天主教徒希望的救赎方式。

1917 年，在北美混迹了 13 年仍一无所获的庞齐回到了他当初踏上美国的港口——波士顿。一个在某家进出口公司当职员的工作机会吸引了他。将他留在了波士顿的，则是他一到那里就结识的一个女人。在初次见面不到一年之后，庞齐娶了他的美国玫瑰——罗丝·玛利亚·奈科(Rose Maria Gnecco)。[5]她毫不费力地就把这个反复无常的空想家改造成了一个坚定的阴谋家，而他则决定以她应得的方式回报她。

遍寻各处，庞齐终于从他的集邮经历中获得了灵感。1906 年，美国和其他 62 个国家聚集在罗马商讨一个能在国际间畅通无阻地传递邮件的途径。他们想到的办法是发行一种标准票据，各参与国均能用其购买邮票。庞齐认为这个票据的名字不错——国际回信券(International Reply Coupon)，就是卖起来也显得郑重其事。

在一战之前，以代金券换邮票这种方式既公平又方便。战后，由于货币的贬值，一美元在意大利能买到三倍于在美国所能购买的代金券。和战后许多其他还来不及处理的事情一样，没有人去重新校准这些代金券。当然，庞齐的计划还有一个小小的瑕疵：尽管他能把代金券兑换成邮票，但是他还没找到一个可行的办法把邮票或是代金券换成钱。他决定暂不考虑这个问题。对任何事情他总是擅长空想而非设计细节。

1919 年 12 月初，庞齐去探访奈德叔叔贷款行（Uncle Ned's Loan Shop）这家当铺的老板马克斯·罗森伯格（Max Rosenberg）。在那里，他用罗丝的一些戒指换钱来做生意。他试图怂恿罗森伯格来投资，但是罗森伯格习惯于手里攥牢抵押物。[6]他可不打算用黄金来换纸张。

12 月中旬，庞齐支付了州政府规定的 50 美分注册了自己的新公司，就在当天，证券交易公司（Securities Exchange Company）在波士顿市区学院街边上的一个陈旧的楼上办公室里开张了。在即将到来的新年里，这个资金短缺的意大利人将赚进并输掉上百万美金。

营业之初进展缓慢。第一个月，庞齐只说服了 18 人投资给他，投资总额仅为1,770美元的现金。他是这样向投资者许诺的，他要把他们的钱投资到国际回信券上，然后利用汇差来获利，这完全合法，90 天内将归还本金和 50% 的利润，如果一切顺利的话归还期则缩短为 45 天。[7]虽然这个小小金融家尚不知道如何把回信券换成现金，但是他坚信自己能做到并将这份自信公之于众。他把话传了出去，首先是在意大利裔美国人中，然后慢慢地向其他地方蔓延。

1920 年 3 月，庞齐吸引了 110 个投资者的25,000美元。庞齐已经能从罗森伯格那里赎回几个月前为了开始自己的生意而当掉的戒指。4 月，当最初的投资者意识到庞齐真的能支付他所承诺的 50% 的利息时，消息传得如西班牙流感一样迅速。当月就又有 471 个客户投资了 14 万美元。尽管有几个先前的投资人拿到钱后退出了,但其他大部分人都决定再赌一把。到了5月,1,500多名投资者共计投入了44万美元。这可是实实在在的现金了。

同年5月5日,另外两名波士顿的意大利人在美国文化上留下了他们民族最初的印记。他们因为谋杀亚历桑德罗・贝尔拉德利(Alessandro Berardelli)——这位保安在三周前南马萨诸塞州的一起工资款抢劫案中遇害——而被捕。尼古拉・萨科(Nicola Sacco)和巴托洛梅奥・万泽提(Bartolomeo Vanzetti)与庞齐有很多相同之处,除了外表英俊、同属一族之外,他们都有罪在身。[8]与这两位同胞不同的是,庞齐没有声称受到种族迫害。即使在被捕之后,他还提醒媒体他是一名"现行政府的真诚拥护者"[9]。而且,当庞齐回顾自己的文化传统时,他看到的不是受压迫的民众。他看到了美第奇家族。他提醒一个询问他背景的评论家:"银行业起源于意大利,汇票也是由意大利人发明的。"[10]

1920年夏天,庞齐正忙着数钞票,根本就无暇担心自己会被逮捕。6月,总计有7,800人投资给他的证券交易公司。7月,共计2万名投资者注入了650万美元。当时的650万美元相当于今天的6,900万美元。"希望和贪婪,从人们的表情中都能看得见,从成千上万紧攥在拳头里伸过来的一沓沓钞票中也能猜得出。"日后庞齐回忆这一经历时说,"疯狂,对金钱的疯狂,这是最极度的疯狂。"[11]

尽管一家报纸提到在这群人中"外国人占了绝大多数"[12],但是庞齐的吸引力已经超越了种族。在波士顿,至少有五名警署的督察员参与其中,还有成百上千的普通警察。从每笔投资的平均额可以看出投资者不全是擦鞋匠和卖报纸的。庞齐成了一个多文化、多阶层的现象。

全国的社会评论家可能会得出和庞齐本人一样的结论,"没人在乎道德"或是“我们都是赌徒，我们都渴求能轻而易举地赚钱”[13]。但即使在1920年——黑袜丑闻①的爆发之年，这两种一概而论的说法都是不正确的。的确有很多人被庞齐的行为所左右，但还有更多头脑清醒的人置身于骗局之外。

《波士顿邮报》很早就发觉其中有诈。还有一批州和联邦的官员，其中最有名的是刚正不阿的州银行审查员约瑟夫·艾伦（Joseph Allen）。而美国财经新闻之父，波士顿人克莱伦斯·沃克尔·巴伦（Clarence Walker Barron）的批评尤为尖刻。在获知庞齐的计划之前，他就认为潜在的汇率操纵是不道德的。他的腔调令人想起中世纪的神职人员：“如果某人拿了政府的钱却没有提供相应的服务，就如同某人拿了个人的钱却没有替人办事一样。”[14]《波士顿全球报》（*Boston Globe*）还引用达尔文的进化论来说这件事。“在这个养育了人类这一高等种族的星球上，”《全球报》指出，“从来没有这种不劳而获的事情。”[15]

然而，各种各样的调查却始终没发现什么问题。其一，庞齐关于他如何获利的解释听起来很可信。其二，他没有违反国家的高利贷法。他甚至还是那些索取高利息回报的客户们的受害者，是他们要求在90天获取50%的利息。

不过很快，几家报纸和调查机构因为这个案子而走红。到了7月末，基于各方面的巨大压力，庞齐把他的业务提交公开审计，并同意停止接纳投资。这对庞齐来说也算是个解脱，因为吸纳的投资越大，他给自己挖的坑就越深。他早已不寄希望于用代金券换钱了。[16]可他的投资者们却还执迷不悟。根据当时的传言，他们围攻他的办公室也许是想收回他们最初的投资，也许是想投入更多的钱。

---

① 芝加哥白袜队（后被戏称为“黑袜队”）的八名运动员被指在对辛辛纳提红人队的棒球“世界大赛”中故意输掉比赛。——译者注

这个大泡沫中的空气正在逐渐外泄，但速度却慢得惊人。

最终刺破泡沫的，是一系列对庞齐进行口诛笔伐的报道，包括对他早年被捕经历的披露。人们向庞齐追讨投资，最后导致不少波士顿银行也被牵扯了进来——几乎是波士顿的整个银行体系，因为庞齐在几家银行里有大量的投资。说句实在话，在部分准备金银行制度的时代，银行的风险头寸和庞齐相差无几。

骗局被戳穿之后的庞齐仍然一如既往地衣冠楚楚、风度翩翩，而美国人看待这件事情的态度也比历史学家宽容得多。1920 年 8 月，庞齐被逮捕。接下来的 9 月份发生了一件事，简直就是 2001 年“9·11”袭击事件的初步预演，意大利无政府主义者拖了一马车炸药来到 J.P. 摩根位于华尔街 23 号的总部并且引爆。随后的爆炸造成了 30 多人死亡，几百人受伤，摩根大厦的内部严重受损。这次爆炸使一年多来意大利无政府主义者路易吉·加利阿尼(Luigi Galleani)的追随者们制造的一系列恐怖爆炸达到了高潮。

同年，庞齐先接受了联邦政府的审讯继而接受州政府的审讯，萨科和万泽提①也是如此。按照苏维埃宣传机构的判断，在后一个案件中，萨科和万泽提这两位无权无势的移民是因为他们不受欢迎的政治信仰和种族出身而遭到迫害。马萨诸塞的司法机构则是“依法谋杀”[17]这两个人的邪恶工具。而判定二人有罪的 12 名陪审团成员都是盲从者，他们轻易地就被当时州政府的虚假情报宣传蛊惑了。

不过庞齐所受到的待遇推翻了这种荒谬的说法。即使是在他被逮捕和定罪

① 萨科和万泽提案是美国历史上非常著名的事件，由于案件具有与美国社会历史密切相关的政治背景，此案至今仍然颇具争议。——译者注

之后，即使他曾经欺骗了半数的波士顿市民，人群仍然对着他欢呼。1920 年 12 月，在他向联邦检察官做出有罪答辩几天后，《纽约时报》承认："他的确有些过人之处，像是有那么点骑士风度。"媒体和波士顿民众对庞齐太过宽容了，《时代周刊》宣称："那些被他掠夺的人不值得同情……（受害者们）所表现出来的只是贪婪，是对无本万利的迫切渴望，而且他们身上还缺乏庞齐那种能够弥补过失的优雅风度。"[18]

联想一下开篇第一章提到的梅隆尼·格里菲斯－埃文斯，看得出来，比起他们的媒体来，波士顿的民众这些年来变化不大。

19. 哲基尔岛

两位查尔斯(莫尔斯与庞齐)在亚特兰大监狱的相遇绝对不是 1910 年度最值得纪念的金融会晤。这个荣誉属于一群在佐治亚州海岸外一座私人小岛上佯装猎鸭的人。总共只有六人参加了这次聚会。负责召集这伙猎人的是亨利·波莫罗伊·戴维森(Henry Pomeroy Davison),这位英俊的年轻人是摩根的高级合伙人,是华尔街名副其实的明星。他邀请一些客人来猎鸭没太引起别人的注意。他是位天生的运动家,从小在野鹿和兔子遍地的宾夕法尼亚乡间长大,狩猎经历从缅因州的麋鹿直到埃及白尼罗河的犀牛。[1]

参加聚会的六人中,至少有四人的佐治亚之行显得很神秘。每位客人都被告知 11 月 22 日要在霍博肯(Hoboken)车站集合,在那里乘坐参议员尼尔森·奥尔德里奇(Nelson Aldrich)的私家火车包厢,车厢上的窗帘都拉得严严实实。客人们都知道奥尔德里奇是约翰·D. 洛克菲勒在美国参议院的代理人,也是洛克菲勒儿子的岳父。他和戴维森将陪同这群人前往由 J. P. 摩根亲自选定的目的地。

每个客人都按要求独自来到车站,并在去往佐治亚州不伦瑞克的旅途中和其他人保持距离。从那里他们登船前往哲基尔岛,这个为精英准备的狩猎场被某个杂志描述为“世界上最富有、级别最高和最难企及的俱乐部”[2]。会员只有50 人左右，除了摩根，还包括洛克菲勒、普利策、阿斯特、范德比尔特、古尔德以及其他一些在这个世纪之交家喻户晓的人物。

接下来的十天，这六个人及少数随员包下了这个岛。假期结束之时他们携着一份文件现身，不久之后，这份被稍加改动的文件将重塑世界金融秩序。从历史记载看，这些猎鸭人之所以被邀请过来是因为 1907 年的大恐慌和这次恐慌的平复者摩根。这次危机使摩根的权力达到了巅峰。正如前文提及的传记作家弗雷德里克·刘易斯·艾伦所形容的，“以前还有诸侯国的存在，如今就只剩下一个王国，那就是摩根王国”[3]。摩根取得了超凡的成功。只是他如今已年过七旬，不禁让华尔街和华盛顿都担心如果将来发生危机时没有了摩根该怎么办。“该想想办法了，”参议员奥尔德里奇不无担忧地疾呼，“我们不能指望碰上危机的时候总有摩根在我们身旁。”[4]

不论是皮尔庞特本人还是华尔街，都对皮尔庞特 40 岁的儿子杰克能否接好父亲的班缺乏信心。尽管也不是无能之辈，可杰克毕竟不是其父。何况，很少有美国人乐于看到一个权力无限的摩根王朝。

即使在恐慌开始之前，学术界就在私下里寻求不用借助摩根或其他任何私人机构的介入就能应对未来危机的办法。牵头的是哥伦比亚大学经济学教授 E. R. A. 塞利格曼(Edwin Robert Anderson Seligman)①。出生于美国的塞利格曼曾在欧洲求学，在这个过程中接触到了马克思的学说。他不是最后一个受此影

① E. R. A. 为 Edwin Robert Anderson 的缩写，Edwin Robert Anderson 为一位将军的名字，E. R. A. 塞利格曼的父亲为纪念之故特意将儿子以他的名字命名，具体见下一章。——译者注

响的学院经济学家。1907—1908 年之交的这个冬天，他主持了三次会议，每次都呼吁采纳那个一劳永逸的解决方法——建立中央银行。塞利格曼鄙视“一群小的竞争者”[5]，是他们使美国的商业尤其是银行业秩序混乱，以致像他这样的专家都难以对其进行管理。

在 1907 年哥伦比亚大会上发言的还有银行家、前财政部部长助理弗兰克·范德里普(Frank Vanderlip)。他也认为是充满竞争而又缺乏集中管理的银行体系引发了这次“历史上最大的灾难之一”的大恐慌。范德里普认为按照科学化的原则来进行集中控制是自由和竞争性市场的应有解决之道。他在这个问题上的坦率直言使他获得了参加哲基尔岛会议的机会。

在哥伦比亚大会上追随范德里普的是保罗·沃伯格(Paul Warburg)，他出生于德国汉堡的一个犹太银行世家，沃伯格后来和美国的雷波家族联姻，并作为其姻亲的家族投资银行库恩雷波公司(Kuhn，Loeb & Company)合伙人于 1902 年 34 岁时移居美国。在美国没有人比沃伯格更了解中央银行体系。在哥伦比亚会议上，当人们争论欧洲式银行体系的好处时，他这样告诉大家：“小银行会造成危险。”[6]事实上，沃伯格对整套有关自由、自律的市场理论都有看法。他希望用“专家(他自己当然是其中一员)的最好决策”来取代亚当·斯密的“看不见的手”。1910 年，沃伯格也来到哲基尔岛猎鸭。

奥尔德里奇不断地在参议院宣扬改革。他设法提交了一个小的银行提案——《奥尔德里奇—瑞兰法案》(Aldrich-Vreeland Act)并于 1908 年获得通过。改革派在提案中做了一处看上去微不足道的修改，奥尔德里奇的参议员同僚们甚至都没注意到：成立国家货币委员会(National Monetary Commission，NMC)来研究重新构建银行体系的提议。某位改革派人士在《华尔街日报》上写道:"没有什么方式比成立委员会能更彻底、更迅速地将这个理念传播开来……这将促使对此问题展开国际性研究并提交详尽的报告,为学术争论提供基础。"[7]

奥尔德里奇在1908年6月迅速成立NMC并开始讨论。尽管众多参议员们和众议员们坐满了会议室,但只有奥尔德里奇指派的人员做了实际工作。大家一开始就达成共识,要把NMC运作成为一个包括洛克菲勒、摩根和库恩雷波在内的谨慎、广泛的联盟。根据摩根的建议,奥尔德里奇任命戴维森为首席顾问。奥尔德里奇告诉他的同僚:"我的想法当然是做所有事情都要尽可能不声张地进行,也不要发表任何公开声明。"[8]

NMC、它的代理人及盟友们用之后的两年时间来提出建议、赢得支持。为了争取中西部那些顽固的银行家,策划者们坚持任何新的全国性银行都须设立区域分支机构以实现去中央化。针对那些害怕银行会被私人所控制的担心,策划者们许诺政府会通过指派管理委员会来监管其运作。为了让信息传达得彻底,《华尔街日报》连续14期在头版刊载系列文章阐述设立中央银行的必要性。[9]

为了进一步推进计划,戴维森召集了哲基尔岛会议。除了奥尔德里奇、沃伯格和范德里普,A. 皮亚特·安德鲁(A. Piantt Andrew)和本杰明·斯特朗(Benjamin Strong)也加入了这次猎鸭之旅。安德鲁刚刚结束了作为财政部部长助理的任期,而在此之前他是美国铸币厂的董事。他出生于印第安纳州,求学于普林斯顿大学和欧洲,曾经在哈佛教授经济学。

参会六人里最有影响力的当属斯特朗。他当时是银行家信托公司的总裁,39岁的他在事业上曾得到戴维森的大力关照,六年前戴维森雇用他为自己的老板摩根服务。在与会者中，斯特朗和戴维森是摩根的人；奥尔德里奇和范德里普则是洛克菲勒的人；沃伯格代表库恩雷波；经济学家安德鲁则同所有阵营都关系融洽。

10天的假期中，这群猎鸭人只在餐桌上见到了鸭子和野火鸡。他们胃口不错，这是他们每天16小时工作之外唯一的放松。他们甚至还一起庆祝感恩节。范德里普事后将他们一起度过的时光描述为"我所经历过的思想历程的制高点"[10]，但是他并未向任何人透露他究竟经历了什么。在离开前，他和其他人都承诺保守秘密。直到4年之后这次聚会才始为人知，而直到20年之后才有人承认参加了这次聚会。鉴于会晤的保密性和参与公司的量级，哲基尔岛的沼泽地成了成千上万阴谋论的温床，有的猜测还真的很接近事实。

斯特朗和范德里普起草了"奥尔德里奇计划"，这份前面提到过的文件总结了这次度假中一致达成的战略。该计划倡导成立一个"全国性储备协会"("national reserve association")，这是一个银行合作机构，具有中央银行的功能却没有使用这个名号。[11]协会将有权发行货币以及向商业银行提供贷款。尽管政府也将指派人员进入协会的理事会，但最终是由参与银行自身掌握控制权。

奥尔德里奇曾经建议参照欧洲模式直接建立中央银行，但是政界之外的人都比他更清楚，只有把中央银行包装成一个非集权化的银行才会更容易让大众接受。[12]由于民主党在1910年控制了国会而且还将在1912年入主白宫，这种设想就变得复杂了。

奥尔德里奇计划的推广活动启动于1911年1月国家贸易署(National Board of Trade)的会议。在安德鲁发表了赞成这个计划的煽动性演讲之后，与会代表投票支持该计划。这个组织的主席随后任命了一个七人委员会来推进这个计划，领头者正是沃伯格。代表们当然不知道他们要推广的这个计划就是由安德鲁和沃伯格来起草的。

为了造成呼声来自民间的假象，七人委员会发起成立了一个“建立健全银行体系全国公民联盟(National Citizen League for the Creation of a Sound Banking System)，总部设在芝加哥而非纽约。[13]当公民联盟在普通百姓中激发起公众热情的时候，一场旨在赢取华尔街的战役也同时打响。

赢得国会支持的难度会比较大。1910 年，已经三次竞选总统失败的威廉·詹宁斯·布莱恩仍旧把持着国会的大多数。他的软通货支持者们认为建立中央银行是硬通货阵营的摩根在幕后作祟，因而予以抵制。为了在国会取胜，计划的支持者要放弃奥尔德里奇的名号而寻找一个民主党发起人。令他们高兴的是，众议院银行委员会的首脑卡特·格拉斯(Carter Glass)站了出来，在众议院支持这场运动。

众议院的民主党人和当时的总统威尔逊坚持进行变革。他们不仅要求形式上的非中央化，在实质上也应有所体现。体系中将包括 12 家区域性的私人储备银行，并受中央行政控制。在华盛顿设立董事会对整个体系进行监督，成员由财政部长和总统委任。

1913 年 3 月 31 日，J. P. 摩根去世。1913 年 12 月 23 日，总统威尔逊面带微笑地签署通过了法案，联邦储备这个混合体取代了摩根。哲基尔岛的成员们也笑了，他们知道自己为何高兴。对这个庞然大物进行分析之后，他们知道只要纽约联邦储备银行的第一任总裁精明能干且足智多谋，联邦储备的控制权就会落到他的手里。他们心目中恰好有个理想人选。从 1914 年直至 1928 年去世，本杰明·斯特朗一直担任纽约联邦储备银行的总裁并为国家制定着货币政策。《联邦储备法》(Federal Reserve Act)并没有削弱这群猎鸭者及其幕后支持者的权力。它仅仅削弱了他们的责任。

20. 消费者的诞生

1877 年 6 月 19 日,《纽约时报》登出了一则全部大写的标题——“在萨拉托加的感受”(“A SENSATION AT SARATOGA”)[1]。副标题接着解释,位于纽约萨拉托加温泉城的大联盟酒店更改店规,不准犹太人入内并将华尔街著名银行家约瑟夫·塞利格曼(Joseph Seligman)拒之门外。

这起事件肯定让塞利格曼十分不快。40 年前,18 岁的塞利格曼从德国移民到美国,随即就在宾夕法尼亚州乡间做起了流动摊贩,游走在农民中间。他靠卖工具和杂货赚了足够的钱,把两个兄弟——威廉和詹姆斯也接了过来。后来,兄弟几个把自家的业务从兜售商品升级成了商人银行,到内战爆发的时候,他们的商号成了美国最令人敬佩的商人银行之一。塞利格曼深切地认同这个接纳自己的国家,因此当他的儿子在萨姆特堡陷落 11 天后出生时,他便以守卫要塞的联盟将军埃德温·罗伯特·安德森的名字来为自己的儿子命名。[2]这也就是 E. R. A. 塞利格曼这个名字的由来。

小塞利格曼从小就被教导要笃信美国梦。实际上,他孩童时代的家庭教师就是小霍雷肖·阿尔杰(Horatio Alger Jr.)①,他所接受的这种教育真是再纯粹

① 小霍雷肖·阿尔杰(1834—1899 年),美国儿童小说作家。作品主要讲述穷孩子如何通过勤奋和诚实获得财富和社会成功。——译者注

不过了。尽管E.R.A.塞利格曼没有选择继续从事他父亲的事业，但是他始终没有远离华尔街。如前所述，因为他在哥伦比亚大学所处的地位，他对联邦储备体系的诞生起了重大的作用。身为有可能是当时最突出的公众知识分子，塞利格曼乐于向公众展示在日常生活中经济学家和国家的关联。1925年，他充分利用了到手的机会。在整个过程中，他几乎凭一己之力将个人信贷合法化并引发了消费者革命。

如果说是缝纫机将分期付款消费在工人阶级中推广开来，那么它却无法让赊账购物在中产阶级中成为一种体面的做法。比如，在1889年的《世纪词典》中，"分期付款计划"这个词条读起来就像是个警示标签一样。根据这个词条，"卖方在收到全部货款前拥有商品的所有权，如果买方在任何一期付款中违约，卖方不必退回买方已经支付的部分或所有已经支付的款项就能重新收回物品"[3]。

在畅销书作家威廉·迪安·豪威尔斯(William Dean Howells) 1886年的小说《部长的指控》(*The Minister's Charge*)中，男主人公十分清楚，他只有跑到"某条破落街道上的中国洗衣店附近"，才能"以分期付款的方式"买到他渴望已久的西装。[4]在厄普顿·辛克莱(Upton Sinclair) 1906年的小说《屠场》(*The Jungle*)中，作者耗费在描述主人公分期购买上的笔墨和描绘他在食品加工厂的悲惨遭遇的笔墨几乎一样多。

反消费信贷运动的主要呼声可能来自当时的流行小说作家欧文·巴切勒(Irving Bacheller)。在1921年的畅销书《赊账》(*Charge It*)中，巴切勒提出了一个马丁·路德能够认同的观念。他巧妙地将主人公命名为苏格拉底·波特，当这位主人公自以为是地断言“信贷是魔鬼最新的同盟者”时，他道出了作者的心声，而且“‘赊账’这两个字比任何语言都更具破坏力”[5]。

1910年，在其更具深度的小说《跟上莉齐》(*Keeping Up with Lizzie*)中，巴切勒大胆地把微观经济层面上的腐败同宏观经济的崩溃联系起来。就算巴切勒的情节设计有些不着边际，这种联系却值得探究。故事中，镇上两个最大的杂货商都溺爱自己各自的孩子。而这两家的年轻人，莉齐和丹各自都在自己的时髦大学里学会了享受奢侈生活。当他们返回家中时，他们互相攀比唯恐落后。他们的竞争最终榨干了整个小镇。为满足孩子们的需要，两个杂货商不得不提高他们的价格，通货膨胀随之而来。几乎每个人都背负了债务。镇上的人把房子抵押了出去并申请破产。银行的一个年轻出纳为了赶时髦盗用了18,000美元，最终在自暴自弃中开枪自杀。

幸好苏格拉底·波特一直在存钱。他把不幸的挥霍者们教育了一番之后把他们保释出来并帮助他们重新开始生活。丹娶了莉齐。他们回到了农场，小镇也回到了正常状态。曾经的通货膨胀、破产和道德沦丧深深地埋入心底，鞭笞着镇上所有人的良知。

尽管巴切勒很真诚，但他不是亚里士多德，不是阿奎纳，也不是亚当·斯密。尽管普遍对“信贷吗啡”感到焦虑，但不论是巴切勒还是世纪之交的任何一位美国人对此都没有形成一个权威性的说法。这个国家的道德力量被上千层的过滤器滤过了。全国所有的社会工作者、报纸编辑、牧师、学者、家庭经济学家，他们统统加起来都没能起到一个中世纪普通教皇所起的作用。[6]美国的多元主义消融了众多新教徒的社会信仰所倡导的道德准则。

然而，若不是因为一种新科技的出现，反对消费信贷的勇士们可能还有胜机。这种新技术同时还潜移默化地破坏了美国人的性道德，这就是——汽车。1906 年，当时还是普林斯顿大学校长的伍德罗·威尔逊(Woodrow Wilson)最先感受到了它潜在的威胁，他为国家的未来感到担忧。他推测，将来人人都想拥有汽车。但没有多少人能负担得起。而挫折感会使美国社会发生意想不到的变革。[7]

亨利·福特帮忙阻止了威尔逊所担心的革命。1903 年他和其他六个投资人成立了福特汽车公司。[8] 1908 年，他们大量生产出售价为 825 美元的福特"T"型汽车，一夜之间全国所有挣工资的人几乎都能拥有一部新汽车了。然而，很多美国人尤其是那些不愿意存钱的人，如同坦塔罗斯①一样，站在自设的冥界里，车钥匙就在眼前，却囿于经济状况而无法企及。银行帮不上什么忙。汽车不符合任何一条传统意义上稳健商业银行业务的标准。

1916 年，福特的独立顾问爱德华·鲁梅利(Edward Rumely)在一份广泛的研究报告中提出了一个办法，能绕开脑筋顽固的银行。他看得很清楚："由于人的某种天性，更多人愿意先买下某件商品、在接下来六个月里分期付款，而不愿意等到有足够多现金时，才一次付清地买东西。"[9] 基于各种充分的理由，鲁梅利建议福特不要涉足贷款业务，但他建议福特汽车公司设立一个经营银行业务的子公司。

福特没有接受这个建议，他只认现金。他厌恶分期付款、银行家、银行、借贷

① 坦塔罗斯，希腊神话中的吕狄亚王，因犯有罪孽被罚站在冥界齐颈的水中，头上有果树，但他却不能喝到水、吃到果子。——译者注

等所有这些金融大杂烩，这是他一贯的风格。所以，福特所有的汽车都是以现金形式卖给经销商的。然而经销商们却越来越多地同当地的金融公司合作，以便使汽车卖得更快。福特对这样的销售终端并不在意。1920 年时，世界上每两台汽车中就有一台是福特“T”型车。他有理由认为这种以现金为中心的销售是成功的。

艾尔弗雷德·P. 斯隆(Alfred P. Sloan)却丝毫不这么自得。这位在异军突起的通用汽车公司里崭露头角的主管明白，借助于信贷融资的支持，通用汽车不但能增加销量稳定生产，还能挤入福特汽车统治的低端买家市场。于是，1919 年 3 月，公司义无反顾地成立了通用汽车金融服务公司(General Motors Acceptance Corporation，GMAC)。[10]

1920 年，世界经济经历了严重的战后衰退，当时尚且粗陋的联邦储备银行只能任由经济自行恢复。随着经济的复苏，人们期望拥有自己的汽车。到 1923 年，46% 的通用汽车的买家都利用了 GMAC 的分期付款计划。[11]这种策略不仅动员了低端市场的边缘买主，也让中产阶级的潜在买主下决心“买进”。当时，年轻的男性消费者都开始认为一辆外观抢眼的汽车能让他们看起来更精明、更高大、更帅气。也许为达到这种效果他们会变穷，但至少他们可以显得更富有。他们买到手的地位或许只是个表象，但是这很诱人。

反信贷的势力不甘心就这么被打垮。亨利·福特领导了一个很奇怪的联盟来抵制被老派商人称为“蛇一样盘踞着的分期付款魔鬼”[12]。出于显而易见的理由，储蓄银行还在抵制分期付款购物。实际上，这些银行还利用遍及全国的 2,000个“银行进校园的宣传活动”向这些未来的存款人宣扬将钱存入银行的美德。工会领导人们则担心,如果他们的会员都有月供要付,那么会费就难以如期收取,罢工也将难以组织。各教派的牧师们也都反对借债,他们自摩西时代以来一直如此。此时,甚至是刚在美国出现的社会主义追随者们都加入到反信贷的行列中来。

通用汽车为了表现得对这场由其引发的文化战役有所关注,委托发起了一项研究来探讨分期付款销售对社会造成的影响。[13]如果结论是正面的,通用就会因首先采用这些信贷新做法而为人所称道。而如果反馈是负面的,通用不仅可以从紧缩信贷中获利同时还能树立国家道德卫士的形象。那么,谁有资格来负责这项研究呢?国内最著名的经济学家E.R.A.塞利格曼无疑是最佳人选。

当时的大学里很难找到有塞利格曼这样想法的学者。尽管他不赞同自由放任的经济理念,但他支持社会进步且勇于表达自己的观点。他深知社会的进步与经济表现密不可分。这样的世界观使他很容易成为信贷问题上的赞成派,他的确也是这么做的,这在他1927年那份影响深远的研究报告《分期付款销售经济学》(*The Economics of Instalment Selling*)中得到了充分体现。塞利格曼满怀自信地明确指出,信贷能够驱动"商业变革"并对"现代经济做出了杰出和宝贵的贡献"[14]。

为阐明自己的观点,塞利格曼用了比图表更好的方式。他在报告中插入自己的主观意见,称所有关于信贷的语言表述都应该改变,这不仅能使讨论更理性,而且还能使信贷更易于让人接受。当时经济学家们倾向于把信贷分为两类:提供给能够赚取收入的产品的"生产性信贷"和提供给追求方便和享受的购买行为的"消费性信贷"。

塞利格曼对"消费性"(consumptive)这个词非常反感。一方面,它听起来像某种疾病。当时令大众惊恐不已、持续流行的肺结核——如同我们今天的艾滋病——就习惯性地被称为痨病(consumption)。另一方面,"消费性"给人一种印象,产品被消费就像被用尽、被浪费了一样。塞利格曼坚持认为,用"消费者"(consumer)这个词更为恰当,比如"消费者信贷"(consumer's credit)。这个词站住了脚,没过多久,美国就从一个公民的国度变身成了消费者的国度。通用汽车的斯隆高度赞扬了塞利格曼,认为是他成功化解了银行家和商人们对这场信贷革命的抵触情绪。[15]

塞利格曼之后,其他人继续从事这场改革运动。其中值得注意的是百货商店大亨朱利安·戈德曼(Julian Goldman)。当戈德曼于1916年开了他的第一家高端商店时,他就意识到中产阶级对分期付款的抵触会限制销售。受塞利格曼著作的启发,他发明了一种克服这种抵制情绪的广告策略。在1928年的一则令人记忆深刻的广告中,标题为"一座工厂还是一件裘皮大衣",戈德曼循着塞利格曼的指引,力图消弭生产性购买和消费性购买之间的道德差异。这则广告奉承那些靠"唯一可行的时髦办法"来融资以"经营"自身形象的女性购买者,说她们将自己塑造成了"优秀的商界女性"[16]。不仅如此,她们购买皮衣还能刺激经济,让更多的钱投入流通,让人们不致失业。1930年,戈德曼出版了《繁荣和消费信贷》(*Prosperity and Consumer Credit*)一书,全书都毫不隐讳地以塞利格曼的理论为基础。

在信贷发展史上隐含着这样一个历史学家避而不谈的文化事实:自19世纪以来,信贷管理方面的主要改革者几乎都是犹太人。20世纪到来之际,这个趋势仍在延续。与之并行的另一个趋势是:反对信贷改革的人,无论是否出自华尔街,不成比例地,都是新教徒。天主教徒在这场正在进行的论战中没有起多大作用。尽管天主教教义并不阻止企业行为,但是美国的天主教文化却隐有此意。除了奸商乔·肯尼迪(Joe Kennedy)和银行家阿玛迪奥·贾尼尼之外,很难在金融领域中再找出一个真正有名的天主教徒来,尤其是在20世纪前半叶。

美国这个国家最令人钦佩之处,在于其国民尤其是金融家们能将这场文化战一直以文明的方式进行,考虑到20世纪30年代世界的大环境,这就更加难能可贵。如果犹太人和新教徒——简称为WASP或"白鞋"(white shoe)——之间的紧张关系是长期持续的,则双方都很少表达对对方的怨恨。乔治·吉尔德(George Gilder)在他的畅销书《以色列人的测试》(*The Israel Test*)中把这一现象归结为反犹主义"在资本主义体系不断成长和扩张的形势下变得衰弱了"[17]。对那些蔑视资本主义的人而言,这不过是犹太人价值观腐蚀整个文化体系的一个信号。在另一方面,那些拥护自由企业的人却不得不赞叹犹太人是多么精于此道,虽然他们偶尔也会因此付出代价。吉尔德说道:"美国人不应该掩饰犹太人在这个国度取得的成就,而应将其作为美国经济和文化高度自由的证据来颂扬。"[18]

在普通民众中很少有公开敌视犹太人的过激情况出现。一旦出现就会上报纸头条,如塞利格曼在酒店的遭遇。尽管不被某些俱乐部接纳且遭受一系列类似的冷遇,犹太人在法律的保护下还是可以放心大胆地继续改革创新。然而,就像19世纪的罗斯柴尔德家族一样,缔造了华尔街的德国犹太人——作家斯蒂芬·伯明翰(Stephen Birmingham)称他们为"我们的人"——还是习惯小心行事。

尽管他们在生意上很成功，尽管他们一丝不苟地模仿新教徒的穿衣打扮、言谈举止，学习新教徒的利他精神，他们还是不能安然享受自己的成功。不过，把犹太裔美国商人描绘为受害者也有失公允。在 20 世纪初，他们是投入战斗的勇士，只不过这场战斗除个别时候比较激烈外大多数时候都以文明方式进行，斗争双方能够平等地交换意见。

如同在其他领域开风气之先一样，亨利·福特率先打破了这场文明斗争的格局。从 1919 年到 1927 年，福特发行了《迪尔伯恩独立报》(*Dearborn Independent*)，他借编辑之口间接地表达了自己的观点。在《独立报》对犹太人的诸多指控中，其中一项就是犹太人创造了国家债务，使美国人渐渐沦为债务的奴隶。福特认为联邦储备制度就是这个大阴谋的一部分，并将矛头直指哲基尔岛猎鸭人中的犹太人——保罗·沃伯格。至于犹太民族，福特认为他们是一个“国际民族”，比起更崇尚个人主义的基督教，犹太人的内在凝聚力使其具备了一种不公平的优势。[19]

1920 年，《独立报》发表了臭名昭著的《锡安长老会纪要》(*Protocols of the Learned Elders of Zion*)①。当时，这本册子被认为是犹太人阴谋夺取世界统治权的工作文件。事实上，是俄国秘密警察驻巴黎的分支机构策划起草了原文用来败坏耶稣会②会士的名声，然后他们又进行了改写，用来激起人们对犹太人及其

① 《锡安长老会纪要》，1903 年出版于俄国，后被翻译为英文。该书用第一人称书写，以一个犹太教锡安长老的身份在长老会议上向新成员介绍如何掌控世界的具体计划。有很多专家称其为伪作，但该书似乎成功地预言了世界范围的革命浪潮、世界大战、经济危机等重大事件，因而广为传播。——译者注

② 耶稣会，天主教的主要修会之一，又称耶稣连队，1535 年 8 月 15 日由西班牙罗耀拉的依纳爵(Ignace de Loyola)成立，最主要的任务是教育与传教。——译者注

反沙皇盟友的猜忌。在24篇纪要中,有一篇题为“高利贷专制”。这篇纪要实事求是地描述了一国举债之后的情形,却似乎故意地没有对贷款观念的转变做出介绍:

> 如果是内债,异族人(GOYIM,非犹太人)不过是把搜刮穷人的钱来还给富人。但当我们收买贿赂了一些关键人物,将债务转移到海外时,这些国家的所有财富就会落入我们囊中。所有异族人政府就开始将其臣民的供奉支付给我们。[20]

这话在今天听起来很极端,但是在1920年——罗斯柴尔德家族统治了欧洲金融市场一个世纪之后——却并非如此。如果J. P. 摩根也是犹太人的话,盛行于欧洲的偏执想法同样也会在美国出现。但是摩根又一次力挽狂澜。关于消费者是否应该举债购物的争论没有沾染上宗教色彩并一直以文明的方式进行,这场争论在20世纪20年代末基本上尘埃落定。

1928年6月份的《世纪杂志》(*Century Magazine*)以一种幽默的手法准确讲述了分期付款信贷的发展历程。文章叙述了一个叫做“分期购买”(Instalment Buying)的商界“坏小子”的故事,他被富裕的兄弟“现金交易”(Cash Down)和有名望的表亲“赊账”(Charge Account)所鄙视。在被虐待多年之后,转机终于出现了。

> “坏小子”成长为社会的好公民,如今他以数百万美元的身家成为

商界翘楚。他改名换姓，以“承兑”(Acceptance)或“财务规划”(Finance Plan)这样的名号出入于上流交际圈……学识渊博的经济学家们赞美他的成就；介绍他的书籍不断问世，观念发生了变化，他逐渐成为这片土地上有权势的人物。[21]

到了 1928 年，借钱买东西的想法蔓延到了华尔街。而它即将遇到挫折。

21. 驱逐货币兑换商

如果人们突发奇想地想用一幅画面来描绘一下"新政"的话，那肯定是这一幅：在总统卧室里，富兰克林·德拉诺·罗斯福和财政部长小亨利·摩根索(Henry Morgenthau, Jr.)正在决定当日的黄金价格。试想一下，让神情焦虑的吉恩·怀尔德(Gene Wilder)扮演摩根索，让看上去高深莫测的泽罗·莫斯特尔(Zero Mostel)扮演罗斯福。下面这一幕据说是确有其事：

FDR：亨利，今天的金价该往上提多少？

摩根索：嗯，10美分？

FDR：哎，亨利！

摩根索：15美分？

FDR：就……21美分吧！

摩根索(吃惊地)：21美分？

FDR(得意洋洋地挥着烟斗)：3个7——这可是个幸运数字！

新政核心人物、后来与罗斯福分道扬镳的雷蒙德·莫利(Raymond Moley)有些轻描淡写地说道:"罗斯福清晨在床边和摩根索一起猜测当日黄金价格的情景严重损害了他作为一个有责任感的政治家的形象。"[1]

就在差不多五年前,美国还傲视经济世界,坐拥世界大部分的黄金,背负着这个世界绝大部分的希望。当时的共和党总统卡尔文・柯立芝(Calvin Coolidge)其实和 FDR 也没什么太大的区别。阿米蒂・什莱斯(Amity Shlaes)在她的《被遗忘的人》①(*The Forgotten Man*)中突破性地重新评价了大萧条,她恰如其分地概括了"沉默的卡尔"(卡尔文・柯立芝)的谦恭和自制:"柯立芝很早以前就确信,他干涉得越少世界就运转得越好。"[2]

柯立芝认为总统的审慎会带来经济的稳定。[3]他认为,企业界所欢迎的政府,其管理理念应该如同后来 20 世纪 70 年代假日酒店的广告所展现的那样,不让顾客感到意外。企业如果信任政府,它们就会更自信地制订计划。这个策略看来是奏效的。在哈定任期内担任副总统时,柯立芝目睹了 1920 年经济下滑时期政府对企业放手的做法,任由企业自己减少损失,裁减员工并很快恢复了生产。此后的几年经济持续稳定增长,这在很大程度上是因为汽车和无线电产业的爆发式增长。

关于引发 1929 年经济崩溃的诱因,众说纷纭,但是相当大一部分的人都把矛头指向金融巨头们的另一次秘密聚会,这次会议于 1927 年 8 月在长岛北部海滨召开。[4]与会的是德国、法国、英国和美国中央银行的首脑。代表美国出席的是纽约联邦储备银行的总裁本杰明・斯特朗,他也是哲基尔岛六人团的一员。过

① 该书已有中译本出版,译名为《新政 VS 大萧条:被遗忘的人和事》,中信出版社,2010 年 1 月。——译者注

去的几年间，斯特朗和英格兰银行的总裁蒙塔古·诺曼(Montagu Norman)建立起了很密切的关系。

在这次聚会前不久，在第一次世界大战中经历了剧烈通胀的英国重回金本位制度。英国不愿接受弱化的英镑，这意味着英国在世界上地位的下降，于是英国人为地高估了本国货币，但是其他国家却不买账。黄金不断流向美国。诺曼期望他的美国朋友能降低长期国库券利率，进而降低美国对外资的吸引力，以此支撑英镑汇率。

斯特朗深知答应这个请求会面临怎样的风险。当时股票的市场非常火爆。一般而言，低利率会刺激人们借钱进行生产和消费，使得股票比债券更具吸引力。正如斯特朗对法国代表吐露的那样，降低利率相当于给市场加上"一点点威士忌"。但是，朋友是用来干什么的？长岛会议几天后，斯特朗不顾其他联邦储备银行总裁的强烈反对，强行把利率从4.0%降到了3.5%。

摩根公司的合伙人拉塞尔·列芬韦尔(Russell Leffingwell)就是觉得这次会议不靠谱的人之一。1929年3月，崩溃发生前七个月，他这样说道："蒙蒂和本(蒙塔古和本杰明)做了错事，估计我们将来只能等着收获恶果了……我想我们会迎来一次世界性的信贷危机。"[5]事实上，1927年8月，利息刚一下降，股票便立刻进入了不合逻辑的疯狂回升阶段。这不可能是巧合。联储成了将回升转化为泡沫的推手。

当然，恰好也是在这一年，E.R.A.塞利格曼对分期付款大加褒扬。1928年，《世纪杂志》宣称"信贷"是不同凡响的事物。普通民众逐渐发现，只要支付区区10%的首付就可以购买股票，剩余的部分可以凭"保证金"借入，而股票的上涨完全可以用来支付借款利息，于是人们蜂拥着挤入金融市场，人数之巨前所未有。有这么个故事，一个擦鞋童将一则股票内幕消息告诉了金融家乔・肯尼迪。[6]肯尼迪马上对股市警觉起来，当擦鞋童买进的时候，他及时清仓了。

这个由擦鞋匠、理发师和养蜂人构成的新消费者阶层根本不需要太多的鼓励。正如查尔斯・狄更斯在一个世纪前指出的那样，普通的美国人都热衷于投机和“精明交易”。到了1929年，女性也加入了投资人行列。说来也怪，尽管史书对女性在推动股票市场中所发挥的作用避而不谈，但大约有1/3的新投机者是女性。[7]为招揽生意，经纪人们开始把办公室设到了纽约的时尚购物区。1929年8月，如同发表宣言一般，《妇女家庭杂志》(*Ladies Home Journal*)刊登了一篇关于投资的特别报道——“每个人都应该致富”，不过仅仅三个月以后，这个标题便显得那么不合时宜了。

当然，并非每个人都热衷于投机。1929年2月，阿拉巴马州参议员汤姆・海菲林(Tom Heflin)提出了一个解决办法，要求联储来规范市场。他大声疾呼：“华尔街已经成了世上最臭名昭著的赌博中心。”[8]但是新晋的投资者阶层并不认同股市是“恐怖的恶魔”这种乡下人观点。同时，由于权力分散在区域行总裁和华盛顿的委员会之间，联储显得态度犹豫。本杰明・斯特朗于一年前去世，继任的乔治・哈里森(George Harrsion)一直没能充分填补由此留下的权力真空。

早在1925年，柯立芝政府中的积极分子、商务部长赫伯特・胡佛(Herbert Hoover)就一直警告要小心投机的危险，但是他的担忧还有些早。当时市场还未过热。柯立芝这样评价“神奇小子”胡佛：“那家伙六年来一直主动给我提建议，但每个都很糟糕。”[9]

胡佛的非凡之处在于他是个万事通。这个爱荷华州的孤儿幼时被送到加利福尼亚的亲戚家，后来在斯坦福大学主修地质学和工程学，毕业后的几年间，胡佛彻底改造了黄金开采技术。他所精通的这项技术如同他能找到的黄金一般炙手可热。30岁时的胡佛据说是当时工资最高的人。一战期间以及战后，胡佛凭借一己之力成功地管理了整个欧洲的粮食救济工作，至少看起来是这样。作家舍伍德·安德森(Sherwood Anderson)把他描绘为一个"不知失败为何物"[10]的人。不过这种情形很快就会发生变化了。

按照什莱斯的解释，大萧条的"标准历史"是"胡佛固执地拒绝采取控制措施，可笑地信守着他所谓的'顽强的个人主义'①，这些做法都使局势变得更糟。而罗斯福则通过施加干预改善了局面。他的新政顺应了形势，鼓舞了全国"[11]。只是到了最近这几年，国人心目中对这段历史的认识才有所改变，理由很充分：这种看法的每个细节都与史实不甚相符。此外，它还忽视了联邦储备银行的作用。1987年的事件表明，股市崩盘并非一定会导致萧条甚至衰退。1929年出现的萧条以及其后发生的动荡，在很大程度上是由于当时羽翼未丰的联邦储备银行处置不当。

在股市崩盘前八个月宣誓就任总统的胡佛也难辞其咎。并不是说他消极被动。被动也不是他的作风。他宣称："在经济动荡时期，说的并不重要，做的才是关键。"[12]不幸的是，胡佛所采取的每个行动事后都被证明是不正确的。他提高税收，逼迫企业维持工资水平和雇员数量，恫吓股市，签署了激起公愤的灾难性

① 胡佛在1928年竞选时提出的主张，包括经济自由、机会平等和个人主动性，反对政府包揽一切。——译者注

的 1930 年《斯姆特—霍利关税法》，该法案导致了全球范围强烈的报复性措施，使美国的进出口额锐减。

总的来说，经济学家们对联邦储备银行的看法如同对胡佛一样严苛。[13]他们认为联储在该放松货币供给时却实施了紧缩。由支持硬通货的经济学家组成的所谓的奥地利学派，包括冯·米塞斯(Van Mises)①、哈耶克(Hayek)及其同盟者却质疑这种说法。奥地利学派认为胡佛和联储已经尽了最大的努力去应付通胀，但是他们的努力“被美国人民的判断力及其对银行体系日渐增长的不信任所阻挠”[14]。有一点是无可争议的，不管基于何种原因，1928 年年底至 1930 年年底美国的实际货币供给量下降了 4%。[15]

在当年摩根昂首走过并扭转乾坤的华尔街，美国陷入了窘境。纽约联邦储备银行、地方银行和它们的华盛顿监管者面面相觑地问着：“现在该怎么办?”在股市崩盘之前，联储对于市场过热前后矛盾的反应就彰显出它的无能，而这种无能在崩盘之后表现更甚。[16]在胡佛和联邦储备的领导下，政府首次要对国家的繁荣担责。利润有其自身冷酷的逻辑，这是政治家永远都无法理解的。

贵族出身的罗斯福甚至都不屑于去了解这种逻辑。在 1933 年 3 月发表的就职演说中，罗斯福可能平复了普通民众心中的恐惧，但是却加剧了最需要他去安抚的那群人的恐惧，也就是投资者阶层。他坚持认为：“这主要是因为主宰人类物资交换的统治者们失败了，他们固执己见而又无能为力。”[17]从那天起，任何一个商人都无法像 FDR 预测每日金价那样判断出他的市场逻辑。

---

① 原著如此，疑为拼写错误，应为 von Mises。——译者注

尽管罗斯福有几位值得信赖的犹太顾问，其中包括摩根索，但他在就职演说中斥责“贪得无厌的货币兑换商”使整个美国都臣服其下，这颇有一丝反犹的意味。按照罗斯福的说法，不论是解决自身的问题还是国家的问题，这伙“利己主义者”都只会提议“借出更多的钱”。为了把这种贷款泛滥的罪恶说得更到位，他用了一个所有熟谙《圣经》的美国民众都能够理解的比喻：“如今，货币兑换商已从我们文明庙宇的高处落荒而逃。我们要以千古不变的真理来重建这座庙宇。”[18]

不知是有意还是无心，罗斯福重述了卡尔·马克思在“论犹太人问题”一文中设立的主题。回忆一下，马克思认为犹太人及整个社会的解放只会在“消除了犹太精神的经验本质，即做生意及其前提”[19]之后实现。罗斯福老于世故，他当然知道 WASP①在金融界拥有同犹太人一样的影响力。尽管不像马克思表述得那样直白，罗斯福还是暗示犹太人的这种影响力源于某种固有的“对瞬息即逝的利润的疯狂追求”，而基督徒则笃信某种固有的“千古不变的真理”。罗斯福将这概括为“社会价值观比单纯的金钱利益更高尚”[20]。

在描述了一系列让人民重新投入工作的行动方案之后，罗斯福再次把就职演说的视角投向了“旧秩序的弊端”。虽然这个旧秩序造就了美国的繁荣——即使俄克拉荷马州的失地农民②都能开着自家的汽车前往加利福尼亚，但罗斯福及其伙伴却对此视而不见。他绝口不提他所就职的政府在制造这场混乱中所起

---

① 参见前文。White Anglo-Saxon Protestant 的缩略，（在美国社会中居中上阶层地位的）盎格鲁—撒克逊裔白人新教徒，祖先是英国新教徒的美国人。——译者注

② 俄克拉荷马州长期以农业为主。但 20 世纪 30 年代的大旱使该州及附近地区赤地千里，大量农民举家逃离。部分人迁居东部，大多数人则向西迁往加利福尼亚州。——译者注

的作用，却一味强调“必须严格监督一切银行储蓄、信贷和投资，必须制止利用他人存款进行投机的活动，必须提供充分可靠的货币供应”[21]。

罗斯福对如何构建“可靠的货币”有着非同凡响的见解，尤其是当这种货币是黄金的时候。就职两天后，他就以战时的《对敌贸易法案》为法律依据对那些“囤积”黄金的人宣战。[22]三天后，他又签署实施了《紧急银行法案》。这个法案唤起了人们对18世纪法国约翰·劳统治末期专横治理的不愉快记忆，它赋予罗斯福权力，让其要求美国公民交出所有黄金以兑换成纸币。一个月之后，他把1933年5月1日定为交出黄金的最后期限。那些不交出黄金的人会面临最高十年的牢狱之灾。

收缴黄金的动机很简单。罗斯福想以货币贬值来安抚那些负债的人，尤其是农民。如果公民有权将纸币换成黄金，比如在金本位制度下，他们就会把贬值了的纸币去兑换成黄金，流通中的黄金就会减少——格雷欣法则。所以罗斯福政府宣布持有黄金为犯罪行为。1933年7月，罗斯福公然抨击金本位制度，称它为“旧时的迷信”并应该被取代。1933年8月，罗斯福发布行政令要求所有美国黄金制造商把其所有制品都按照他本人(按其对幸运数字的偏好)和财政部规定的价格卖给财政部。

“史无前例的要求和迅即行动的需要也可能使我们有必要暂时背离正常分权的公开程序。”[23]罗斯福在就职演说就这么承诺过了。他言出必行。这次从美国国内收缴黄金没有经过一次的国会听证。毋庸多言，这次行动也没有在企业界激发出多少信心。

罗斯福在管理银行方面也同样大胆。刚一就任，他就要求所有倒闭的银行不得开业，即使宪法并没有赋予他这样的权力。随即，他促使国会随即通过《紧急银行法案》，该法案不仅授权他关闭银行，还授权他印制他认为合理的战时纸币。

从第一天起，罗斯福就尽其所能废黜“这些新经济王朝的特权贵族”[24]——罗斯福给银行家的代号。他高兴地把他们的抵抗称为“封建式的傲慢”。“这些经济界的保皇党们抱怨我们在想方设法颠覆美国的制度，”他在 1936 年民主党全国大会上指出，“他们真正抱怨的是我们正在设法剥夺其权力。”[25]

然而具有讽刺意味的是，正是像摩根这样的银行家才因其多样性经受住了大萧条并保护了他们的储户。[26]导致绝大多数银行倒闭的，并非经济上的保守派，而是短视的旨在保护当地垄断的立法。大约 90% 的倒闭发生在那些禁止银行在其总部之外的区域设立分支的州。加拿大没有这样的法律所以也就没有这样的麻烦。那些坚持下来的只有一家营业场所的银行强烈要求联邦储蓄保险来保护其不受这弄巧成拙的条令伤害，这个条令使它们难以生存。

1933 年 6 月，罗斯福签署了《格拉斯—斯蒂格尔法案》(the Glass-Steagall Act)。作家迈克尔・刘易斯(Michael Lewis)贴切地形容这个法案“把人类分割成了两类”[27]。而今银行必须在投资业务还是储蓄业务之间做出选择。两种业务不能兼营。这是政治上代人受过的一个经典例子，这个法案奖励了表现最差者而惩罚了表现最好者。法案为挣扎求生的银行提供了储蓄保险却迫使经营成功的银行放弃投资业务。正如摩根的传记作家荣・切尔诺(Ron Chernow)指出的那样，“《格拉斯—斯蒂格尔法案》死死盯住了摩根公司”[28]。

这项立法背后的精神支持主要来自路易斯・布兰代斯(Louis Brandeis)①。

① 路易斯・布兰代斯，20 世纪初美国最高法院大法官，在出任这一职务之前，布兰迪斯当了 37 年律师。因为对下层人民满怀同情，他赢得了“人民的律师”称号。——译者注

20 年前当他还是“人民的律师”的时候，就曾将矛头指向摩根公司，揭露其操纵纽黑文铁路公司的扩张。① 早在罗斯福之前，他就指证摩根公司是“对这个国家金融和工业资源进行垄断和掠夺性控制”[29]的标志并且获得了广泛支持。布兰代斯充当伍德·威尔逊 1912 年的总统竞选顾问，并因此被提名成为最高法院的大法官，他是首位被任命的犹太裔大法官。

布兰代斯并不满足于银行的分权，他继续通过他的女儿给总统们建议，包括给罗斯福。摩根集团把《格拉斯—斯蒂格尔法案》的颁布归罪于布兰代斯。拉塞尔·列芬韦尔向另一位摩根合伙人托马斯·拉蒙特(Thomas Lamont)哀叹：“我毫不怀疑就是他促成了这个法案，甚至就是他起草的。犹太人会记仇，他们是冷酷无情的人。我之所以在这件事上耿耿于怀，是因为我认为你低估了跟我们作对的势力。”[30]这成为华尔街不断上演的文化战中的一个新篇章。

1934 年，《格拉斯—斯蒂格尔法案》颁布一年后，摩根集团同样声势浩大地游说反对即将表决的《证券交易法》(Securities Exchange Act)，这项法案一揽子地把股票和债券的销售纳入到联储的控制之下。摩根集团认为这个立法建议会把华尔街变成“荒芜的村庄”[31]，但是他们没能阻止国会和白宫。对摩根集团来说雪上加霜的是，罗斯福又任命了他们的宿敌乔·肯尼迪担任证券交易委员会的第一任主席。

1935 年，不得不在投资业务和储蓄业务之间做出抉择的摩根集团，做出了

① 摩根家族是纽黑文铁路最早的投资人之一，后来皮尔庞特又进入纽黑文铁路公司董事会，成为其幕后掌舵者和金融代理商。在接连吞并、整合铁路公司的资本化过程中，纽黑文铁路迅速膨胀，由于债务负担过重，铤而走险的纽黑文公司选择了虚假交易、财务造假。——译者注

令华尔街震惊的决定，他们放弃了自己赖以发迹和成名的业务。列芬韦尔写信给罗斯福，解释为何做出这样的决定，并请求他废除《格拉斯—斯蒂格尔法案》："只有当一个行业为企业提供了足够的生存机会，这家企业才会继续留在这个行业中。单纯从事证券包销业务的银行面临着应付日常开支和维持生存的巨大压力，根本就无法认真挑选它将要包销的债券。"[32]

摩根家族34岁的曾孙亨利·摩根和合伙人哈罗德·斯坦利(Harold Stanley)及其他一些人脱离了母公司，于1935年成立了从事投资银行业务的摩根斯坦利(Morgen Stanley)。不到一年，这家新成立的公司就占据了公开发售证券市场25%的份额。在其后的75年间，没有哪家投资银行能像摩根斯坦利那样经营得如此稳健。不必担心，我们还会听到J.P.摩根公司这个名字的。

尽管罗斯福的铁腕统治激起了喧嚣与骚动，尽管他安抚人心的手段极富个人魅力，他的新政却并未产生预期的效果。没人能比最终失望的摩根索更了解这一点。1939年他在国会听证会上这样说道："我们花了比从前任何时候都多的钱，但却没能奏效。我们想让国家变得繁荣，想让人民都有工作。但是我们并未兑现承诺。经过了这八年的任期，失业率和任期开始的时候一样高，而且还增加了巨额债务。"[33] 1939年，17——17%的失业率——对谁而言都不是个幸运数字。

22. 圣地

内战之后的美国，比 20 世纪 30 年代更为反常的是 20 世纪 40 年代。这十年中的大部分时候，历史的发展都偏离了正常的轨道，尤其是信贷的发展。彼时福特公司正在热卖的是坦克和飞机——一个月就能卖出 400 多架 B－24 轰炸机——而不是 A 型和 T 型汽车，这些货物的买家只有一个而且还不是分期付款。消费者们所投资的不是股票和债券，而是战争公债。没人建造房屋，就更不用说销售了。

最为反常的是个人消费者的行为：他们在攒钱，并且达到了前所未有的数量。数字是惊人的：个人储蓄从 1940 年的 38 亿美元上升到 1944 年的 373 亿美元，有近乎 10 倍的增长。[1]企业也在留存资金。战后当政府把战时极端的财政和货币政策恢复正常时，企业和个人积聚的资金共同刺激了投资和消费。大萧条一去不复返了。

南加利福尼亚州复苏的迹象最为明显。1950 年，就在洛杉矶以南和长滩以东，开发者们开始对 10 平方英里的灌木林和青豆地进行开发。他们在这里迅速建立起了一座城市，也不知为何，他们将其命名为莱克伍德（Lakewood）。在莱克伍德建立的最初 10 个月，开发者卖出了7,400套独立住宅。正如这座城市的管理者 D. J. 沃尔迪(D. J. Waldie)在他精彩的回忆录《圣地》(*Holy Land*)中解释的那样,"买房者只需有个稳定的工作,并承诺按期付款"[2]。莱克伍德于 1954 年建市。到 1960 年,莱克伍德为67,000人提供了住房,实际上他们中的每个人都住在自有的房子里。

在 20 世纪 50 年代早期的莱克伍德购房潮中,妻子的平均年龄为 26 岁,丈夫的平均年龄为 32 岁。他们大多曾在二战或朝鲜战争中服过役,或两次战争都参加过。很多人是他们家族中第一个拥有自己房子的。他们能拥有自己的房子很大程度上得益于联邦政府让居者有其屋的努力。在这方面,莱克伍德的居民并非是个案。紧靠洛杉矶郡南面的橙郡(Orange Country)的人口从 1950 年的 20 万膨胀为 1980 年的 200 万,他们中的大多数人也住在自己的房子里。

事实上,联邦政府至少早在 1862 年就开始涉足住宅信贷业务,当时林肯总统签署了《宅地法案》(Homestead Act),这是一项巧妙的反奴隶制法案,规定定居者可以获得 50 英亩土地,条件仅为他们必须居住在这块土地上并进行开垦。尽管初衷是好的,但是这一法案被相当一部分精明的商人利用了,他们想将政府的无偿赠与套现。这项法案还促使为数众多的民众拥有了他们无力维持的产业。我们是否可以注意到这其中的发展格局?最脆弱的住宅所有者是住在西部大平原上的那些人,因为那里缺乏丰沛的雨水。大萧条时期尘暴区①有很多家庭背井离乡。在政府的帮助下,许多这些家庭的子女们可以在莱克伍德和橙郡这样的地方获得自己的宅地。

---

① 尘暴区(Dust Bowl),20 世纪 30 年代中期的美国中南部地区,由于连年旱灾,该地区大量裸露表层土壤极易被风沙侵蚀。——译者注

第一个真正为全国的非农业人口谋求住房的总统是干劲十足的赫伯特·胡佛。事实上,在胡佛早在自己担任商务部部长的时候就开始了拥有住房运动。他宣称"没有比不断增加的房屋租赁和地主所有制更糟糕的事了"[3]。但若是住在胡佛村(Hooverville)①里,尽管没有房东,生活却更糟。不过这样的独立居所要到几年后才会出现。

1922年,胡佛发起了"我有我家"("Own Your Own Home")运动,鼓吹有房者比租房者更快乐且劳动效率更高。[4]尽管胡佛是个天才,他也没能提出这样一个问题,而这个问题也没有引起多少政治上的关注:"是拥有房屋让人更快乐和更有效率,还是快乐和效率高的人更有可能购买房屋呢?"

由于新规则出台,联邦特许银行获准在住宅贷款业务上有了更大的自由度,借助这一政策,胡佛的运动最终引发了住宅建设的热潮。从1927年年中到1929年年中,联邦银行的抵押贷款增长了45%。当时大多数住宅贷款的期限都相对较短。借款者以为,如果需要的话,他们可以在贷款快到期时再贷款。然而1929年市场崩盘之后,那些受胡佛鼓励而买房的边缘购买者往往没有必要的手段为自己买来的房子再贷款。

市场遇冷之后,胡佛利用他的强势地位试图使其回暖,但是他的努力似乎并不比先前他给过热的华尔街降温的努力更奏效。在这个过程中,事实证明总统的威吓远不是市场力量的对手。在经历了一系列失败的尝试之后,胡佛于1932

---

① 大萧条期间,美国经济不断恶化,失业者饱受饥寒之苦,城市中的无家可归者用木板、旧铁皮、油布甚至牛皮纸搭起了简陋的栖身之所,这和胡佛在竞选时所宣称的繁荣大相径庭,这些小屋聚集的村落被戏称为"胡佛村",意在讽刺胡佛总统。——译者注

年签署了《联邦住宅贷款银行法》(Federal Home Loan Bank Act)。由十多家银行发起、启动资金为 1.25 亿美元的联邦住宅贷款银行系统旨在为“住宅建设和贷款”机构提供资金,进而使它们能够为消费者提供抵押贷款。[5]即使是按联邦的标准来看,这个计划也效果不佳,在开始的两年里总共才贷出三笔贷款。到了 1933 年,纵使有胡佛的努力,抑或是他的努力帮了倒忙,银行每天都要收回差不多1,000家被抵押的住宅。

罗斯福一上任就发现,与其评估政府在住房危机中所起的作用还不如责难那些银行更明智。罗斯福比胡佛更敢做,他和他的政府在 1933 年设立了房主贷款公司(Home Owner's Loan Corporation, HOLC),为面临被银行收回抵押房屋危险的家庭提供低息贷款,随后又在 1934 年成立了更永久性的联邦住房管理局(Federal Housing Administration,FHA)。[6]与 HOLC 不同的是,FHA 并不直接提供贷款而是对私人商业银行的贷款提供担保。在新政草率推出的诸多方案中,FHA 是为数不多的几个真正按计划执行的政策之一。

1938 年,为了确保贷款机构有充足的资金来放贷,新政的执行者们发起设立了联邦国民贷款协会(Federal National Mortgage Association),被人们亲切地称为房利美(Fannie Mae)。尽管今天看起来难以置信,实际上房利美在其存在的前 70 年里是为人称道的。房利美的任务是通过买下贷款机构的贷款来帮助其保持流动性,考虑到这些贷款的违约风险,贷款机构需支付小额的费用。这种服务开创了我们所熟知的抵押贷款二级市场。

1944 年,国会通过《退伍军人权利法案》(*Servicemen's Readjustment Act*),催生了 VA 住宅贷款(VA home loan),该项目后来变更过一两次,帮助了

1,800万家庭拥有了自己的住房。和 FHA 一样，政府并不直接贷款给退伍军人，而是在他们出现违约时，为贷款给他们的私人抵押贷款机构提供本金灭失的保障。毫无疑问，第一批涌入莱克伍德的许多(可能是绝大多数)居民都受到了政府担保的保护。在加州，住房拥有率从 1940 年的 43%上升为 1960 年的 58%，这个数字略微低于全国平均的 61%。

联邦政府大力支持居民拥有住宅的举措注定会对房价产生压力。为了继续实现他们的政治承诺，VA 和 FHA 开始放松房贷标准。放松标准也就意味着抵押房屋违约被收回数量的上升。1960 年，由 FHA 担保的贷款违约率是 1950 年的五倍，同期 VA 担保的违约率为 1950 年的两倍。[7]经济情况并不是引发这一变化的原因，因为这十年间普通抵押贷款违约率仍旧持平。传统的贷款机构仍旧坚持它们原来的贷款标准。

民权运动的发展增加了对贷款机构的压力。从 20 世纪 60 年代开始，贷款机构被要求除了要考虑申请贷款者的信用外还要考虑其文化因素。政府认为，如果不加严格监督，贷款机构可能会不顾它们自身的最佳利益而不分青红皂白地歧视某些少数族裔。私人贷款机构，以及 FHA、VA 时常被指责有“内在歧视”，即有意拒绝居住在黑人居民占大多数的地区的借款申请者。

然而，统计数字显示出来的结果则更为有趣。举例来说，1940—1960 年间据称是内在歧视最为猖獗的时期，房屋拥有率出现了全面的强劲增长——白人住房拥有率增长了 24.2%，黑人住房拥有率增长了 18.6%。看上去这段时期白人住房拥有率的确提升较快，但是按范德堡大学(Vanderbilt University)一项研究的解释，“考虑一下除种族外的其他因素，就会发现 1940—1960 年间白人与黑人之间住房拥有率的差距基本上没有拉大”[8]。

只要稍加关注,就能明显看出这种表面上的差距拉大的主要原因:大量黑人从住房拥有率较高的南部地区移居到住房拥有率较低的北部中心城市。从1960年到1980年,在对内在歧视的指控不断增加的同时,黑人住房拥有率的提升速度也快于白人。尽管实际数字刚好相反,人们还是觉得银行会习惯性地歧视黑人,在之后的数年里,这种感觉使得贷款操作始终处于非最佳状态。

为了缩小住房拥有率的差距,林登·约翰逊(Lyndon Johnson)政府把他们的“向贫穷开战”(War on Poverty)引入了房屋市场。1968年的新立法使得贫困家庭只要支付区区250美元的首付款就能拿到FHA担保的贷款。[9]受FHA贷款担保的诱惑,间或还得益于被买通的FHA检查员的帮助,头脑灵活的房地产中介得以诱骗低收入的少数族裔住进了他们无力偿付的住房。

很多新的住宅拥有者根本还没准备好拥有一所房子。比如,在一些房屋市场很脆弱的城市如费城和底特律等,很多单身母亲接受了大约20%的抵押贷款。大概从1960年开始,联邦政府无意间开始了一场把父亲赶出家庭的运动。也就是在这一年,“未成年儿童援助计划”(Aid to Dependent Children Program)变成了“抚养未成年子女家庭援助计划”(Aid to Families with Dependent Children,AFDC),或者说,实际上就是“抚养未成年子女母亲援助”。家中的父亲如果有工作,就不符合国家对于家庭的定义。1964年,联邦政府进一步加大了对被遗弃的母亲的关怀,向她们发放食品券,1965年开始提供医疗补助。

随后几年抵押房屋被收回率创下了历史纪录——在费城,三年间FHA担保贷款的房屋被收回的数量比此前33年的总数还多。当收回的房屋达到了相当多的数量时，社区就成了贫民窟。当受到启发的纵火犯发现看着被遗弃的房屋着火十分好玩的时候，贫民窟就成了纵火场。

“这个计划行不通，”哈佛的历史学家路易斯·海曼(Louis Hyman)最近如此评论道，“因为它试图用举债来解决财富创造的问题。”[10]这在当时应该是很明显的事实，但是被好意铺就的地狱之路却无法掉头。

单身母亲家庭在贫困和黑人家庭中并不少见。加州正在铺设一条新的道路，即便不是通向地狱，至少也是通往炼狱。1953 年，《哈珀杂志》(*Harper's Magazine*)询问莱克伍德那些刚成家的年轻人，他们搬到这里最想念的是什么，他们通常都会回答，“我妈妈”。[11]如此众多的年轻家庭脱离了他们的根，他们没有亲近的朋友或亲戚住在同一时区。当家庭关系紧张的时候，通常没有人去调解。

离婚如当初的大陆币一样迅速传播开来。1969 年，就如同当初政府没有去稳定货币，反而废弃了金本位制度一样，加州政府引入了无过错离婚(no-fault divorce)①。坏婚姻立即开始驱逐好婚姻。1970 年，实行无过错离婚法律整整一年之际，加州登记了112,942起离婚案，比上一年增长了 38%。[12]1960 年，加州一共有105,352起结婚登记。人口的增长——这十年间人口增长率为 27%——可以部分解释其中的差异，但是不论以何种标准衡量结婚与离婚之间的比率，都预示着家庭生活的大瓦解。

---

① 是指要求离婚的一方配偶无须证明对方配偶存有过错，而只需简单说明夫妻双方无法继续共同生活便可获取法庭的离婚判决。1969 年，美国加州成为美国(乃至西方世界)第一个适用无过错离婚的州，在此之前，获取离婚的唯一方式是证明对方配偶存有过错或因对方配偶的不当行为而导致婚姻完全破裂。——摘自百度词条，译者注

到 1980 年，加州又一次创了纪录：138,361起离婚。换言之，仅在 1980 年一年中就有 27.6 万人离婚。是 1966 年的两倍，而且 1966 年加州的离婚率就比全国标准还高出 50%。然而，全国其他地区也在迎头赶上。到了 1985 年，几乎每个州都以各自的形式实行了无过错离婚，结果可想而知。1980 年，全国的离婚率超过了加州 1969 年的数字。可能是为自身的数字感到尴尬，加州从 1980 年之后就不再追踪离婚数量了。到了 2000 年，莱克伍德的住宅中有 57% 住的是已婚夫妇，按照加州的标准，这个数字已经是很高的了。

这些趋势的后果还没有立刻显现出来。喜欢议论时政的知识分子不愿意去讨论离婚和单身母亲家庭对于房屋拥有的影响。如同未还清的债务一样，这些烦恼将被传给下一代人。

23. 市场上的傻子

1979 年 10 月 6 日，新任的联邦储备委员会主席保罗·沃尔克(Paul Volcker)——一位身高 6 英尺 7 英寸唯一能扣篮的主席——用一个简短的发言撼动了经济世界。沃尔克宣布，在经历了多年的经济不景气和高通胀之后，货币供给将不再随商业周期波动：联储将固定货币供给并允许利率浮动。[1] 于是联邦基金利率可以波动的幅度将从 11.5% 上升到 15.5%，这一举措导致了完全意想不到的后果。

对华尔街之外的众多储蓄—贷款机构而言，这则消息带来的打击是沉重的。联邦政府对储蓄—贷款机构(Saving-and-Loan，S&L)的保护，比对白头鹰和切努克鲑鱼还积极，这些通常被称为"thrifts"的储贷机构，在政府的保护下跌跌撞撞地跨入了 20 世纪 70 年代中期，在全国房屋抵押贷款市场的份额达到了 53%。[2] 它们成功的理由很简单：联储为了给膨胀的抵押贷款市场继续注入更多的资金，允许这些机构比商业银行支付更高的利息。国会还为其提供储蓄保险及创造各种避税手段。毕竟，拥有自己的住房是每个美国人与生俱来的权利。不过，每个人都应该记得，储贷机构不得为客户开立支票账户，也不得从事住房抵押贷款之外的投资活动。对这些机构而言，政府一手施舍，一手索回。

结果，至少到20世纪70年代中期，经营储贷机构也不比主持当地扶轮社①更有难度，事实上很多储贷机构的总裁就经常主持扶轮社。在业内，这些先生们被说成是3－6－3俱乐部成员：3%的利率借入资金，6%的利率贷出去，下午3点到球场开球。[3]但是高达两位数的利率完全颠覆了这样的理解。当3－6－3俱乐部的成员发觉自己身处"12－10－任何时候"的世界时，他们就停止房屋贷款了。如果让他们将12%借来的钱以10%贷出去没有任何意义。沃尔克发表演讲后的三年内，4,000家储贷机构有25%关门大吉。

然而在华尔街，证券商们自从二战胜利日(V-J Day)之后就没听过这么好的消息了。联储允许利率宽幅波动，意味着债券价格也将随之浮动——与利率同步反向浮动。投资者们突然间开始用全新的眼光来看待债券了，不仅将其视作财富的载体，还应将其看成是财富的创造者。[4]眨眼之间，沃尔克便把债券市场从一潭死水变成了维加斯的百乐宫。更妙的是，通过控制货币供给和遏制通胀，联储帮助信贷业变成了世上最富增长力的行业。从1977年到1985年，美国政府、企业和消费者的负债总额不可思议地增长了20倍。[5]大部分资金都是从华尔街渗透出去的。

然而，并非整个华尔街都在庆祝。沃尔克的举措带给所罗门兄弟公司(Salomon Brothers)美第奇分部的却只有沮丧。所罗门公司里的意大利雇员将被派往一家传统的犹太企业所在的犹太人聚居区，这一举动可以得见美国是一

---

① 扶轮社，以增进职业交流及提供社会服务为宗旨的地区性社会团体，其特色是每个成员需来自不同的职业，并且在固定的时间及地点每周召开一次例行聚会。最初扶轮社的定期聚会是每周轮流在各社员的工作场所举办，因此便以"轮流"(英文：Rotary)作为社名。——译者注

个多么有意思的国家。说来话长，故事要从1910年讲起，当时最初的所罗门三兄弟——亚瑟、赫伯特和珀西脱离了他们的父亲，骗走他的雇员，在华尔街附近的百老汇大街上开了家小公司。[6]不久之后，他们招募了巴尔的摩的一个百货公司巨头作为其合伙人，主要是为了利用他在交易所的席位。

到这时，德裔的犹太银行家们——亚伯拉罕·库恩(Abraham Kuhn)、所罗门·雷波(Solomon Loeb)、约瑟夫·塞利格曼、雷曼兄弟(The Lehman Brothers)、马可斯·戈德门(Marcus Goldman)以及他的女婿塞缪尔·萨克斯(Samuel Sachs)，几乎已经取得了华尔街上层社会的地位。在他们后代的心目中，出身微末的所罗门兄弟及其继承人都是商人，也把他们当商人对待。所罗门公司的经理们尽管对此待遇不满，但仍对自己公司锐意进取的下层背景引以为豪。所罗门公司债券推销员出身的作家迈克尔·刘易斯如此描写所罗门公司的形象："一群犹太人，社会上的小人物，精明但是诚实，他们的鼻子比他人更深地探入到债券市场里，而其他公司都不屑于这么做。"[7]

20世纪70年代末期，所罗门公司一位精研债券的合伙人罗伯特·达尔(Robert Dall)发现了一个巨大的机会。虽然华尔街历来都是将借贷双方撮合到一起，但不知怎么了，这里的聪明人却忽视了美国最庞大的一笔资金——房屋贷款。这笔资金从1950年的550亿美元增长为1976年的7,000亿美元，却没有任何人去开发这笔财富。[8]到了沃尔克发表演说的1979年，房屋抵押行业的资金已经超过万亿，超过纽约证券交易所，成为世界上最大的资本市场。[9]

发现金矿是一回事，提炼出黄金就是另外一回事了。早在几年前，政府国民抵押贷款协会(Government National Mortgage Association)——吉利美(Ginnie

Mae)就曾经发现了这一真相。1968年,从房利美中分拆出来的吉利美将最贫困的房屋拥有者的房屋抵押贷款捆绑在一起,试图将其打造成债券销售,这也是唯一由联邦政府担保的抵押贷款支持证券(mortgage-backed securities)。[10]

1970年,所罗门的合伙人(后来成为财政部长)威廉·西蒙(William Simon)和吉利美发生了争执。这个完全由联邦掌管的机构不愿意去纠正西蒙眼中证券致命的缺陷:房主可以提前偿还抵押贷款。购买长期债券的人希望确保自己所购买的债券能在既定的期满之后给予既定的回报。然而,如果房主可以在利率下降的时候偿还抵押贷款,然后以较低的利率再融资,那么债券持有人在利率低的时候手上就剩下现金了。尤其是机构买家,对于到期日不明确的债券他们基本无利可图。

当西蒙看轻吉利美的时候,他手下的达尔开始涉足其中。他很快发现了房屋贷款中尚未开发的潜力。1977年他和同事说服美国银行(Bank of America)将其房屋贷款打包成债券形式,这是第一个私人发售的抵押贷款证券。然后他们劝说投资者,这些债券的高收益和低风险足以弥补抵押者提前还款可能造成的损失。他们获得了公司的充分重视,所罗门兄弟公司于1978年建立了一个独立的抵押贷款部,这是华尔街的首创。

1970年,政府设立了半私营的联邦住宅抵押贷款公司(Federal Home Loan Mortgage Corp),即房地美(FreddieMac),来同半私营的房利美竞争,并以此创造更具竞争性的二级抵押贷款市场。此时,随着所罗门兄弟公司的加入,二级市场上就有了一个完全私营的公司来作为这些政府支持企业(government-sponsored enterprises, GSEs)的补充。和GSE不同,所罗门兄弟公司可以经营非常规贷款——因数额太大或风险太高而不符合 GSE 标准的贷款。

达尔明白他需要一个精明的交易者来操作这件事，他第一个就选中了 30 岁的刘易斯·拉涅利(Lewis Ranieri)。出生于布鲁克林的拉涅利是从公司最底层进入抵押贷款部的。十年前，从大学辍学的拉涅利进入所罗门公司，在传达室担任周薪 70 美元的夜班职员。[11] 他因工作出色得到了提拔，并且抓住机会迅速成为所罗门公司的交易员——这是个邋遢、大嗓门、肥硕、高效率且厚脸皮的意大利人。

当达尔生病时，拉涅利掌管了这个部门并从后勤部门开始雇用自己的死党——约翰·迪安特纳(John D'Antona)、彼得·马洛(Peter Marro)、比尔·埃斯波西托(Bill Esposito)、罗恩·迪帕斯高利(Ron Dipasquale)和迈克尔·莫塔拉(Michael Mortara)。拉涅利并不傻，他偶尔也雇用从沃顿或其他地方毕业的优秀人才，通常是犹太人，这并非是为了取悦老板而是让他们做数学计算。在布鲁克林街头，犹太人和意大利人经常一起合作做贷款生意——意大利人通常负责收账业务。至少，他们在华尔街的合作是合法的。说来也怪，在所罗门公司是由拉涅利和他那帮意大利人来发扬公司都市生存能力强的犹太人传统。

起初的一两年，没人会去嫉妒这个意大利团伙，因为他们没挣到钱甚至连挣钱的边儿都沾不上。房屋贷款，不论包装得如何好看都是很难卖出去的。当 1979 年 10 月，沃尔克允许利率向上浮动的时候，在抵押贷款市场各个层次的销售都变得更困难了。新房屋的销售开始陷入停滞，拉涅利的业务也是如此。由于业务毫无进展，所罗门的管理层开始风传要关闭这个部门。同时，那些潜在竞争对手——美林证券(Merrill Lynch)、第一波士顿(First Boston)、高盛集团(Goldman Sachs)的抵押贷款部门都半道夭折。拉涅利继续坚持着，全是因为他的固执而非远见，最后管理层对其置之不理，任其自生自灭。

1981年9月30日，政府再次给予施舍。为了挽救垂死挣扎的储贷机构，国会通过了一项慷慨而复杂的减税优惠政策。按照政策，只要储贷机构卖掉它们的旧贷款，就可以把自己的呆账注销。南部新兴地区的储贷机构资金不多但是有很多呆账。工业衰退地区的储贷机构则有充足的资金却鲜有呆账。让工业衰退地区的机构出资去购买新兴地区的抵押贷款就很合情合理了。[12]每个人都想参与交易，但是城里最火爆的交易却是同拉涅利进行的。

令人惊奇的是，拉涅利和他的团队直到这项政策立法通过后才得知此事。[13]对他们而言，就好像是在圣诞节的早上在树下发现了小马——就是这种意外的惊喜。懵懂之间，国会成员们创造了华尔街历史上最大的市场，当然，也为美国经济最终的分崩离析埋下了祸根。但是在1981年，谁会知道这些呢?

3-6-3成员之于拉涅利的团队就好比是赫伯特·乔治·威尔斯(Herbert George Wells)笔下富有感情的艾洛伊人(Eloi)之于吃人的莫洛克斯人(Morlocks)——他们就是一顿午餐，而按照华尔街的说法，就是市场上的傻子。拉涅利不止一次斥责某个交易员因为把交易做得太好而牺牲掉了某个还完全摸不着头脑的储贷经理。[14]当然，并非所有的储贷经理都是傻子，但是即便是精明人也只得敞开大门来迎接拉涅利，因为他们也别无选择，只能这么做。

当然，到20世纪80年代末，整个体系发生内爆，纳税人也因此付出了巨大的代价。政府为清理储贷机构烂摊子成立了重组信托公司(Resolution Trust Corporation)，其负责人说道："(政府)给了它们这么多违背常理的激励措施，如果让我在法庭上为这帮储贷机构辩护的话，我会辩称自己是被诱骗的。"[15]

在国会向所罗门兄弟公司施以恩赐的同一年，1981 年，公司由合伙制变为公司制。这是华尔街一种趋势，但也有人对此持批评态度。华尔街的传奇人物、所罗门公司的元老亨利・考夫曼(Henry Kaufman)就是其中一位对这种文化的改变感到惋惜的人。他认为："以相互信任和紧密联系为特征的投资银行和客户之间的关系被一种交易驱动的伦理所取代了，它只在意每笔交易的利润最大化。"[16]

曾经于 80 年代中期供职于所罗门公司的迈克尔・刘易斯也持相似的观点，他的表述更为简洁，他认为这是"短期贪婪"正在取代"长期贪婪"。[17] 在他 80 年代的纽约畅销讽刺小说《虚荣的篝火》中，汤姆・伍尔夫(Tom Wolfe)听到所罗门公司的交易员们的格言就是"现在就做！"，小说中的所罗门公司，几乎没有虚构的成分。[18]

向公司化管理的转变有一个副作用，它使知识和权力从最高层向野心勃勃的中层转移。这种转变因 80 年代个人计算机的出现而被强化[19]——或者说恶化了，这因各人观点而异。从研究生院出来的小伙子们——直到 1986 年为止所罗门公司抵押贷款部还都是小伙子——开始创造罪恶的新手段来分食抵押贷款市场的蛋糕。

这些创新者们着手弱化提前还款的效应，这种效应的存在使抵押贷款的收益不够稳定。1983 年第一波士顿先于所罗门一步，创造出了 80 年代最重要的创新金融工具——抵押担保债券(Collateralized Mortgage Obligation, CMO)。为了组成一项 CMO，投资银行需要集合价值数百万美元的普通抵押贷款债券(吉利美、房地美、房利美等各家的债券)并将其组成信托,然后投资银行以证书的形式出售附带利息收入的该信托的股份。这就是 CMO。这个部分完全是老老实实的。

当整个资产池被划分为所谓的"部分"(tranches)的时候,CMO 就变得微妙和值得玩味了。尽管 CMO 有无数组成方式,就像 CDO(collateralized debt obligation)一样,但一种最一般的方式是把资产池按照风险划分为三个部分:优先级(senior)、夹层级(mezzanine)和普通级(equity)。所有部分都能从重组后的贷款中获得利息,但是优先级部分的投资人能在资产池中所有抵押品持有人得到偿付后收回所有本金。然后再轮到夹层级部分的投资人收回本金,最后才轮到普通级部分的投资人。[20]等级较低的部分因累计风险较大而获得较高的回报。

优先级部分的投资人面临的风险最低所以收益也最小,通常只比美国财政部发行的债券收益略高一点。重要的是,这一过程还以相当可预见的方式缩短了优先级部分的期限,完全避免了令人不安的提前偿付抵押贷款的不可预见性。这样的(抵押贷款债券)重新组合有着惊人的效果。CMO 的确定性和安全性以鲜有人预见到的方式将住房贷款的市场潜力释放出来。

顺便插一句,读者不必为弄不懂这些解释而难为情。华尔街的元老们如亨利·考夫曼早先就警告这些产品"复杂得连交易它们的人也弄不明白"[21]。迈克尔·刘易斯也赞同:"整个华尔街,那些 CEO 们对他们的交易员赚钱的方式也将信将疑,因为他们也不完全了解交易员到底在干什么。"[22]

《纽约时报》的罗杰·洛温斯坦(Roger Lowenstein)通过跟踪某个这样的组合来尽力说明这一过程,这是个由2,393个贷款组成、面值为 4.3 亿美元的组合。

洛温斯坦的追踪从源头开始，从未具名的"非银行贷款人"到为其打包的纽约投资银行，再到穆迪公司（为组合提供估价服务的评级机构）分析员的桌面。[23]

穆迪公司有权使用贷款和借款人的综合数据，但是无法接触贷款档案。在对非贷款本身评级之前，分析师们运用历史表现数据，评定贷款中次级债务所占的比例，贷款源自哪里，涉及哪些类型，以及其他相关数据，分析师们不仅要对贷款本身评级，还要对特殊目的机构（special purpose vehicle，SPV）所发行的债券评级，而所谓"特殊目的机构"，就是投资银行创造出来承载这些贷款的实体。

为了能评出其中至少一部分债券的投资等级，投资银行把这一揽子贷款分为 12 个级别。虽然这一揽子贷款都是次级的（以后很多情况都是这样），但靠上的级别是最先得到偿付的，穆迪将其定为 3A 级。

上述有资产支持的证券的价值源自实际的资产，也就是房屋实际拥有者的抵押品。CMO 是将这些证券抽离现实的第一步。投资人并不购买抵押品。他们购买的是基于抵押品的债券，这些债券被分成"部分"，由评级机构对各"部分"逐级评估。

尽管 CMO 的组成某种程度上说并没有一颗原子弹来得复杂，但它的潜在辐射效应却更大，它的价值依投资者的评价而定。投资者购买优先级 CMO 往往是因为其保证比（美国）国债收益高而风险也只是略高一点。举例来说，如果资产池中 2% 的贷款违约了，CMO 损失的不一定是其价值的 2%，它有可能损失 20% 甚至更多。某次突发的违约数跳高就会使市场惊慌失措，让证券立刻变成有毒资产。低收益高风险的资产是没有人买的。

具有讽刺意味的是，像所罗门一样的投资银行推出 CMO 的时候还信誓旦旦地表示是为了让投资者的风险最小化。为了进一步降低风险，它们还为购买“优先级部分”的投资人提供保险条件以弥补其损失。这就是信用违约掉期(Credit Default Swap, CDS)，这些保险在房屋贷款流行的时候非常受欢迎。[24]由于房屋抵押贷款生意历来十分安全，CDS 的发行者觉得他们找到了一种完全合法的方式来印钞票。不必评估那些麻烦的火灾、交通事故和自杀行为。被保险人缴款，保险人收钱。尽管复杂，保险人对自己的聪明才智自信满满，当然，最聪明的保险人莫过于 AIG。

复杂的是，购买 CMO、CDO 和 CDS 的主要是对冲基金。这些投资集团很大程度上不受监管，它们因著名的用买空股票来对冲“多头”头寸的策略而得名。尽管他们还在继续运用多空战略，但它们也协助创造出了数不尽的新方式来重组债务。对冲基金的某次损失能对整个金融系统产生连锁反应，因为它们的大多数交易都具有很高的杠杆效应。[25]换句话说，一个对冲基金合伙通过从银行借入更多的资金参与进来会使投资呈五倍甚至十倍的增长。简而言之，当一个对冲基金折戟，很多人都变得提心吊胆。

再回到所罗门公司，他们精明的交易人在 CMO 革命中大有斩获，至少一段时期如此。问题是 CMO 有一套标准化的将住房贷款打包的程序，并将其变成另一种债券且标价在公开市场出售。[26]拉涅利和他辍学的同事们正在逐渐失去市场份额。所有积累起来的买家和卖家之间的亲密关系正在贬值。不断崛起的则是那些常春藤盟校毕业的博士们，他们正在用上千种的方法来打包住房贷款，把老式的讨价还价交易手段变成某种科学。为了逃避规管和吸引更多的业务，包括所罗门在内的投资银行们开始雇用那些数理分析高手，他们丰厚的年薪相当于其父辈一辈子的收入。

在奔向现代化的进程中，新近成为公司的所罗门开始摒弃其传统的犹太生存智慧，而所有人中，最后一批卫道士就是拉涅利这伙人。1987 年 7 月，所罗门解雇了此前十年最会赚钱的人——拉涅利。紧接着就是集团中的莫塔拉、迪安特纳、迪帕斯高利、马洛、高尼拉(Gonella)。这伙人中只剩下保罗·隆格诺提(Paul Longenotti)还留在抵押贷款交易部。大清洗后，当他出现在工作场所时，他戴了一个徽章，上面写着："解雇我，我是意大利人。"[27]只有在美国才会发生这种事情。

24. 会员享有特权

1946 年或 1947 年——具体日期还有争议，一个名为约翰·贝更斯(John Biggins)的家伙引入了一项新方案，我们对他本人所知甚少，但他引入的方案则将为美国金融界注入新鲜血液。贝更斯供职于布鲁克林的富莱特布什国民银行(the Flatbush National Bank)。他突发奇想，如果给顾客一张银行卡，这张卡能允许他们在各种商店记账消费，这样银行就能同时在顾客和商号之间建立诚信。贝更斯称这种卡为“赊账”(Charge-it)。没经过任何大肆宣传，第一张“通用”的信用卡就此被引入了。[1]当然，“通用”也仅限于银行周边两个街区的范围，但这毕竟是一个开始。

几年之内，全国各地的银行都在试着推出信用卡。第一个大规模开发信用卡潜力的银行是阿玛迪奥·贾尼尼的美国银行，它于 1958 年发行了名字很别扭的“美洲银行卡”(BankAmericard)。[2]此卡在整个加利福尼亚州通用，于是该银行开始着手制定区域战略。西雅图的 Seafirst 银行就是其中一家被授权的银行。1968 年，当思想开放的狄伊·霍克(Dee Hock)入职 Seafirst 时，他发现 Seafirst 的信用卡业务实际上是赔钱的。技术原始，账目混乱，顾客、商家欺诈猖獗，跟罪犯差不多。

在俄亥俄举行的“美洲银行卡”大会上，霍克召集了和他一样失望的被授权银行成立了一个合作机构。此后十年间，他引领了技术和会计制度的升级换代。他还为信用卡引入了一个沿用至今的品牌：以简洁精致的“Visa”取代笨拙的“美洲银行卡”，这张卡能带你去“任何你想去的地方”。

尽管霍克明白利润是银行经营的根本，但他却不被利润所驾驭。这位真正具有远见卓识的人被电子货币的设想迷住了。他认为这个方法能将所有普通人从现钞带来的实体束缚中解放出来：要把现金从可疑的银行提出来，要让现金随时在手边可用，出门在外时要携带大额现金以备不时之需。霍克和他的先驱伙伴们，如花旗银行的沃尔特·瑞斯顿（Walter Wriston），正在着手改变这一切。

霍克未曾预见到的是信用卡将在一场刚刚开始的反债务复兴运动中所起的作用。如果没有广义上的基督教的认可，包括天主教或新教，这场复兴将是完全世俗的，但是其领导者的热情比起路德、加尔文或萨瓦纳罗拉来毫不逊色。在通用的信用卡出现之前，20世纪的美国偶尔也发生过对债务贩子的攻击，但是信用卡为这些攻击提供了目标。在后工业时期美国的金融伦理剧中，如果信用卡用户是普通人的话，信用卡的发行者就是贪婪的化身，这是七项极端恶行中社会清教徒唯一不能容忍的一项。

这些世俗的道德家们着手于自己的使命，如同新英格兰教士们宣扬婴儿诅咒理论时那样带着魔力与冷漠。然而，通过强大的宣传攻势，社会清教徒已经非常成功地传播了他们的信息并强化了他们的主旨。事实上，每个媒体上关于信用卡的新闻故事都沿用了他们的模板：消费者懵懂无知地开始；信用卡公司引诱消费者；消费者开始涉足其中；消费者发生危机；消费者求助于信用卡；消费者被套住;信用卡公司折磨消费者;消费者破产;消费者受到很少的指责;记者为消费者脱罪;记者谴责信用卡公司。如果这个范例听起来耳熟的话,回想一下一个多世纪以前反对放贷的乔治·布什博士的忠告,他把债务比作蛇咬:"开始通常是小到难以察觉,然而毒液很快扩散直至到达重要器官。"[3]

这些描述或许承认在信用卡的使用上信用卡发行者对消费者应承担某些责任,但是它们几乎没有质疑过这种令消费者们如此容易受伤害的生活方式。社会清教徒的热情非常奇怪。他们中的很多人认为滥发信用卡是唯一的恶行,是唯一该被劝诫的行为,是唯一该受到讨伐的罪孽。

在这无组织和未被认可的社会清教运动的主要布道者中,有一个名叫罗伯特·曼宁(Robert Manning)的人,他是颇有影响的2000年畅销书《信用卡王国》(*Credit Card Nation*)的作者及同名网站的管理人。为了迎合那些在其他任何问题上都以客观公正自居的人,在信用卡问题上,他和他的读者们就如同那一船威尼斯僧侣一样自以为是。① 狡诈、严苛、重利盘剥、信贷敲诈等等辛辣措辞充斥全书。

曼宁所讲述的故事颠倒了托尔斯泰的名言——"幸福的家庭总是相似的,不幸的家庭各有其不幸"。在曼宁的叙述中,破产家庭的不幸惊人地相似。就以凯瑟琳这位50岁左右、在纽约市长办公室工作的普通文员为例。凯瑟琳成长于一个视个人债务为道德沦丧的家庭,认为那是"某种犹太加尔文主义的罪恶"[4]。

没有背负债务就读完大学后,凯瑟琳在出版界工作,随后为"将来不至于负

① 参见本书篇首的"引言"部分。——译者注

债而进行个人提升"[5]，她又重返校园读研究生。她得到了一项奖学金，但是很快看上去意想不到的事情发生了：学费上涨，她的奖学金也减少了。于是她求助于信用卡。在一个朋友的建议下，她把信用卡负债转变为学生贷款，这样利息就从18%降为3%。当时，凯瑟琳"认为她做了个明智的决策"[6]。这其实是纳税人在为她的信用卡负债提供资助，但不论是她还是作者曼宁都不觉得这有什么不妥。

读完研究生，凯瑟琳供职于一家非营利性的、大概正处于发展中的企业。这份工作要求她"用散装啤酒的钱卖出香槟的味道来"[7]。她用信用卡来满足这种要求。当上世纪70年代末期的通胀开始时（1975—1979年间的年平均通胀率为8.06%），她断定花钱是对抗这个体系的最佳方式。曼宁写道："宏观经济环境深远地影响了她的决定——抛弃惯有的收入和消费之间的联系。"[8]就好像通胀到了德国魏玛时期的混乱程度——当时一推车的现金才能买一条面包。如同凯瑟琳喜欢信用卡一样，作者曼宁喜欢夸大其词，他宣称这一短暂的"通胀时代"意味着"清教徒式的职业道德"总体上的终结。

不管怎么样，凯瑟琳丢了工作，搬去和父母一起住，然后和一个中东人结了婚。曼宁轻快地写道："一年之后，不可调和的文化差异最终导致了离婚。"[9]凯瑟琳又回去读另一个硕士学位，更多的学生贷款，更多的信用卡负债；换工作，再念研究生，更多贷款，更多负债，一次经济衰退阻挠了她找工作；90年代初，她找到了一份薪水根本"赶不上通胀"的工作（1992—1995年间的年均通胀率为2.85%），于是导致更多的信用卡负债。1996年，正是雇主们竞相雇人的时候，而"非营利部门则在大规模地削减预算"[10]。凯瑟琳丢了工作，然后信用卡公司就找上了她。

最终,凯瑟琳决定申请破产(当然不情愿)。她这么告诉自己,曼宁也默许:“我为什么要感到难过呢?有那么多储贷机构和公司都申请了破产。”那些看上去条件很宽松的学生贷款其实是个圈套。破产法庭不同意解除这些债务。尽管如此,她找了份体面的工作和租金受约束的公寓。显然已经习惯于靠别人的钱来生活的凯瑟琳这样说道,要不是因为这间公寓,“我会去领导工人革命……在纽约,一个单身女人根本无法靠我这样的工资生存下去,也付不起市价水平的房租”[11]。

凯瑟琳是上世纪90年代末期数百万人中活生生的一个例子,他们制造出了史无前例的现象:在连曼宁都承认的“经济繁荣和低失业”时期出现了戏剧化的破产高峰。[12]对此,曼宁能给出的解释是,“银行业宽松的贷款政策让风险不断上升的低收入工人很容易得到信用贷款”[13]。

在将挥霍者升级为牺牲品的过程中,离婚、延后的婚姻、单身母亲以及媒体宣传这些因素好像都没有被考虑进去。在曼宁看来,单身妇女沦为破产行列中“发展最快子群体”[14]的现象只是进一步证明了银行业对她们的剥削。他根本不承认如果银行能更认真地进行筛选对银行也有好处,他也不承认这种筛选会因为种族和性别而产生“完全不同的结果”,但事实将证明这点。

因为受到媒体的袒护,社会清教徒们觉得没有必要彻底认清自己所处的地位。曼宁一方面痛斥银行把信贷弄得过于触手可得。另一方面,他又哀叹“低收入的少数族裔、新移民和挣扎求生的下层中产阶级”在寻求银行帮助方面“越来越难”[15]。

那些被信用卡拒绝的人只得求助于形形色色的发薪日贷款、当铺、先租后买商店和“贷款狂鲨”①，相比之下，就连曼宁也承认花旗银行 Visa 卡 19.9% 的年利率也变得有吸引力。他认为信贷让这些人付出的高昂代价体现了“社会不平等的新特征”，显然他没有意识到3,000年来改革家们一直抱有这样的观点。和大部分改革家一样，他忽视了抬高穷人信贷成本背后的风险因素。不过话说回来，他也不怎么关注穷人。他这部以信用卡为诱人主题的书总共400页，有关穷人的部分加起来也就一页。

曼宁向读者断言，信用卡的传染性是如此地强烈，就连“精神上受到引导”的人也不能免疫。[16] 为了证明这点，他引用了牧师罗伯特·特拉什（Robert Trache）的例子。特拉什于2000年被任命为亚特兰大圣公会主教一职，当他的上司知道他近来“被个人财务的俗事所压垮”[17] 并申请破产后，特拉什不得不离职。曼宁告诉我们，这个例子颠覆了我们以为信用卡滥用者都精神放纵和不负责任的成见。

然而，特拉什本人的叙述则是另一个版本。在最近的一次访谈中，他宣称“被迫离职是因为我的婚姻遇到了问题”，并补充说，“我现在又结婚了”[18]。他并不太保守，他最想见的两个历史人物是亨利八世和抹大拉的玛丽亚（Mary Magdalene）②——“我认为基督从她身上学到了很多”，他认为宗教的目的是为了“探索人和宇宙之间的联系”[19]。特拉什或许颠覆了某些人的成见，但是绝对不包括那些深受基督教影响的人。

曼宁承认“道德上恪守清教”[20] 的消费者确实存在，他们坚持传统的伦理观

① 参见本书第16章。——译者注
② 基督教传说中的人物，耶稣的追随者。——译者注

念，拒绝银行的引诱，每个月末按时支付信用卡账单。曼宁对这部分人的感情很复杂。勉强地假意恭维之后，他斥责这些人“利用了道德上惩罚性的社会基础为自己提供方便”[21]。为了支持自己的观点，他进一步补充说银行们“鄙视地”称这群人为“赖账者”①，实际上，更准确的副词应该是“反讽地”。

詹姆斯·施科劳克（James Scurlock）为了给自己的《信贷时代》（*Maxed Out*）一书及同名纪录片做调查，来到曼宁位于罗切斯特科技学院（Rochester Institute of Technology）的办公室做了一次朝圣之旅。尽管施科劳克更幽默些也更超脱一点，但他也在很大程度上接受了曼宁的论点，认为金融行业是让如此多的美国人沦为负债者和清教徒式的伦理观念衰亡的罪魁祸首。

施科劳克斥责花旗银行的沃尔特·瑞斯顿“无视历史”，在同一章节中，他赞赏那些“守旧的老派银行家们，他们的父辈及祖辈曾告诫他们规管是必要的，他们满足于在小城镇经营小银行，在发放个人贷款时非常谨慎”[22]。

事实上，银行家们一直都是反对规管的，除非他们能从规管中获益，这是很自然的事情。毕竟，正是那些小镇银行家们积极推进单一银行立法以保护他们在当地的垄断地位。不幸的是，这一立法使他们无法拥有多样化的资源，当大萧条来袭时，他们中很多人都破产了。说实话，客户们也不喜欢那些拒绝他们梦想的银行家。有哪部电影在展现银行大厅画面时，不把拒绝发放贷款的银行家塑造成苛刻的道学先生？

同曼宁一样，施科劳克赞赏一段不存在的历史。同样也像曼宁一样，他单单

① 意指由于总是按时还款，这些人白白占用银行资金，银行却难以从这些人身上赚取额外的利息。——译者注

挑出金融自由作为应该对美国人有所限制的一种自由，尤其是对美国年轻人。怪异的是，那些主张青少年可以开车、饮酒、同居、选举投票、不用得到父母同意就堕胎的人，看到银行给他们的孩子寄来信用卡申请表时却惊恐万分。

施科劳克所叙述的所有故事都是按清教徒式模板来的，其中一个有关伊丽莎白·沃伦(Elizabeth Warren)——这位哈佛法学院的教授是一个争取破产权利的改革者。90年代末期，她受命研究为何在明显的繁荣期还有这么多美国人破产。她认为原因在于太多的人不负责任地花钱购买了太多不必要的东西。

她的发现令人"震惊"，至少于施科劳克而言是如此。"若要预言某个人是否会宣布破产，最可靠的指标不是其拥有多少张信用卡或其柜子里有多少双鞋子，而在于他们是否是女性。其次是这个女性是否带着孩子。"[23]

传统主义者容易指出其中隐含的问题：妇女，通常带着孩子艰难谋生，没有丈夫和丈夫提供的财务保障。对于社会清教徒来说，带孩子的单身妇女这个现象不是核心问题。问题在于，贪婪的银行用唾手可得的信贷引诱她们，卑鄙的政府官员们又拒绝让她们轻易破产。施科劳克用完全清教徒式的表述方式把这个问题全部推给资本主义制度，是它"运转了很长时间，又已经从束缚中解脱出来，已经变异为一台残酷的高效率的贪婪机器"[24]。

像迈克尔·诺瓦克这样坚守传统的人则反驳说，如果所有机构都能各负其责，民主资本主义就是最好的制度。他问道："如果连自己都控制不住，这样的人又怎么能够控制整个社会呢？"[25]

25. 贪婪的十年

1986年9月15日晚上，所谓"贪婪的十年"充分展现了其电影潜力。场景是房地产开发商杰拉尔德·古特曼(Gerald Guterman)13岁儿子的成人礼①。[1]男孩名叫詹森，和1986年其他美国13岁的孩子一样。这同时也是古特曼为他前妻所生的两个女儿补办的成人礼——1986年的美国，谁不是至少结过一次婚?

这可不是像你祖父那般的简单成人礼。秉承十年来的铺张浪费传统，整个晚上古特曼以将近100万美元的价格租用了"伊丽莎白女王二世"号邮轮和上面的1,000名船员，做了一次46英里"没有目的地"的航行。这个价格还不包括雇用彼得·杜琴(Peter Duchin)的管弦乐队和策划人斯都·费恩斯坦(Stu Feinstein)的费用——费恩斯坦是全美最顶尖的派对策划人之一。事实上，费恩斯坦到现在还把这次活动列为他策划过的十大活动的第一位。

他在自己的网站上是这么注释的："古特曼给我的指示很简单，就是去营造绝无仅有的惊喜和全然的快乐，我动用了来自 Le Clique 总共40多名成员的合奏、200套服装和道具以及所有的艺术想象力。我们的目标就是把这次短途旅

① 犹太教中，少年满13岁开始负有宗教义务，因此满13岁的犹太少年要在教堂行受诫礼(或坚信礼)，或在犹太教堂举行成人仪式。——译者注

程变为一个史诗般的奇幻之旅。我们有个盛大的舞会！”[2]为了达到这个目标，费恩斯坦在这个周末动员了纽约所有的哑剧演员，让纽约全市都中断了哑剧演出。

在正式的庆典上，雇来的犹太拉比颂扬了詹森的父母“在一个拥有一切的家庭里，琳达和格里（杰拉尔德的昵称）仍然向孩子们强调人生的目的”[3]。在这样的氛围中，宾客们难免会好奇究竟什么才是“人生的目的”。关于这点，他们也不太可能从这晚最特别的宾客身上了解到。他故意错过了开场，然后从一架双引擎直升机上降落到船上，身着黑色晚礼服与黑领带，迎来一阵热烈欢呼和掌声。王牌套利人伊凡·布斯基（Ivan Boesky）到了。

“不要再拿我的直升机做这样的惊人之举了，”他的一位朋友事后这样斥责布斯基，“革命就是这么来的。到时候人们都会被关进煤气室。”[4]如果他的朋友知道的后面发生的事情，他或许会更加激愤。邮轮靠岸的第二天，布斯基就向联邦机构承认他在一桩庞大的内幕交易计划中所起的作用

最能诠释出上世纪末美国风貌的就是这个布斯基，尽管他是个犹太人，尽管他很偏执，可他从不惧怕强烈的反犹情绪，更别说煤气室了。和他共同策划阴谋的那些人也是如此，尤其是其中著名的马丁·西格尔（Martin Siegel）、丹尼斯·利文（Dennis Levine）、迈克尔·米尔肯（Michael Milken）。尽管主要参与者及许多次要参与者都是犹太血统，但在非犹太人的想象中，“贪婪的十年”并没有特别的种族内涵。可是在当时，犹太的宗教领袖们却有此担心。著名的拉比戴维·戈迪斯（David Gordis）就担心布斯基及其同伙会唤起人们对犹太人古已有之的成见——“经济的剥削者、寄生虫、奸商”[5]。

1987年4月，在一个伦理道德的高级研讨会上，戈迪斯强调要从这次丑闻

中吸取教训。他恳求众人:“作为一个民族,我们必须更深刻地审视我们在自身传统、体验和价值观方面的中断。犹太历史上的先知、圣人宣扬和教导我们的信条是正义、诚信和社会责任。”[6]颇有影响力的社会主义者迈克尔·哈林顿(Michael Harrington)也参加了1987年的这次研讨会。毫不意外地,他把这次丑闻归咎于“里根当政时期自负和贪婪思潮的膨胀”[7]。相对于戈迪斯的反省,懒惰和有党派偏好的媒体更喜欢哈林顿的观点。

到谷歌搜索一下“贪婪的里根”,会有将近800万的结果,其中许多都很偏激。某一日搜索的结果是这样的:第一条,“贪欲的提供者,里根:他应该被扔到大街上喂狗”。第二条仍很刻薄,“我不得不同意把20世纪80年代定义为贪婪的十年,因为是里根执政,这个××的,××的保守分子……”。这些帖子都毫不留情。

由于那几年人们对贪婪的怒火重炽,国家采取妥善措施避免将其与某一种族相关联。然而,我们的敏感妨碍了我们进行任何有意义的文化解析,既包括对贪婪自身也包括对贪婪的80年代。粗看那十年,抛开对里根的成见,我们可能会认为华尔街变得太犹太化了。但若深入探究,就如戈迪斯那样,我们就会发现华尔街反而不如从前那么犹太化了。

“我要做当代的罗斯柴尔德。”[8]就在垮台的前一年——1985年,布斯基曾这么吹嘘。为此他很是执著,他买下了一家储贷机构,作为自己日后成为罗斯柴尔德式商人银行家的基础。布斯基没搞明白的是,就算19世纪有直升机,罗斯柴尔德家族的人也不会浮华地降落在举行成人礼的邮船上。他们的持续成功源于审慎、自律、传统、家庭和信仰。这些布斯基一样都没有。他对犹太教的兴趣跟他那些投资者差不多。[9]

布斯基生于 1937 年，在底特律郊区安逸地长大，但他绝不是出身于某个犹太大家族。他的父亲是俄国移民，经营连锁的无上装酒吧(topless bar)。在谈及过去的时候，布斯基把这些酒吧称为"熟食店"。[10]高中时代，他的注意力都放在摔跤上。换了几次学校之后，他终于从老城区的蒙福特高中(Mumford High)毕业了，这所学校因为出了《妙探出差》(*Beverly Hills Cop*)中的艾迪·墨菲(Eddie Murphy)而闻名。他进了不太出名的韦恩州立大学，但是没能毕业。然而，他最终从底特律法学院获得了法律学位，这所学校不怎么靠谱，不需要大学毕业证书就能入学。布斯基的突破口来自他的婚姻。妻子希玛·西尔伯斯坦(Seema Silberstein)是位富有的房地产开发商的女儿。这场婚姻和他的无所畏惧、野心勃勃最终成就了他。

从文化上看，这伙阴谋家有很多共同点：都有中等规模的家族生意为基础，都有作为圈外人的不安全感，都漠视曾引导其先辈志向的信仰和传统。作家埃尔利希和拉菲尔德将把他们归入"新家族"①，他们是华尔街上倨傲、充满活力和野心——有时野心太过——的新一代犹太企业家，他们把传统的大家族挤到一边，在蛮横前进过程中超越了原有的 WASP 竞争者。[11]

马丁·西格尔成长于波士顿郊区，父亲对他疏于照料。他的父亲和叔叔一周工作七天竭尽全力维持他们的零售鞋店。但鞋店最后还是倒闭了，这件事情一直在西格尔心中挥之不去。他是个好学生，是家里第一个上大学的人，就读于

---

① 参见 Judith Ramsey 和 EhrlichBarry J. Rehfeld 的著作《新家族——华尔街犹太守护者的变迁》(*The New Crowd*：*The Changing of the Jewish Guard on Wall Street*)。——译者注

伦斯勒理工学院(Rensselaer Polytechnic Institute)。大学毕业之后,他于 1969 年进入哈佛商学院深造,在席卷美国校园的反战运动中被捕。[12]

从研究生院毕业后,西格尔受雇于基德尔和皮博迪公司(Kidder,Peabody),他很快痴迷于短兵相接的兼并和收购,将反战主义抛到了脑后。由于这家 WASP 公司里没人对恶意收购感兴趣,西格尔就把重心放在了这上面,虽然这个生意名声不好。詹姆斯·斯图尔特(James Stuart)在其对这段丑闻做权威描述的《贼巢》(*Den of Thieves*)一书中写道:"许多 WASP 投资银行和律师事务所宁愿把这些业务让给其他的公司去做,其中大多是犹太人的公司。"[13]

西格尔后来与基德尔和皮博迪中的一位 WASP——简·戴·斯图尔特(Jane Day Stuart)结婚,双方都是第二次婚姻,尽管西格尔是个不信教的犹太人,这桩婚事还是被视为公司里的一桩小丑闻。不过这也有助于消磨西格尔"过于外露的野心和有些锋利的棱角"[14]。凭着哈佛的学位和好莱坞明星般的英俊相貌,西格尔很快名声大噪。不幸的是他在半路碰上了布斯基。与政府达成合作协议的那天,西格尔相信,布斯基若是知晓了他和政府合作的事情一定会杀了他。与政府合作让他的刑期缩短为两个月并缓期五年。同样也和政府合作,布斯基的刑期却超过了三年。

丹尼斯·利文 1952 年出生于皇后区附近贝赛德的一个小康家庭,除了拥有病态的野心之外,他的一切都乏善可陈。他的父亲是个"铁皮人",经营铝和塑料护板,把现金和账簿都藏在床底下。在一所城市大学读到四年级时,利文向华尔街每家投资银行都投了求职信但是皆遭冷遇。[15]他确信是因为没有好家世他才注定如此,在此后的生涯中他一直对此感到愤懑不平。

利文就是利用这样的不平情绪招揽了其他人加入到这个计划中来。在花旗公司找了份工作之后，他在公司前台遇上了有教养且自负的哈佛毕业生鲍勃·威尔基斯(Bob Willkis)。“你看，在这充满敌意的WASP环境里，我们都是出色的犹太人。”他告诉威尔基斯，“去它的体制！去它的老板！”[16]通过死缠和恭维，他靠不情愿的威尔基斯交换内幕消息。威尔基斯得到的回报则是入狱一年缓刑五年，失去了他所拥有的一切。利文被判入狱两年并被处以1,100万美元的罚金。

同谋者中最有意思和真正具有创新思想的是迈克尔·米尔肯。米尔肯出生在一个在地理上和情感上都与华尔街相去甚远的地方——恩西诺，位于洛杉矶北部饱受诟病的北圣费尔南多谷。作为一个会计的儿子，米尔肯从孩提时代就开始接触商业活动。20世纪60年代末，当伯克利大学的其他学生都忙于焚烧校园的时候，米尔肯已经在帮着亲戚朋友做投资组合并专攻商业管理了。[17]毕业且结婚之后，他去了费城的沃顿商学院。在沃顿期间，他在费城一家历史悠久的当时叫做德莱克赛尔·哈里曼·雷普利(Drexel Harriman Ripley)的公司找了份暑期工作。毕业之后，因为镀金不够和人脉关系缺乏而没能敲开华尔街的大门，米尔肯还是留在德莱克赛尔公司，并在其华尔街的办事处工作。

不管米尔肯在哪里工作或头衔是什么，他绝对不容小觑。在伯克利的时候，他无意中接触了一项陈旧但仍然有用的研究。研究者得出了一个惊人的结论：一个庞大且充分多样化的低等级债券组合在长期来看会比高等级债券回报更高。[18]米尔肯从伯克利时期就开始验证和改善这种理论。他把大公司发行的投资级债券(即主要公司发行的债券)都留给摩根斯坦利这样的公司。这些债券在他看来同美国国债差不多。相反，他会去交易那些由不稳健的机构——“堕落天使”、新公司及为高杠杆化收购而发行的债券。因为它们的信用等级低，这些机构只能用较高的利率来吸引投资者。而较高的利率就被转化为高收益债券。

在德莱克赛尔期间，米尔肯就开始做组合、交易并赚钱。他的同事们不为所动。“做高等级债券交易的人认为他是个麻风病人。”[19]果不其然，他们的倨傲拖累了德莱克赛尔。尽管获得了来自费尔斯通轮胎和橡胶公司(Firestone Tire and Rubber Company)的资金注入(后来的德莱克赛尔·费尔斯通)，德莱克赛尔还是变得摇摇欲坠。一个叫做塔比·伯恩汉姆(Tubby Burnham)的华尔街骗子看到了机会。作为一个小规模、业务兴旺的“次重量级”经纪公司负责人，他打算通过购买岌岌可危的德莱克赛尔来获得“重量级”公司的地位——这在华尔街很重要。按照华尔街的惯例，德莱克赛尔的名字出现在铭牌的前面位置，这样德莱克赛尔·伯恩汉姆(Drexel Burnham)公司就诞生了。

文化冲突即将开始。德莱克赛尔是个典型的 WASP 公司。而伯恩汉姆却并非如此。上世纪 80 年代初，德莱克赛尔·伯恩汉姆的主席罗伯特·林顿(Robert Linton，或 Robert Lictenstein)否认伯恩汉姆是一家严格意义上的犹太人的公司。他解释说：“公司高层人士从不实践他们的宗教信仰。我是说，我们从不燃蜡烛。”[20]当这个十年的结束的时候，实际情况就会变得一目了然。

塔比·伯恩汉姆直到买下德莱克赛尔·费尔斯通才知道什么是这家公司最重要的资产。不是它的名字、地位或是客户群。公司主要的资产是一个古怪、热忱的戴着假发的 25 岁员工，他工作在自己小小的、神奇的劣等债券的王国里。德莱克赛尔·费尔斯通的总裁告诉伯恩汉姆，米尔肯是德莱克赛尔为数不多的老资格犹太员工之一，如果想要留下他就需要给他特别关照。当伯恩汉姆看到米尔肯赚到的数字时，他知道他应该学着去喜欢这个麻风病人。

利文一察觉到德莱克赛尔·伯恩汉姆公司文化中的投机风向，马上就把目光投向了这家公司。受雇之后，他立刻着手招募可能的同谋，其中就有一个叫做伊兰·赖克(Ilan Reich)的年轻律师。来自布鲁克林的小伙子赖克曾经就读于犹太专门学校，在那里他每日花半天的时间研究宗教。斯图尔特解释说，他在上哥伦比亚大学期间"与家里人越来越疏远，抛弃了他们正统的犹太价值观，但又找不到用什么来替代"[21]。当像赖克那样的人迷失方向的时候，利文适时地对他进行指引，米尔肯用新近发现的信仰填补了他宗教生活上的空白。这个信仰带着当代历史上最不吉利的品牌进入市场，它的名称是"垃圾债券"(junk bonds)。

"他只对挖掘事实感兴趣"，一位德莱克赛尔的雇员这样回忆米尔肯，"迈克尔如果没有进证券行业的话，他会成为一个牧师。"[22]在熟悉他的人中这是一个经常出现的话题。"他就像一个弥赛亚，在宣扬福音。"一个垃圾债券的买家回忆说。"他对目标具有绝对的专一性，"[23]传记作家康妮·布鲁克(Connie Bruck)用适于描述中世纪僧侣的措辞来形容米尔肯，"抛却了一切个人欲念，彻底献身于他的使命。"[24]

米尔肯几乎从不停止工作——一周七天，每天 12 小时、16 小时、20 小时。后来他在美国证券交易委员会(Securities and Exchange Commission，SEC)提供证词时这么描述他的工作日："我经常在早晨 4 点半至 5 点间进办公室，大约 10 点 45 分到 11 点 15 分之间他们会把食物放在我的桌子上，我会在随便什么地方五分钟内就吃完。"[25]在把整个垃圾债券的操作都搬回洛杉矶之后，已经是相当富有的米尔肯没在比佛利山或贝莱尔买房子，他买在了恩西诺。他那辆老旧的黄色奔驰车在被卖掉前足足开了 8 万英里。工作上他也是个公平主义者，他没有自己的办公室，对奢侈品也没什么感觉。米尔肯不是贪婪的范本。

某种程度上说，米尔肯的行为有其真正的价值。他很快发现德莱克赛尔可以代表评级差的公司公开发售并承销高回报的债券，然后再直接向公众销售。垃圾债券不仅可以用来交易。在他的手里，它们是非常有用的筹资工具。这些资本可以让垂死的公司重新焕发生机，让新公司充满活力。米尔肯还想到了个好点子，为小投资者提供分散化的高收益债券投资组合——换句话说，就是垃圾债券共同基金。

通过强有力的推销手段(在寻求投资者时他偶尔也会和抵押贷款交易人刘易斯・拉涅利碰上)，这位恩西诺人成为这个星球上最有权势的债务操纵者和推销员。当米尔肯和他的投资者买了一家公司的债券时，他改变了债券持有人传统的被动角色。“你们在为我工作，”他这么对一位 CEO 说，“你在你的公司里拥有很多股份，但是你们公司欠我的钱。除非你的债券有价值，否则你的股份还不如登记它们的纸张值钱。”[26]

随着他权势的增长，他的自负也在增长。作为一个完美主义者，他像要求自己那样要求他的员工，他支付给他们高得惊人的薪水，他们也就得容忍他的尖叫和辱骂。“这是一艘奴隶运输船，”一位德莱克赛尔的投资银行家说，“是标价很高的奴役。”[27]这不单单是薪水的问题。员工都敬畏米尔肯。“这位拥有超能力、救世主一样的领袖，”布鲁克这样说，“他手下的很多人都视他为超凡的神。”[28]米尔肯的洛杉矶分部与德莱克赛尔公司已经主次颠倒，它变成了垃圾债券的先行者。“所有这些都归功于一个人，”部门中的一员这样说道，“我们都是可有可无的。迈克尔剥夺了我们的自尊。”[29]看来应该在他的加利福尼亚出身之外再加上一条：米尔肯是首位把投资银行变为狂热的异教团体的金融家。

随着80年代的继续，米尔肯开始利用垃圾债券来为恶意收购和杠杆性收购融资。他认为这才是真正的权力和金钱所在。他是如此地热衷于用垃圾债券为收购融资，如此地漠视公众舆论，以至于他开始称他的高收益债券年会为“掠食者的舞会”——金融史上第二糟糕的品牌名称。

即使到了这样的程度，米尔肯也不是非垮台不可的。真正毁灭他的是对于信息的渴望。他对他的员工来说或许是上帝，但是他并不是无所不知。对于收购生意来说，信息就是一切。像布斯基这样的套利者——就是那些专门预判收购的人——就会想尽一切办法去获取信息。想想《华尔街》那部电影和由迈克尔·道格拉斯塑造的角色戈登·盖柯，据说其原型就是布斯基。一个套利者应该知道什么和不应该知道什么之间的界线很容易被越过。布斯基就和米尔肯、利文以及西格尔一同经常越界。“这是一个高技术性的行业，”布斯基曾这么向他的同事解释，“它有它的灰色地带。”[30]

鲁迪·朱利安尼(Rudy Giuliani)可不这么认为。作为当时纽约南区的检察长，斯图尔特这么写道，他有着“一种天主教式的，甚至是耶稣会的世界观，其特点是是非、敌友界线分明”[31]。反欺诈部门的负责人查尔斯·卡伯里(Charles Carberry)和朱利安尼一样，接受的也是天主教教育，和他有着相同世界观，与他们合作的SEC成员也是如此。他们也远比布斯基和米尔肯猜想的有才干。斯图尔特写道，利文的被捕“表明证券执法制度相当完善，而以往人们都不相信还有这些制度存在"[32]。被里根政府委派的执法人员也用实际行动驳斥了政府对证券欺诈睁一只眼闭一只眼的观点。

这伙阴谋策划者没有一个是硬汉。"华尔街那帮人作为犯罪分子来说并不顽抗,"卡伯里总结说,"他们太看重社会声誉了。"[33]在日趋世俗化的环境下,正如乔治·吉尔德曾形容过的,当文化中"严格的道德约束"被弃之一旁时,犹太人"对建功立业的渴望"却始终得以坚持。[34]不管怎么说,这群阴谋家只是脱离了遵纪守法、谦恭有礼和信守传统的主流生活的这么一代人。当最后被绳之以法的时候,米尔肯"发出令人毛骨悚然的尖叫"[35],赖克"开始呜咽"[36],西格尔"双手抱着头开始抽泣"[37]。贪婪的十年就这样结束:没有伴着一声巨响,而是带着几声呜咽。

虽然只持续了十年,但贪婪本身却是永恒和普遍的。早在2,300多年前亚里士多德就指出,"人类的贪欲是没有止境的"[38],这么多年过去了,事实依然如此。现在回过头来看,说20世纪80年代格外贪婪,不过是反里根政府的恶意宣传而已。

对于伯尼·麦道夫(Bernie Madoff)——这个因诈骗成千上万个投资者数十亿美元而正在服150年徒刑的人来说,他用了50年时间来编织他那张令人胆寒的诈骗之网,20世纪80年代只不过是其中的第三个十年。实际上,他在20世纪80年代可能还不比在20世纪90年代和21世纪第一个十年贪婪,他的"庞氏骗局"到了后二十年才全面展开。与米尔肯用天赋彻底改变华尔街不同,麦道夫没有任何建设性的成就,他只是窃取了他人的钱财来自己花而已。

麦道夫的生平和布斯基很类似。他的祖父是来自东欧的移民,他的父亲拉尔夫从前是个管道工出身的勤奋的经纪人，麦道夫就读于皇后区的公立学校，几经辗转，最后毕业于长岛附近面向下层社会开办的霍福斯特拉大学(Hofstra University)，后来又从布鲁克林法学院辍学，通过安装洒水器存够了钱之后成立了一家简陋的经纪公司，并大言不惭地取名为伯纳德・麦道夫投资证券公司(Bernard L. Madoff Investment Securities)。和布斯基一样，他也靠婚姻改变了命运。他的岳父交游甚广，可能为他提供了启动资金，而且肯定为他招揽了很多投资者。[39]

尽管没有宗教倾向——麦道夫自称"爱吃熏鲑鱼百吉饼的犹太人"[40]，他仍利用民族之便来诱骗顾客。事实证明他尤其善于利用犹太同胞对于史上闻名的经商智慧的自豪感。《名利场》杂志的作者马克・希尔(Mark Seal)对麦道夫做了一些绝佳的报道，一个内部人士曾告诉他："这绝非是某个挨家兜售真空吸尘器的巧舌如簧的推销员骗了一群寡妇和孤儿之类的事件，他找的都是有钱人。这些真正的有钱人都很自大，他们可不愿意被人当成傻瓜。"[41]

举个例子，在这些顾客中，麦道夫的老朋友、纽约大都会棒球队的老板弗雷德・威尔彭(Fred Wilpon)就给他投了几亿美金。数年来，威尔彭一直吹嘘他和麦道夫的关系。"他一定觉得自己是个十足的傻瓜。"一位华尔街的观察家谈及威尔彭时如此说道，"他的确是个好人，体面可敬，但是他总是喜欢吹嘘自己做的交易比别人强。"[42]

如果说麦道夫的经营模式纯粹是庞齐式的，那么他的经营风格则更像高盛。他进最好的圈子，为适当的理由捐赠，只支付 10%～12% 的年息，而不是像庞齐那样给出惊人的回报。但是麦道夫支付的利率年复一年始终不变，不论好年景还是坏年景。这样稳定的高收益吸引了投资者。当然不少人是由于势利才被吸引过来。能跟不可一世的伯纳德在一起就好比周六的晚上能在 Le Cirque 订上位子一样。他可从不带人去那里。

麦道夫王国的起点在棕榈滩,确切地说是棕榈滩乡村俱乐部。这个犹太人占绝大多数的俱乐部接纳会员不是看他们有多少钱——35 万美金的入会费首先就把一般人都给筛掉了,而是看他们捐出去多少钱。这可不像申请房屋贷款,这里不允许自己呈报。慈善记录将被审阅和评估。在这个资产证券化的时代,俱乐部负责人证明了,即便是善举也能被打包和商品化。

著名的慈善家卡尔·夏皮罗(Karl Shapiro),相当于麦道夫父亲的角色,为麦道夫打开了棕榈滩的金色大门。夏皮罗的女婿罗伯特·杰夫(Robert Jaffe)就是看门人。俱乐部 300 名成员中的 1/3 将落入圈套。直到麦道夫被捕的那天,夏皮罗和杰夫还对他们一手造成的噩梦一无所知。90 多岁的夏皮罗在得知麦道夫的骗局后说道:“这就像一把匕首插入心脏。”[43]

2008 年 12 月,当麦道夫被捕的时候,这一诈骗案对人们情感的冲击如海啸般席卷了棕榈滩,并把冲击波推向了全世界。成千上万的人给麦道夫投了差不多 500 亿美元——很多人是不知不觉中通过支线基金投进去的,但他们惊恐地发现一切都没了。随金钱而去的是信心、自豪感及个人和群体的优越感。“希特勒没完成的,他做到了!”[44]一个过于激动的棕榈滩犹太社区的老太太这样告诉希尔。

和 20 世纪 80 年代的丑闻不同,麦道夫事件有着明显的犹太特征,各地的犹太人尤其是棕榈滩的居民都为此脸红。“反犹者欣喜若狂。”[45]一个棕榈滩的居民哀叹道。她说的不是帕迪尤卡市的光头党，而是棕榈滩的 WASP。更能准确描述这种反应的一个词应该是“幸灾乐祸”——看见别人受苦却恶意地感到高兴。不是非得成为反犹分子才会这样。一个多世纪前，当庞齐被捕后，《纽约时报》马上就承认社会“缺乏对被掠夺者的同情”。《时代周刊》的社论认为，这些受害者“显露出的只有贪婪——渴望不劳而获”[46]。

如果媒体对麦道夫案的受害者更为同情一点的话，就应该让他们明白投资者本该有充分的理由起疑心。这样的回报未免太稳定、太高了吧。早在 2001 年 5 月，《巴伦周刊》(*Barron's*)的记者埃琳·阿维德兰(Erin Arvedlund)就曾把这则新闻分享给华尔街。“即使是崇拜他的投资者也无法解释这么稳定的收益。”[47]她在一篇标题为“别问，别说：伯纳德·麦道夫如此秘而不宣，他甚至让投资者们保持沉默”(“Don't Ask, Don't Tell: Bernie Madoff Is So Secretive, He Even Asks Investors to Keep Mum”)的文章中这样写道。阿维德兰注意到在当时的报道中，一群做对冲基金的专业人士人就质疑为何没人能像麦道夫一样。她引述一位从麦道夫那里撤出资金的投资经理的话：“他不能解释在既定的月份中涨落是如何发生的。”[48]

2001 年，当一位叫做劳拉·高德曼(Laura Goldman)的经纪人兼及分析师把这篇文章和其他资料寄给棕榈滩乡村俱乐部的时候，她得到的回应极其冷淡。“噢，他们太卑鄙了！卑鄙！”高德曼告诉希尔，“他们说这些文章都是因为嫉妒伯纳德。这是在歧视犹太人。他们称我为反犹分子。可我本人不仅是犹太人，而且还住在以色列！”[49]

麦道夫最严厉的批评者、独立欺诈调查员哈里·马科波洛斯(Harry Markopolos)和高德曼一样没能成功地提醒公众。马科波洛斯早在2000年就警告过证券交易委员会,还在2005年向管理当局递交了一份长达19页、标题为"世界上最大的对冲基金就是诈骗"(The World's Largest Hedge Fund Is a Fraud)的备忘录。[50]证交会没有耐心也没有能力来应对马科波洛斯,正如高德曼证明的那样,麦道夫的投资者们根本不愿意去了解。

当他们发现麦道夫的真相时,很多投资者的反应同次贷借款人得知其抵押贷款的可调节利率被调高了一样,天真得近乎无耻。其中一位向马克·希尔发泄怒火:"我也想要GM、AIG和美国银行的待遇!"另一位则说:"我等不了那么多年!我想让大家都知道证交会至少这十年来完全没有尽到责任——如果不是更久的话。有人警告过他们,但是他们却没有制止这个恶魔。"[51]

洛杉矶的犹太拉比马克·波洛维茨(Mark Borovitz),他本人就是一个洗心革面的诈骗高手,理解犹太人的自豪感如何满足了麦道夫的野心。"不论拉丁人、黑人、犹太人还是基督徒,每个人都愿意相信自己人。伯纳德获取了我们的信任并糟蹋了它,"波洛维茨这么说道,"他利用了我们的每一个弱点,因为他清楚我们的弱点所在。"[52]

26. 纯真年代

2006 年 1 月 31 日，艾伦·格林斯潘(Alan Greenspan)在他 18 年的美联储主席生涯中最后一次提高了利率。这是自 2004 年 6 月以来连续第 14 次通过提高利率来紧缩流通，当时联邦基金利率停留在令人难以置信的 1% 的低水平上。然而，对于调高利率而言，全世界更关注其幕后操纵者的言行。伦敦的《独立报》(*The Independent*)的标题总结了国际上对于他职业生涯的看法——“格林斯潘在其声誉到达巅峰时卸任美联储主席”[1]。

远在另一个大洲，加利福尼亚州的卡拉巴萨斯，利率还将再次上调的消息使得安吉罗·莫兹罗(Angelo Mozilo)黝黑的脸有点失色。如今 4.5% 的联邦基金利率意味着 7.5% 的最低银行贷款利率以及消费者贷款空间的进一步收缩。尽管如此，他的公司股价超过 40 美元并拥有将近 20% 的市场份额，是全国最大的抵押贷款公司，作为国家金融服务公司(Countrywide Financial)的总裁和 CEO，他拥有的声望就算不及格林斯潘，也相差不远了。

莫兹罗和格林斯潘成长的地方相去几英里，格林斯潘在曼哈顿的北部边缘，莫兹罗在布朗克斯。格林斯潘大约三岁的时候，父母离异。他随母亲一起生活，其母是一家家具店的销售人员。[2]莫兹罗从十岁开始就在父亲的肉店打工。[3]格林斯潘比亨利·基辛格晚三年从乔治·华盛顿高中毕业,之后他上了纽约大学,每日搭乘 A 线火车上学。莫兹罗也是在他所在地区上的大学,他毕业于福德汉姆大学(Fordham University),离他在布朗克斯的家不远。

格林斯潘是犹太人;莫兹罗拥有意大利血统,事实上,他的屠户父亲是个移民。由这两个纽约人在刺激美国经济过程中扮演关键角色似乎很合适。犹太人和意大利人承担了多数——即便不是绝大多数的话——的信贷革新。美第奇家族构想出了国际投资银行体系,罗斯柴尔德家族完善了它。所罗门兄弟公司首先把抵押贷款证券化。拉涅利为所罗门公司引领了这个过程,并使之与众不同。庞齐用他的名字命名了金字塔骗局。麦道夫在庞氏骗局下也签上了自己的名字。摩西在犹太人的帮助下首创高利贷禁令。意大利的教皇们执行了这一律法。

格林斯潘和莫兹罗或许并不知晓信贷的文化史,但是自从利率最后一次低至 1%以来的 50 多年间,他们目睹了历史的演进。不过在这个过程中,他们周围的文化也在逐渐发生变化。虽然从媒体的报道来看情况并不明晰,但是在这些变化中,相对于“放贷人”形式的变化——从社区银行到债券交易商再到放高利贷者,消费者行为尤其是其中的挥霍者行为的变化更为显著。

华尔街的文化也在变——某些方面变得更好了。一个人的家世背景仍旧起作用,但是已经不如以前那么重要。相比几十年前,种族因素的影响更小而个人业绩所起的作用更大。“数量分析专家”(Quants)——那些精于数理计算的人成为实力派人士。精明的交易商比以往都更具有价值。底层出身的有能力的人仍旧有机会进入交易部门。在小说《虚荣之火》——标题取材于萨沃纳罗拉火烧美第奇宫①——中，作者汤姆·沃尔夫(Tom Wolfe)通过王牌证券交易员谢尔曼·麦考伊(Sherman McCoy)的视角捕捉到了当代华尔街的精髓：

> 他认为自己是新时代和新种族的一部分，是华尔街的平等主义者，是这个只重个人表现的宇宙的主宰。华尔街不再是出身于新教良好家庭者的天下。这里有很多有影响的犹太投资银行家。洛普维茨(Lopwitz)本人就是犹太人。还有相当多的爱尔兰人、希腊人和斯拉夫人。至于80个人的债券部却没有一个黑人或女性，他没觉得有什么不妥。为什么非得有呢？洛普维茨也没觉得不妥，他认为皮尔斯—皮尔斯公司的证券交易室没有位置放个摆设。[4]

也有变得不好的地方，主要的投资银行大都从合伙制转变为公司制，这在导致华尔街民主化的同时，也削弱了雇员对企业的长期忠诚并让经理人们远离失败所产生的后果。至于职业道德，内部控制在上个世纪末受到了一些侵蚀，但是外部控制得到强化，这在很大程度上弥补了内部控制的缺失。

然而，华尔街的公司文化使有关“数量分析专家”的一个问题凸现出来。如果不能得到特别充裕的空间和金钱，这些“年轻的教授们”就会随心所欲地去其他公司为其赚取高额利润。最为典型的情形是，CEO并不太清楚这些家伙在做些什么，也不愿意去仔细探查。就如迈克尔·刘易斯(Michael Lewis)所形容的，

---

① 小说标题所取材的真实历史事件，参见本书第六章。该书已有中文译本，译名为《名利场大火》，河南人民出版社1992年2月出版。——译者注

他是“自己最精明雇员们的人质”[5]。

在格林斯潘和莫兹罗的孩提时代，有组织的反信贷宗教活动已经很少，即便还有，也已衰落不堪。取而代之浮出水面的，是对道德上一贯遭受嫌恶的信贷提供者模糊的敌视。同时，普通的美国人还保留着狄更斯时代对于“成功的恶棍”的那种私底下的感受——看看好莱坞制作了多少关于骗子的轻松愉快的电影？不过麦道夫和布斯基事件却证明了，如果公众的利益受到了威胁，他们会立刻对这些精明的交易商展开攻击。

至于消费者，他们实际上变得更依赖于信贷了。比如，在 1980—2000 年间，未偿付的消费者债务从 3.55 亿美元上升至 15.6 亿美元。但是这个原始数据有误导作用。超过 80% 的负债是和房屋抵押贷款联系在一起的。随着房屋价格的攀升，抵押贷款增加，债务因此也上升。然而对于债务的态度却鲜有改观。从“五月花”号到达美国起，美国人就一直与之抗争。如果说某些人像托马斯·杰斐逊一般屈服于引诱的话，大多数美国人仍然如本杰明·富兰克林所恳求的那样在抵御诱惑，即使他们面对的是麦迪逊大街这样的诱惑。仍然有至少 40% 的美国信用卡使用者无视信用卡行业诱惑性诡计的蛊惑，拒绝了它的谄媚而每月足额支付他们的信用卡账单。

如果说过去 50 年间在相关的群体中确有某个重要文化变迁的话，那一定是在挥霍者当中发生的。从亚里士多德时代起，他们“为了花钱而索取”的冲动就不曾改变过。发生改变的，是社会乐意在他们想“不顾一切地从任何渠道索取”时促成他们这么做。其中的一个原因就是挥霍者群体实际上已经成长为一个关键性的团体，有点像一个选民集团。

1950年的人口普查显示,89%的住户(household)由家庭(family)构成。到了2000年,这个数字下降为68%。但是这还不能完全说明问题。"家庭"的数字中包括单亲住户,单亲住户是家庭里增长最快的群体,其占所有家庭总数的比重从1970年的10%上升至2000年的16%,同一时期,"传统"意义上的家庭经受了最大的打击。到20世纪末,拥有孩子的已婚夫妇只占所有住户的24%,而30年前这一数字是40%。[6]

主要媒体对新家庭发展趋势的热捧也加速了这一转变。一则又一则貌似客观的新闻报道暗中认可"美国人家庭观念的稳定、深远的变化"[7]。不幸的是,所有《人物》(*People*)杂志关于麦当娜或朱迪·福斯特的报道并不能帮助普通的单身母亲来支付她们的抵押贷款。这不是说非传统意义的家庭天生就是挥霍者,而是说媒体和政府的压力促使她们拥有自己房屋从而导致很多人沦落至此。

尽管经济持续繁荣,尽管公寓市场不断发展,但这些文化上的趋势共同压制了住房拥有率。1993年克林顿就职时这一拥有率比1969年尼克松就职时还要低。然而无论政局如何变化,每个人都承认美国人都该命中注定地拥有自己的房子。事实上,自胡佛以来的历任总统都尽其所能来提升住房拥有率。

但是这个数字还是停滞不前。双亲家庭的减少否定了经济的增长。怎么会不呢?1993年,由离婚妇女支撑的住户平均收入只有已婚配偶家庭的40%;而未婚妇女的收入则只有已婚配偶家庭的20%。这些数据意味着,很多这样的妇女供不起自己的房子。女性支撑的住户的住房拥有率勉强超过50%。而已婚配偶家庭的住房拥有率持续稳定在80%的范围内。由于黑人在单亲家庭中占了较高的比例(到1993年,57%的黑人儿童是在单亲家庭中长大的,而这一数字在白人儿童中只有21%)，因此白人的住房拥有率超过黑人。在20世纪90年代初，双方的差距至少为25个百分点，白人大约在70%而黑人只有40%多一点。[8]

然而，乐于发表评论的知识分子阶层不愿意承认家庭破裂现象是个问题，更不用说用它来解释住房拥有率的不同了。他们喜欢把所有不愉快的问题都归罪于老一套的种族歧视。这样他们就可以随意地把责任推到那些不那么开明的美国人身上，尤其是商业阶层。他们抛开一切反面证据，却在1991年美联储的研究报告中找到了他们想要寻找的东西。根据这份研究报告，只有61%的黑人在申请政府支持的房屋贷款中得到批准，而白人的比例则是77%。[9]找的就是这个！

该项研究也承认缺乏“申请者信用状况”和“是否有足够抵押物”[10]方面的信息，但对媒体而言这些制约因素都不过是吹毛求疵。它们更希望相信世纪末的美国放贷者愿意牺牲自己的利润来压制黑人，为此他们打算抛开事实。

“申请抵押贷款被拒，问题可能不在于你赚多少钱而在于你长什么样子。”[11]《今日美国》的一篇社论这样开头。《华尔街日报》的一篇头版报道则是这样开头的：“到了买房的时候，美国人就不是生而平等了。”[12]《华尔街日报》和《纽约时报》都只专注于负面因素，而且大方地使用“两倍”一词，他们在构思报道时所选取的角度，是黑人申请住房贷款被银行拒绝的可能性大概是白人的“两倍”。相比“大多数的黑人申请者都获得了住房贷款”和“在住房贷款被拒的人中白人比率比亚裔美国人还高”，这个角度更吸引人眼球。

为了让种族歧视的说法行得通，媒体不得不忽视另一组重要的数字，就是违约率。2004 年住房和城市发展部(the Department of Housing and Urban Development)对联邦住房管理局 1992 年发放的贷款做了一次综合研究。样本规模很大,将近 25 万笔贷款。鉴于联邦住房管理局只对中、低收入人群的中等数额的贷款做担保,不同种族间的比较是基于可比房地产类型进行的。这项研究的一个结果显示,在经历了 1992—1999 年七年的经济繁荣期后,黑人的贷款违约率是白人的两倍多,而拉美裔的违约率则是白人的三倍——后者已经达到了令人担忧的 13%左右。如果对少数族裔的贷款条件更严格的话,他们的违约率本应该比白人更低而非更高。[13]

另外一项针对 1991—1996 年时段的深入研究所得出的结论是,离婚女性"违约的可能性显著高于离婚男性和已婚家庭"[14]。到这个时期末,离婚女性的违约率达到 1991 年时的两倍多。家庭的破裂也引发了破产的激增。任何党派主管住房的官员都应当了解这点。但是他们简单地选择了不公开这些信息,媒体们也选择不去索取这些信息。

与此同时,在美联储,格林斯潘作为艾茵·兰德(Ayn Rand)①这个超级自由论者的朋友和卫士,已经逐渐适应了自己作为联储主席这个国家经济主要调控者的角色,这个角色颇具讽刺意味,因为兰德认为对经济最好不加以管制。格林斯潘在这个过程中也遭受过打击。1987 年 10 月,就职仅三个月格林斯潘就遭遇了某些管理者一生才会经受一次的震荡,道琼斯指数狂泻 508 点。不论是绝

① 20 世纪著名的俄裔美国大众哲学家、作家,曾在六、七十年代的美国红极一时。她的哲学理论和小说开创了客观主义哲学运动,强调个人主义的概念、理性的利己主义("理性的私利"),以及彻底自由放任的资本主义。——译者注

对数还是百分比,这都是这个市场有史以来的单日最大跌幅。

"黑色星期一"的出现在很大程度上是因为华尔街的天才们创造的一系列通常称之为"投资组合保险"(portfolio insurance)的新产品。这种保险可以有很多形式,但是绝大多数都包含衍生工具和依靠计算机进行的投资组合数学。[15]至少理论上来说,像养老基金和共同基金这样的机构买家可以通过基于计算机的对冲策略来抵消潜在的损失。这种策略通常是构建在这样一种方式上,当投资组合的价格开始下跌时,电脑程序会触发更多的期货交易来抵消价格的下降。

在只有一部分交易者使用这种系统时,系统运行得很好,但是当每个人都把决策交给大致一样的程序时,电脑就掌管了整个交易席。在经过前一周最后几个焦虑的日子之后,电脑在 10 月 19 日这个星期一开始了疯狂抛售,直到损失了 23%的市值后才停止。

第二天早晨 8 点 04 分,格林斯潘只用了一句话来回应这次市场崩盘:"联邦储备委员会根据其国家中央银行的责任,今天重申,它时刻准备着来支撑经济和金融系统。"[16]这种简练与其说是智慧的体现不如说是不确定性的体现。格林斯潘也不知道还能做些什么,市场仿佛也觉察到了这点,因而继续下跌。到了下午 1 点,一些身份不明的投资者开始买回股票,市场开始形成有史以来最大的联盟。"一些人或者公司可能联手操纵了市场,"罗伯特・伍德沃德(Robert Woodward)在他写的格林斯潘传记《艺术大师》(*Mastro*)中指出,"技术上这是一次策划,很可能是违法的。"[17]如果是这样,没人想深究。本着 J. P. 摩根的精神,这个小集团很可能拯救整个经济。

正如人们所说,"成功的原因有千万种",随着资本市场秩序的恢复,格林斯潘以主教的姿态出现了。“黑色星期一”留给他的感觉仍然如同电影《2001：太空奥德赛》（*2001：A Space Odyssey*）中的戴夫得知是哈尔在驾驶飞船一样不知所措。“我知道我最近做了些很糟糕的决定，但是我完全可以向你保证我的工作将重新回到正常状态。”哈尔在杀了副驾驶之后告诉戴夫，“我对这次行动仍然抱着最大的热情和信心。我想帮助你。”[18]当数量分析专家们在 10 月 19 日之后对华尔街说着大致相似的话时，他们的老板除了听之任之外几乎别无选择。

格林斯潘尽管名义上是共和党人，他仍抛开政府的压力采取了一系列调高利率的举措，此举引发了一场轻微的经济衰退，并导致乔治・W. 布什在 1992 年的再次选举中失利。1993 年比尔・克林顿刚上任的时候，就有人提醒他要警惕格林斯潘这个人。“看看他对布什都干了什么，”他的顾问们这样告诉他，“他也会这么对你。”[19]他的首席经济顾问、高盛前联合主席罗伯特・鲁宾（Robert Rubin）可不是傻瓜。他劝告克林顿，如果他关注经济的话，控制长期利率至关重要。“你是想告诉我计划的成败和我的连任选举都得依靠联邦储备委员会和一伙该死的证券交易商吗？”[20]克林顿这么问道。答案是肯定的。格林斯潘掌管着全局，到了 20 世纪 90 年代末媒体像对待摇滚巨星一般对待他。

毕竟证券交易商们每人只有一张选票，克林顿知道若要克服困难再次当选，他必须赢得自己的自由派阵营。早在 1993 年，针对有些抵押贷款银行对少数族裔的拒绝率高于对白人的拒绝率，住房和城市发展部就已经开始采取法律行动对其进行制裁。1995 年，克林顿政府强制执行吉米・卡特（Jimmy Carter）的 1977 年《社区再投资法案》（Community Reinvestment Act，CRA），此法案仅仅是“鼓励”金融机构“帮助满足当地社区的信贷需求”[21]。在克林顿的任期内，管理者的态度从鼓励变成了强制。

这些管理者得到了 ACORN——这是“当前社区变革协会”(Association of Community Organizations for Reform Now)的缩写——这种街头流氓档次机构的战略性支持。作为福利权运动的一个产物,ACORN 成立于 1970 年。20 世纪 90 年代,这个惹是生非的左翼辛迪加组织把注意力转向了住房问题,事实证明他们以某种不正当的方式显示出非凡的效率。

早在克林顿当选之前,ACORN 就开始游说,要求加强 CRA。1991 年其工作人员占领众议院银行委员会(House Banking Committee)听证室长达两天,以此推出他们新的工作重点。历史上,银行一直不情愿为可能无法还款的人提供住房贷款,于是 ACORN 打算为难银行家们,要他们克服这种不情愿。ACORN 的住房总裁(Michael Shea)告诉《纽约时报》:“如果不是来自社区的压力和这项法案的要求,没几家银行肯做这种贷款。”[22]

有同情心的媒体把 ACORN 浪漫化了,将原本只属于银行家的麻烦变成了公关噩梦。《纽约时报》充满赞许地报道说:“全国最大的银行都来到谈判桌前,只为平息反对意见,这些意见可能破坏或延误兼并活动,使其付出高昂代价。”[23]《纽约时报》援引一位联邦监管者的言论,他似乎同样不在意 ACORN 温和的施压方式:“ACORN 是街头恶棍,他们折磨着银行家们。但是也让银行贷出了数百万美元,这钱银行本来是不会贷出去的。”[24] 随着 CRA 威力渐显,ACORN 就变疯狂了。CRA 的执行者们不断为难银行,一家银行只有“符合 CRA”,才能获准开设新的分行或者到新州扩展业务。ACORN 还游说不情愿的房利美购买 ACORN 迫使银行放出的贷款。

为了让 ACORN 的任务更容易实现,克林顿政府要求银行量化它们对中低收入人群(LMI)发放贷款的进程。政府鼓励银行使用“创新的或灵活的”放款方式来提高 LMI 贷款数量。同时,已经于 1992 年由国会批准掌管房利美和房地美的住房和城市发展部开始向这两家机构施压,要求它们为让人们买得起住房而提供数字化目标,即使这将意味着购买次级抵押贷款。安吉罗·莫兹罗的国家金融服务公司乐于伸出援手。1999 年 7 月,公司宣布了一项与房利美的战略合作协议,承诺分拨“相当数量的国家金融服务公司的合格产品给房利美”[25]。

1999 年 9 月,《纽约时报》的一篇文章提供了一个实用的窗口,展现放贷行业被迫承受的压力。文章对房地美当时的表现大加赞赏,认为其激励了银行向信用“达不到传统贷款标准”的人群提供抵押贷款。[26]文章给人一个怪异的感觉,好像银行是在乞求房地美的激励措施。《纽约时报》告诉我们,银行“恳求房利美帮助他们为所谓的次级借款人(subprime borrower)提供更多贷款”[27]。实际上,银行是迫于华盛顿的压力才这么做的。

因为被枪顶着脑袋,银行被迫放出不审慎的贷款,他们于是求助于房利美和房地美以便化解风险。20 世纪 90 年代以前,房利美和房地美有着完全严格的贷款标准,所以基本不用担心违约的问题。后来情况变了。1999 年,新任命的 CEO 富兰克林·D. 雷恩斯(Franklin Delano Raines)对外吹嘘房利美所做的改革和那些即将实施的改革。他告诉《时代周刊》,房利美降低了房屋首付要求并且正准备把信用贷款扩大到那些比传统标准“低一档”[28]的借款者。这“一档”的意思就是“次级”(subprime)。

在近期媒体的发展史中,几乎没有哪个词比“次级”更难以理解。通常,记者们都是将其作为一个形容词来描述某种贷款，然而更准确的用法是形容某一类借款人的。看看这个词的诞生过程吧：1956年，工程师比尔·费尔（Bill Fair）和数学家厄尔·艾萨克（Earl Isaac）创设了一家费尔艾萨克公司（Fair Isaac Corporation），公司的业务是衡量信用风险。他们设计出了一个叫做FICO的模型，这个模型如今是全世界使用最广泛的信用评分系统。[29]这个系统基于一个明显的前提，即判断一个潜在借款人还贷能力的最佳办法就是评估他过去的还贷情况。FICO分数介于650～850的借款人将被放贷人视为信用合格。那些分数低于650的则被评为次级。至少从历史记录看，放贷人寻求的是信用等级高的借款者。而次级借款人则要去求放贷人。作为贷款申请者，次级借款人谋求优惠利率的能力很有限。

鉴于风险较高及议价能力有限，次级借款人若要获得贷款通常需要支付较高的利率。亚当·迈克尔森（Adam Michaelson）在其解析国家金融服务公司瓦解的著作《美国抵押贷款危机》（*The Forclosure of America*）①中表明了他独到的看法，较高的利率并不代表“邪恶的阴谋”。作为国家金融服务公司的一位前经理，迈克尔森说：“如果公司因发放次级贷款而承受的额外风险得不到额外的补偿，市场就会停止对这些信用等级不佳的人提供贷款。”[30]ACORN两面都想利用，它和它的追随者们把向次级借款人索取较高利率指责为“掠夺性贷款”。

对投资者而言，高利率意味着高收益。1997年10月，黑色星期一过去近10年之后，贝尔斯登（Bear Stearns）和第一联盟资本市场（First Union Capital Mar-

① 该书亦有中文译本，名为《美利坚之痛：美国抵押贷款危机以及“美国梦”的破灭》，华夏出版社，2009年8月出版。——译者注

kets)这两家投资银行认购了总额3.85亿美元的首批证券化的次级贷款。这个由房地美核准的3A级贷款,至少看起来能保证这些证券能得到偿付。表示赞许的媒体发表声明,称这次证券发行解决了所有泡沫时代的敏感问题:这些“负担得起的”和“灵活的”抵押贷款在“以往没有能服务到位的市场”为“中低收入家庭”[31]提供了获得信用贷款的可能。

事实证明这些证券广受欢迎。在低利率的大环境下,它们承诺7.5%的收益,如果这还不够的话,它们还提供了一个看似以社会善举去清洗华尔街铜臭的机会。迈克尔·刘易斯作为一个失败了的对冲基金经理在这里以挖苦的口吻写道:“当我购买这些次贷投资组合时,我就想,这有点像用我自己的方式,把钱还回去。”[32]

贝尔斯登如果活到现在的话肯定后悔涉足次贷业务,但是反过来,公司也由此树立起了敢担风险和勇于创新的名声。公司成立于1923年,1933年开始正式介入证券业务,为此当时公司的合伙人泰迪·洛(Teddy Low,出生时为Theodore Lowenstein)建议雇用年仅24岁身材壮硕的前职业橄榄球运动员萨利姆·Cy.刘易斯(Salim “Cy” Lewis)[33]。刘易斯的父母是犹太裔东欧移民,他具体负责将公司的自有资本投资于公司债券。二战期间,罗斯福控制了铁路,刘易斯的机会来了。

虽然战时铁路债券还在交易,但是没人想买。原因很简单:这些债券不支付利息。当刘易斯得知面值1美元的债权只卖区区5美分的时候,他赌美国最终能赢得战争并开始大举收购铁路债券。到了战争结束时,这些债券涨到了票面值,贝尔斯登公司赚足了差价。此时贝尔斯登已经不再满足于仅仅作为代理人替投资者进行交易，而是期望用自己的资金去赚钱。华尔街的私募股本时代即将开启。

1949年，刘易斯雇用了另外一个强壮的前运动员、犹太人西奥多·A.格林伯格(Theodore "Ace" Greenberg)，他后来成了刘易斯的接班人。[34]在挑选应聘者时，与公司的形象相符，格林伯格轻视那些拥有MBA学位的人，却钟情于有PSD学位者——贫穷(poor)、聪明(smart)、极度(deep)渴望致富。1983年，为创设一个简陋的"抵押贷款相关证券部"("mortgage related securities department")[35]，贝尔斯登雇用了PSD汤米·马拉诺(Tommy Marano)，汤米又雇来了哈维·鲁宾(Howie Rubin)，此人极具争议但是效率颇高，他是刘易斯·拉涅利在所罗门兄弟公司的老同事。1989年，在所罗门兄弟公司的推动下，贝尔斯登成为抵押贷款证券市场上的领导者。1997年，当该公司开创次贷业务时，华尔街没人感到惊讶。时机似乎很好。此前一年的1996年，美国的住房拥有率自1981年以来首次超过了65%。

又一个格林伯格此时登场了——莫里斯·H.格林伯格(Maurice "Hank" Greenberg)，他是A.格林伯格的堂兄弟，[36]是位曾经参加过解放达豪战役的二战老兵。1968年他受命掌管美国国际集团(American International Group，AIG)，并将其打造成世界上最大的、最兴旺的保险公司。1998年，AIG的金融产品部(Financial Product Unit，AIGFP)开始入市操作信用违约掉期业务(CDS)——这项由J.P.摩根集团的银行家创造的金融工具。长期以来银行家们一直在寻找一个3A级的非银行机构来承保上市公司的债务，AIG咬钩了。利润丰厚的CDS业务使AIGFP成为保险巨擘AIG所有分部中效益最好的部门。

在 2000 年 8 月的民主党全国大会上，克林顿在他的告别演讲中赞颂了“我们历史上最高的住房拥有率”。当时的数字已经超过了 67%，而且仍在上升。总统并不羞于炫耀自身已经推定的成就，他感谢与会者对他各项工作的支持，由此得以“把我们的国家带到了繁荣、进步以及和平的新高度”。

2000 年大选之前，为鼓舞基层，克林顿政府宣布了具有历史意义的新管理制度，这将进一步压榨房利美和房地美。“这些新的管理制度将极大地促进少数族裔、城市居民、新移民和其他落后者获得负担得起的住房，成百上千万的家庭将由此获得购房置业的机会。”住房和城市发展部部长安德鲁·库奥默（Andrew Cuomo）这样说道，“我们感谢和赞赏房利美和房地美接受了这个艰巨的任务。”[37]

新的管理制度把对房利美和房地美“负担得起的住房”的额度要求从 42% 提高到 50%。如果经营这两家所谓的私营企业的政客们对这些新规提出抗议的话，也就不会有后来的新闻事件了。实际上他们对勇于开辟这个新领域感到自豪。房利美的 CEO 雷恩斯（Raines）说道：“你们可以放心，在这样的目标下，我们将不辱使命。”房利美的 CFO 霍华德（Timothy Howard）则补充道：“给信用不合格的人发放贷款是我们应该做的。”[38]

到了 2000 年，所有系统都准备好要开始吹这个巨大的泡泡。唯一缺少的就是扩张性的货币政策了，就是那种让“密西西比泡沫”和“南海泡沫”飘起来的货币政策。尽管放心，要不了多久，伟大的美国房产泡沫就会迎来这样的政策。

27. 巴别塔[①]

标志着互联网繁荣终结的纳斯达克指数崩盘发生一个月后，2000年6月，一个看似平常的埃及人穆罕默德·阿塔（Mohamed Atta）很随意地来到美国，开始策划他的邪恶阴谋。不久之后人们就会看到，和平也将重蹈繁荣的覆辙。

即使在"9·11"袭击之前，泡沫的主要监控者艾伦·格林斯潘就说服联邦公开市场委员会（The Federal Open Market Committee，FOMC）调低联邦基金利率。此举是为了应对始于2001年3月的衰退。"9·11"之后，联邦储备委员会先后四次调低利率将其降至1.75%，并继续调低直到2003年年中的1%，这是自1954年以来的最低水平。

尽管2003年下半年经济出现了复苏，联储还是让利率在1%的水平上继续维持了一年时间。"这就是格林斯潘的'看跌'操作，"[②]资深金融作家查尔斯·

---

① Babel，巴别，一个古城的名字，诺亚的子孙拟在此建一座通天塔，上帝怒其狂妄，乃乱其语言，使建塔人突操不同的语言而四散，塔因此终未建成。——译者注

② 格林斯潘的"看跌"操作（Greenspan Put），是指前美联储主席格林斯潘于1987—2000年间所采取的货币政策做法，"Put"指的是看跌期权，在一定期限以一定价格出售一定数量商品的选择权。在格林斯潘任联储主席期间，每当危机出现，股市跌幅超过20%，联储就会降低联邦基金利率，此举往往能使投资者从中获益。实际上，联储是通过释放流动性鼓励金融市场上的风险操作，以此避免危机进一步恶化。——译者注

莫里斯(Charles Morris)发现,“不管什么出了问题,联储总是会创造出足够的廉价钞票来拯救你,出钱让你摆脱麻烦。”[1]

远在卡拉巴萨斯(Calabasas)的安吉罗·莫兹罗可没想抱怨。“20 年代的经济繁荣又回来了。”[2] 亚当·迈克尔逊(Adam Michelson)这样描述国家金融服务公司的气氛。这个全国最大、提供全面服务的抵押贷款公司每天都在壮大。它几乎招不到足够的人手来满足顾客为购买新房和二手房屋而贷款的需求。对莫兹罗来说,这不仅仅意味着利润。他和他的骨干成员们认为普遍拥有住房是美国的天命和国家金融服务公司的使命。“亚当,我比以往任何时候都认同我所从事的工作,”一位国家金融服务公司的高级经理这么对迈克尔逊说,“难道还有什么比帮助人们获得住房更好的事情吗? 是不是这样?”[3]

还有一个文化倾向值得注意,那就是公众开始信奉“持续性”。在靠海的加州,这些着了魔的居民们发明了这个概念,位于旧金山正南端的圣马特奥郡(San Mateo County)的官员们如汉谟拉比般勤奋地把这个概念编辑成典。算来已有十多年,圣马特奥郡每年都发布一份名为“圣马特奥的可持续性指标”的有趣的报告,旨在评估能够“概括地反映可持续性”[4] 的 31 个趋势。

2005 年,这份报告问世十周年,当时正值住房泡沫的鼎盛期,圣马特奥郡在当年报告的首页庆贺自己在“太阳能应用范围扩大”“受污染地区减少”“公共运输进一步发展”“学术研究质量提升”[5] 等方面取得的成就。直到第二页才向本郡居民通报一个真假难辨的坏消息:中等收入家庭只买得起郡内 12% 的房屋。而且郡政府也不承认某些可持续性措施——特别是限制土地使用方面的措施——已经让本郡的中产阶级的生活成本过高以致无法负担。圣马特奥不是个案。一项最新的国际房屋价格研究报告显示“住房能否买得起完全取决于一件事，就是政府人为限制住宅用地供给的程度”[6]。

莫兹罗近距离目睹了这一文化变革。毕竟国家金融服务公司的总部坐落在地处洛杉矶郡飞地的卡拉巴萨斯，卡拉巴萨斯对环境问题很神经质，以至于在2006年爆出禁止户外吸烟的新闻来。国家金融服务公司几乎半数以上的贷款都是发生在加州。但是莫兹罗没能辨别出当前的变化可能产生的后果，书呆子一样的格林斯潘连看都不曾看到。这样的集体失明将让每个人都付出代价。

随着市场的持续升温，国家金融服务公司的真正信徒们开始认为莫兹罗“为每一个客户提供贷款”的愿景或许真的触手可及了。为了实现这个设想，国家金融服务公司设立了一个叫做“全方位贷款部门”(Full Spectrum Lending，FSL)的分支机构。几十年来，次级信用的申请者在贷款行业一直被当做贱民一般对待，但是FSL每月都寄出整卡车的信件来招揽这样的借款者。迈克尔逊说，国家金融服务公司真心关注于他们的目标，即“为在现行贷款制度下面临潜在困难的非洲裔、拉丁裔及其他少数族裔群体‘减少拥有住房的障碍’”[7]。

在AIGFP的所在地，康涅狄格州的威尔顿(Wilton)，也是同样一派繁忙景象。汉克·格林伯格任命了出身于布鲁克林警察家庭的年轻人乔·卡萨诺(Joe Cassano)来掌管AIGFP。格林伯格此举并非顺应犹太人—意大利人的文化宿命，而是为了让这个摇钱树置于他的掌控之下。按大家的说法，布鲁克林大学政治系研究生毕业的卡萨诺身上有他老板的强悍作风但是却缺乏与之相平衡的天赋。[8]卡萨诺也很清楚，他欠格林伯格的人情。在卡萨诺的领导下，AIGFP扩大了承保的债务范围。除了大公司的贷款外，AIGFP现在承保几乎所有能产生现金流的债务——学生贷款、汽车贷款、信用卡贷款，尤其是住房抵押贷款，至少在当时这些贷款绝大多数都是发放给合格借款者的。

再看看纽约，贝尔斯登的进展也很顺利，它仍旧是抵押贷款证券市场上的翘楚。2002 年，《财富》杂志称贝尔斯登为华尔街“最令人羡慕的证券公司”[9]。公司没有一个季度出现过亏损，80 年来从未间断过。2003 年，为了寻求增长机会，公司斥资数百万美元成立了一个内部对冲基金。被选中掌管这支基金的是贝尔斯登的元老拉尔夫·乔菲(Ralph Cioffi)，又一个在犹太人公司工作的意大利人。尽管素以懒得管事出名——如果不是粗心大意的话，但是乔菲用他的精明和市场洞察力弥补了这一点。很快公司就用一个据说是 8 位数的报酬来犒赏他。

市场已经为乔菲这类的基金做好了准备。因为股票市场平稳，政府债券的收益也因利率受压制而变得很少，投资者迫切需要有所动作。一位市场分析师评述道：“出现了两个情况。他们越来越多地接受杠杆产品，寻求风险更高的资产。给我产出、给我杠杆、给我回报。”[10]

大的评级机构——穆迪、标准普尔和惠誉——也帮着往泡沫中充气。随着债券市场的扩张，它们的生意也随之扩张。要跟上进度并不容易，因为新出现的证券是如此复杂，就连它们的发明者也难以解释清楚。[11]再说，做解释工作的投资银行同时就是为评级埋单的。结果就是大批协商出来的 3A 级。

与此同时政府管理者也告诉商业银行，如果它们的某项资产被评为 3A 级，它们就可减少对此项资产的相应准备。这更增加了评级机构提高各种资产组合等级的压力，也迫使银行在组合资产时把杠杆效应最大化——更为理想的则是把利润也最大化。银行的部分准备制也逐渐变得越发“部分”了。

华盛顿方面，布什政府重拾克林顿未竟的政策。2003 年，在布什总统的敦促下，国会通过了《美国之梦首付法案》(American Dream Downpayment Act)。联邦住房委员会成员约翰·怀克(John Weicher)说："白宫认为不应该剥夺那些能负担得起每月按揭但是没能力存够首付款的人拥有住房的权利。"[12] 保守派人士可能会争辩说没能力存够首付意味着没能力拥有住房，但是"富有同情心的保守派人士"超越了这种狭隘的想法。赫伯特·胡佛精神依然活跃于华盛顿。

此前一年，布什签署实施了《独户经济适用房税收抵免法案》(Single-Family Affordable Housing Tax Credit Act)。该方案承诺为那些想在经济困难的地区开发独户家庭经济适用房的人提供超过 20 亿美元的税收抵免。虽然白宫将这一方案进行了过度包装，并命名为"重启梦想"，但安吉罗·莫兹罗必须得喜欢这个说法。在同一时间内，国家金融公司发起了一场以"实现你的梦想"为主题的广告战。这个主题成了公司的新标语。[13]

熟悉《圣经》的人能从这场造房运动中看到过去一个建筑规划的影子。"他们彼此商量说，来吧，我们要做砖，把砖烧透了。他们就拿砖当石头，又拿石漆当灰泥。他们说，来吧，我们要建造一座城和一座塔，塔顶通天，为要传扬我们的名，免得我们分散在全地上。"(《创世记》11:3－4)。在 21 世纪初的数年间，这种类似建造巴别塔一样的努力预示着不论收入和各人情况如何，每个人都能拥有负担得起的住房。如果他们想借房贷的话，总是有人会为这些房贷打包、保险并无风险地卖掉。每个人都能成功，像神一样。但这与其说是贪婪还不如说是狂妄，它的始作俑者们很快就会发现，狂妄自大只会让人亢奋，正如巴别塔上的人们一样，他们的语言都被弄混了，于是他们都不知道彼此到底在说些什么。

2003 年 8 月，正当人们陶醉于蒸蒸日上的欢乐气氛时，《纽约时报》发出了关于全国第二大金融公司——房利美的警告。该公司的业务量大增，主要是从贷款者手中购买抵押贷款并将这些抵押贷款或公司自身的债券卖给全世界的投资者，但在此过程中公司业务已经高度杠杆化，也就意味着负债大大超过了资产。

引出这篇文章的，是房利美内部关于公司负债的计算机模拟结果。《纽约时报》是从一位房利美前雇员那里获得的这一信息，这位爆料者担心房利美"正在成为纳税人和金融体系的风险"[14]。文件显示，如果利率马上提高 1.5 个百分点，房利美的组合资产将缩水 75 亿美元。"任何人都不用为房利美担心，"房利美执行副总裁彼得·尼库雷斯库(Peter Niculescu)向《纽约时报》的读者保证，"在利率变幻莫测的这一年中，我们对自己的表现很高兴、很满意、很自豪。"[15]

房利美的 CEO 富兰克林·雷恩斯(Franklin Raines)则通过强调公司在社会工程方面的成功来转移舆论的批评。2003 年晚些时候，他这样向国会的金融委员会表述："我们达到甚至超越了经济适用住房的目标，尽管这个目标还被提高了。"他还介绍了公司"自发的目标"，即"引导市场为少数族裔家庭服务"。[16]通过积极的游说和有策略的竞选捐款，房利美在国会中赢得了很多朋友。就在这个听证会上，国会女议员马克辛·沃特斯(Maxine Waters)赞扬了"弗兰克·雷恩斯杰出的领导才能"，并主张管理方面的改革不应当阻碍房利美"提供经济适用房的使命，正是这一使命促进了金融创新的蓬勃发展，从自动承销(desktop underwriting)到 100% 贷款"。[17]

2004年6月,布什总统表达了对房利美和房地美危险状态的关注,国会76名民主党人士立刻联名发信警告"只强调安全和稳健的政策很可能会出现,但这实际上将以牺牲经济适用房项目为代价"[18]。可是雷恩斯早就逾越了安全和稳健的界限。同年晚些时候,联邦住屋企业督察局(Office of Federal Housing Enterprise Oversight)发现他篡改账目总计高达60亿美金以确保自己可以获得9,000万美元的薪酬,他只得提前退休。

2004年夏,国家金融服务公司推出了一款可调利率产品——选择性抵押贷款(PayOption loan)①。这款及时的创新产品使借款者能按照他们的喜好来混合及匹配他们的还款。如果一切顺利,他们可以像他们的父辈一样支付利息和本金;如果手头钱不多,那么他们只需支付最低的还款额,就好像信用卡还款一样。[19]由于这种贷款有着负摊销(negative amortization)②的可能,因此贷款的本金可以随时间而增长,这的确是一种新奇的偿还方式。

作家亚当·迈克尔逊参加了选择性抵押贷款的产品发布会,一贯对国家金融服务公司忠心耿耿的他大惊失色。这个概念悍然违背了他所了解的"一切人际的、伦理的、理论的及道德的教义"。国家金融服务公司在管理上刻意强调客户服务,并用这种理念来充当公司道德。国家金融服务公司比起大部分同类企业来,还算是有诚意的。"如果房价真的下跌了怎么办?"迈克尔逊鼓起勇气问道,"那岂不是让半个国家都因为这种贷款陷入混乱了吗?"[20]可人家告诉他,出

① 指贷款者自行决定偿付本息方式的一种贷款,有时,月付额甚至会低于该月应该偿付的利息额。——译者注

② 所谓"负摊销贷款",是指贷款人支付低于正常利息的月付额,不足部分自动计入贷款的本金。——译者注

现这种情况的机会很小。

在 2004 年，出现这种情况的机会确实很小。根据可能是最复杂房价指数的凯斯—席勒指数(Case-Shiller Index)①，过去 13 年间全国性的房屋价格每年都在上升，而过去 7 年内的升幅尤为显著。仅在过去 4 年间，房屋价格就上升了 63%。即使在 1991 年，距今最近的房价下跌年份，下跌的幅度也很小，且持续时间很短。[21]只要房屋的价格继续上升，违约就不会对贷款机构和借款人构成多少威胁。借款人可以通过转售来融通资金，如果借款人违约，贷款机构也可以通过卖出房屋来收回所贷款项。

而且，选择性抵押贷款正是国会和媒体一直以来拥护的那类“创新型贷款”。当时，这种贷款有点短期的意味。2004 年夏，联邦基金利率还维持在几乎令人难以理解的 1.25% 的低位上。于是，银行贷给可靠客户的最优惠利率(prime rate)——通常比联邦基金利率高出 300 个基点——停留在诱人的 4.25% 上。2004 年，住房拥有率达到了 69%。

“停！我们已经到了 69% 的住房拥有率了。不该再继续了。剩下的人就是那些应该租房住的人。”前住房和城市发展部部长亨利·西斯奈罗斯(Henry Cisneros)真希望当时能有人这么说，他补充道，“当初不可能知道政府大力提升住房拥有率的行动会如此糟糕地结束。”[22] 1995 年，正是亨利·西斯奈罗斯第一次运用住房和城市发展部领导人的权力命令房利美和房地美对中低收入家庭的抵

① 凯斯—席勒指数：由标准普尔公司编制的反映美国房价的多重指数。它包括一个全美房屋价格指数(national home price index)、一个 20 城综合指数(20-city composite index)、一个 10 城综合指数(10-city composite index)，以及 20 个单独的都会房价指数(metro area indices)。——译者注

押贷款应占到固定比例，当时为42%。

低利率、容易得到的信贷及稳步上涨的房价注定会吸引投机者。如果能在热点市场以50万美元买下一栋房屋，稍事整饬，一年之后以60万美元卖出，这种做法似乎也无可挑剔。这种方式一直运转得不错，直到2004年6月美联储最终开始提高利率。截至2006年6月，利率总共被连续调高16次。通常来说，当利率上调时，房屋贷款的需求就会减少。优惠级借款人遵循了这一规律。2004年6月至2005年6月，他们的借款下降了一半。然而，次级借款者却毫不在意利率的升高，同期他们的借款翻了一番。而且还会再翻番。

为了能在需求范围缩减的情况下仍旧保持贷款供应，国家金融服务公司和其他贷款机构想出了各种创新的和灵活的房屋贷款形式。在次级信用人群中最受欢迎的一种贷款形式通常被称为2-28，它占到了2006年所有次级贷款的78%。[23] 2-28可调整利率抵押贷款（adjustable rate mortagage, ARM）头两年有一个固定的低利率，通常只需支付利息。两年过后，贷款将重置，通常要按照当时的通行利率计息。在现实情况下，如果一个人在2004年6月优惠利率为4.25%水平时借入2-28ARM抵押贷款，那么到2006年6月，他将陷入痛苦的深渊，因为剩下28年的贷款都将以优惠利率为8.25%的利率水平重置。

只有当回顾过去的时候，“掠夺性”贷款才会显示出其掠夺性。在泡沫达到顶峰时，很多借款人都希望通过在前两年积累的股票收益来支付再贷款的差额或摊平总成本。让这种策略行得通的，是一种被委婉地称为“收入自己填”的贷款——更为通常的讽刺性说法是撒谎者贷款。按起初的设计，这种贷款是为解决个体经营者无法提交 W－2 表①的一个变通做法。然而，随着新借款人的来源逐渐枯竭，贷款机构几乎开始接受任何人的贷款申请。有些贷款机构甚至不再要求申请者提供收入、身份甚至是公民资格的证明。到了 2006 年，大多数次级贷款和几乎所有 ALT－A 级贷款②——该等级以缺少相应文件材料为特征——都属于自填收入贷款。

多年来，类似 ACORN 的民间团体一直在要求放松对收入和身份的要求。早在 1992 年的报道中，《纽约时报》就曾赞扬过："找（ACORN 费城）办公室，每个人都能获得贷款。"[24]《纽约时报》亲切地报道了那些接受 ACORN 帮助的借款者，他们不会说英语、没有信用记录甚至只能"用画 X 来代替自己的签名"[25]。为了不让泡沫破裂，贷款机构越来越相信借款人的话。正如路透社报道的，"非法移民只要出示纳税证明或是仅仅出示伪造的文件就能在这繁荣年代购买美国的房子"[26]。拉美裔人群的抵押贷款几乎半数都是次级的。很多合法移民也无法读懂这些贷款文件。如此看来，政府的管理规定要求借款人签署厚厚一摞的文件恐怕只是让借款者不得不相信贷款人的良好意愿。

尽管已有先兆表明灾难正在迫近，国会还在继续施压。2005 年 7 月，美国众议院金融服务委员会（the House Financial Services Committee）领袖、民主党人巴尼·弗兰克（Barney Frank）提交了一份设立全国住房所有权月的提议。他在众议院斥责那些担心房产泡沫的人。"人们一谈论泡沫你们就想到崩溃，可是

① 按照美国的税收规定，通常 W－2 表是纳税人从雇主那里获得的工资和所得税声明。纳税人应该在每年的年初从每一个雇主那里收到一份 W－2，列出去年所得的收入。——译者注

② 准优级（Alt－A），即较次级高一等。——译者注

这种崩溃你们并不会真的看到,"他向同僚们宣讲,"所以我们委员会的成员尤其应该继续推进房屋拥有率的提高。"他们确实在推进。

到了2006年,国家金融服务公司提供将近200种不同的贷款产品。具有讽刺意味的是,最复杂的产品都卖给了最搞不懂它们的人。可调整利率抵押贷款和选择性贷款的潜力被挖掘殆尽之后,国家金融服务公司开始逐渐转向房屋净值贷款(House Equity Loan)①,借款人常用它来合并信用卡负债。只要房屋净值不断膨胀,这种方式就肯定行得通,在2006年也确实行得通。

对贷款机构来说,让泡沫继续膨胀的简单方式就是放弃20%首付这一传统做法。这种方式它们确实也采用了。有些借款者,比如第一章中所说的梅罗尼·格里菲斯-埃文斯,也采用了80/20的组合贷款,即申请一笔贷款作为首付款,然后剩下再做一笔抵押贷款。这种做法能让借款者避开向无法支付20%首付者收取的私人抵押贷款保险。到2006年,美国所有房屋贷款中46%的首付都不足5%。[27]同年,次级借款者支付的平均首付为6%。

在某些地区,房屋价格的上升速度快于其他地方,而升得最快的就是沿海的加利福尼亚。1996—2004年的八年中,加州的房屋均价的上升速度比该地区家庭平均收入的上升速度快了整整100个百分点,而且在接下来的两年中,房屋价格还将继续飙升。环境方面的担忧限制了供给,与此同时次贷房屋需求者的大量涌入,其中包括非法公民,扩大了需求。这些因素综合在一起,即便是负责任的中产阶级也开始申请不到固定利率的抵押贷款。

---

① 借款人以所拥有住房的净值(房产估值减去房贷债务余额)作为抵押或担保获得的贷款。——译者注

华尔街开始注意这个迹象。奥本海默(Oppenheimer)的分析师梅瑞狄斯·惠特尼(Meredith Whitney)早在2005年10月就发出警告。她发现"从1996年开始,次级贷款增长了489%(从900亿美元变为5,300亿美元),主要是因首次借款的借款者人数的增长带来的。由于房屋净值很低,我们认为至少有5%的抵押贷款是很危险的"[28]。虽然惠特尼引用了格林斯潘本人对于这个问题的警告,但是奇怪的是格林斯潘本人近年来却相当不谨慎。

在如今被认为是臭名昭著的2004年2月演讲中,格林斯潘体现了艾茵·兰德的思想。无视大量被迫涌入市场的无能力的住房拥有者,他做了听上去完全合理的理论上的辩解,称"过去十年间,假使住房拥有者用可调整利率而不是用固定利率抵押贷款的话,他们将会节省下成千上万美元"。他还补充说:"如果贷款机构能够提供更好的产品来替代传统的固定利率抵押贷款,美国的消费者将从中受益。"[29]查尔斯·莫里斯评论说:"如果把经济界导师的糟糕建议做一本剪贴簿的话,这场演讲一定位居前列。"[30]

次级和所谓的ALT－A级借款者正在跟着他们的这位领路人前进。他们继续借款,华尔街则继续为这些贷款提供保险——从2004年6月至2007年6月总额高达2.8万亿美元。如果说是某个人让这成为可能(作家马特·泰比(Matt Taibbi)称此人为次贷流行病的第一感染源),这个人就是AIG的约瑟夫·卡萨诺。2005年年初,当一贯谨慎的汉克·格林伯格因为一件不相关的会计丑闻而被迫离开后,整个公司就只有卡萨诺一个人来掌管了。由于极度缺乏监管,卡萨诺听任AIG承保的贷款范围从各种各样的消费信贷演变为以时髦的住房贷款为主要成分的毒药组合。[31]有了AIG这样实力雄厚的机构为债务保险,华尔街不断地将抵押贷款打包,国家金融服务公司和其他机构则不断地提供用来打包的贷款。

尽管迈克尔逊没发现国家金融服务公司存在明目张胆的掠夺性贷款或抵押贷款欺诈行为,但其他贷款机构却在有意把款项贷给那些明知无望还款的人。通常来说贷款机构收了融资费用和服务费之后就会把贷款卖到二级抵押贷款市场去。这么做的动机或许是贪婪,或许也是因为担心——担心如果没有新的客户这项业务就将难以为继。

为使问题看上去更个体化,迈克尔逊在书中大量列举了问题借款者的案例。他们中的绝大多数都承认自己有"部分的责任",但仅此而已。苏珊就是个典型例子,她丈夫年收入超过百万,足以让她和两个女儿在圣塔莫尼卡(Santa Monica)过着十分优裕的生活。随后他们的婚姻破裂,这种情况在加州已司空见惯。"带着决心和勇气,"迈克尔逊讲道,"苏珊以一个带孩子的单身女性身份重新开始生活。"[32]

虽然当时美国房屋均价为 16.5 万美元,但是苏珊看中的"迷人小屋"稍微贵了一点,实际上,是足足贵了 80 万美元。平心而论,这所房子毕竟是在圣塔莫尼卡,当地居民对生态环境过于敏感使得这个城市在全世界相同大小的城市中房价最贵。靠着国家金融公司的两笔贷款,苏珊没拿首付就买下了这座价值 95 万美元的房子,其中一笔贷款是为期 30 年固定利率的,另一笔附加贷款(piggyback loan)则是为了补足房屋价款与第一笔传统贷款上限之间的差额。直到搬进新家,苏珊才意识到她要偿还两笔贷款。很不幸,每月总共6,100美元的还款额超出了这位新晋单身母亲的预算。

与此同时，她的离婚诉讼也出了问题，满腹怨毒的丈夫停付了孩子的抚养费。在长达六个月的时间里，苏珊只能靠透支信用卡来付房贷，直到最后将卡刷爆。当她打电话向国家金融服务公司求助时，她才意识到在这个公司噩梦般的官僚体制中她是不可能实现任何梦想的。此时，她又鼓起了她那传说中的决心和勇气来申请破产。说来也奇怪，当她被免除了所有信用卡的债务之后，她的丈夫也支付了孩子的赡养费，这样她就又能继续支付每月的抵押贷款账单了。虽然迈克尔逊的书总体来说还是客观公正的，但是他也像社会清教徒一样热切地为消费者洗脱罪责。他在这个故事中得出的结论是，国家金融服务公司的客户服务过于混乱，在苏珊即将还不起 3 万美元分期款的时候，公司既没有为她提供帮助也没有及时收回贷款。

2005 年年末，约瑟夫·卡萨诺提拔了一个原来负责联络华尔街抵押贷款业务的高级经理并请一位精明的 AIG 数量分析高手基恩·帕克(Gene Park)来接替他的位子。[33]帕克对这个邀请心存疑虑。上一年他曾打算向抵押贷款巨头新世纪公司(New Century)做些个人投资，但是当他发现到这家公司已经深陷次贷泥潭时就犹豫了。之后不久，他获知了一位失业朋友的故事，尽管这个朋友最近穷困潦倒，但银行还是贷给了他一大笔钱让他供一所他根本负担不起的房子。

接到工作邀请后，帕克认真研究了 AIG 所面临的危机。他的发现让他雄心顿失。AIG 中那些对债务保险接触最多的人根本都不知道他们承保了多少次贷垃圾。他们所有人都大大低估了这些贷款所占的比例。在和卡萨诺最后一次会面时，帕克告诉他，如果要他接任这个工作的话，他就只好从 AIG 辞职了。起初，卡萨诺劝说帕克打消顾虑。他告诉帕克，不管是次贷还是其他，能让证券违约的唯一可能就是各地的房屋价格同时下跌，而这当然是不可能发生的。

然而，这次会面还是让卡萨诺心神不定，他去拜会了在 AIG 做债务保险的华尔街的大公司。“他们是众口一词，”当时在场的一位 AIG 的高级经理说道，“他们回顾了过去 60 多年来房地产价格的变动情况，都说从未有过同时下跌的情形。”[34]鉴于华尔街做起分析来一向都是惊人地草率，卡萨诺确信此时停止承保次贷债券为时已晚。

不幸的是，危害已经铸成。整个 2004 年和 2005 年，正是由于卡萨诺让 AIG 承担了太多的风险，这个次贷机器的传动装置才得以不停运转，即使在联邦基金利率高企的情况下也没有中断。“我确信，在美国房产价格的升幅中，有相当一部分是由我们对系统的注入造成的，”一位 AIG 的交易员这么告诉作家迈克尔·刘易斯，“我们为抵押贷款市场融进了 1 万亿美元。单单我们就这么多。”[35]他说的“我们”，不是指 AIG，甚至也不是 AIGFP，而是拥有 400 名雇员的 AIGFP 下属的 CDS 部。

通过降低贷款标准，贷款行业让抵押贷款这部机器的部件在 2006 年全年继续保持润滑。当 AIG 拒绝承保之后，风险继续累积，在 2006 年和 2007 年，华尔街的主要公司——美林、摩根斯坦利、雷曼兄弟、贝尔斯登别无选择，只能自己吸纳风险，否则整套机器都得停止运转。推动金融部门间这种大范围自发性合作的，不是贪婪，而是恐惧。

在国家金融服务公司，整个 2006 年股票价格还撑得住，但是内部的人已经能听到丧钟的鸣响。“好像我们越努力，我们得到的业绩就越糟糕。”一位抵押贷款高级经理这么告诉迈克尔逊，“我们仿佛走到了穷途末路。”[36]

国家金融服务公司的确已经穷途末路，尤其是在加州。2006年，任何人只要仔细地看一下加州房地产经纪人协会(California Association of Realtors)的住房负担能力指数(housing affordability index)[37]就会发现，泡沫已经到了破裂的边缘。数字代表一个中等收入家庭能够合理支付的市场上房屋的百分比(%)。

城市	1995年	2006年
旧金山/圣马特奥	20.8	7.8
洛杉矶/长滩	46.3	1.9
圣巴巴拉	47.5	3.2
莫德斯托	70.9	3.9
圣迭哥	40.6	5.2
里弗赛得	52.3	8.4
萨利纳斯	25.1	12.7
贝克斯菲尔德	75.4	16.5
雷丁	52.3	14.6

1995年，一个中等收入家庭能买得起洛杉矶城市中心区将近50%的住房。到了2006年年中，这个数字下降到1/50。从前能买得起房子的中央谷(Central Valley)城市如莫德斯托和贝克菲尔德现在也变得像华盛顿和纽约一样买不起房子了。国家金融服务公司的总部就在洛杉矶郡，公司的高级经理们在开车上班的途中就能发现这个问题。他们的客户资源快用尽了，他们也清楚这点。

同一时间，在贝尔斯登，几乎没人知道他们与抵押贷款相关的业务正在发生什么不可思议的事情。2007年1月17日，公司股票的价格达到了历史的最高点——172.69美元。接下来这个月，贝尔斯登发布了2006年年度报告，庆祝

“持续赢利83周年”[38]。这些年中利润最丰厚的是2006年。在92亿美元的总收益中，净收入达到了创纪录的20.5亿美元，利润比2005年增长了40%。

然而就在同一个月，抵押贷款支持证券的教父、当时处于半退休状态的拉涅利在《华尔街日报》上向读者提出了意味深长的警告。“我也搞不懂今天这个系统的涟漪效应(ripple effects)。”他说道。他也很困惑，为何到了2006年40%(在这里他还低估了这个数字)的次贷借款者都不用提供工资存根或者任何关于净资产的证明。“我们真的不清楚这家伙的收入多少……我们也不清楚这栋房子值多少钱，”拉涅利补充道，“所以你就能明白为什么我们中的一些人变得有点紧张了。”[39]

贝尔斯登的高级经理们本该更紧张才对。他们的平静大多源于自身的无知。拉尔夫·乔菲掌管的半自治对冲基金在同贝尔斯登交易之前，从来都不去征求独立董事们的许可。虽然在技术细节上，贝尔斯登同自己的分支机构交易时拥有延期偿付权。“这就是典型的乔菲，”同僚保罗·弗里德曼(Paul Friedman)表示，“他可不擅长关注细枝末节。”[40]一旦同乔菲的对冲基金停止了交易，贝尔斯登的经理们也就不再定期关注乔菲在做些什么了。

乔菲的高等级基金存在着问题。2006年8月，它开始亏损。乔菲向他的投资者保证只有6%的基金投资于次贷，聪明一点的投资者已经开始不相信这种说法了。乔菲没有告诉投资者的是，他投资组合中颇为常见的“资产支持证券”(asset-backed securities)都与次贷密切相关。[41]

总而言之，这支对冲基金中，次级贷款不是6%而是60%。由于不了解这个事实，当乔菲在2006年8月1日将基金分拆成两个实体时，《金融时报》还对此表示了赞赏。鉴于乔菲的“杰出声誉”，媒体指出，“高风险借款者违约的增加使抵押信贷市场上混乱渐起，如果说有一个人能够战胜这场混乱，那一定是贝尔斯登和乔菲先生”。时至当日，华尔街仍抱着“战胜”混乱的想法，而不是“清除”混乱。情况很快就要发生变化了。

在少数预见到将来会发生什么的人当中有一个叫做彼得·希夫(Peter Schiff)的人，他是欧洲太平洋资本(Euro Pacific Capital)公司的总裁，也是奥地利学派健全货币政策的支持者。2006 年 12 月 22 日，希夫公开了他的分析结果，结果显示，次贷“代表了抵押贷款(住房)链条中最脆弱的环节，它们一旦破裂，整个链条都将分崩离析”[42]。在接下来的多次访谈中，希夫常常被打断话头。没人愿意听他的。

2007 年 2 月 28 日，新上任的美联储主席本·伯南克(Ben Bernanke)向国会保证，住宅价格的下滑不是“需要广泛关注的金融问题或评估经济状况的主要因素”[43]。再回到卡拉巴萨斯，莫兹罗也不担心。至少他看起来不担心。在 3 月份的一次 CNBC 访谈节目中，他表示相信国家金融服务公司将很可能得益于蔓延在整个行业中的次贷病毒。“这对国家金融服务公司来说太棒了，”他说“因为，到最后，那些不理性的竞争者会消失。”[44] 然而，莫兹罗并没有说出事情的全部。从 2005 年起，他就开始抛售自己手中的国家金融服务公司的股票了。

贝尔斯登的联合主席沃伦·斯佩克特(Warren Spector)也表达了和伯南克很类似的感想。2007 年 3 月 29 日，公司的投资者日(Investor Day)，斯佩克特告诉他的听众：“主要问题是次贷混乱会广泛影响住房市场吗？我不这么认为。对我们的风险管理方式我们深感自豪。这是我们文化中不可缺少的部分……我们拥有的是'没有意外'的强势文化。"[45]斯佩克特很快就会被一条华尔街著名的格言所提醒:"真正的风险是你看不见的。"[46]

拉尔夫·乔菲已经为斯佩克特准备了一个意外。他的基金正在下滑。"对我们3月份的表现,我感觉胃都要翻过来了。"对任何愿意听的人他都想这么说。4月份他将更反胃。贝尔斯登的一份关于债务抵押债券(CDO)的内部报告带来了致命打击。"如果它准确的话,"乔菲的合伙人马修·坦宁(Mathew Tannin)说道,"那么整个次贷市场就玩完了。"他又补充说,"如果3A级的债券全面降级,我们就再也没有任何赚钱的门路了。"[47]有了3A的评级,这些次贷占很大比重的CDO就能附带着相对较低利率的息票卖出去。一旦没了3A评级,这些CDO就会显得不可靠,没人会以票面价格或接近票面的价格来购买。其价格将直线下跌,情况也确实如此。

次贷流行病暴露出了波将金式①评级基本架构的本来面目。2007年9月,华尔街的资深人士凯尔·贝斯(Kyle Bass)在国会听证会作证时用了国会议员们能听得懂的语言。"就好像养牛场场主付钱给农业部来给他们的牛肉评定品质和安全性一样,"他解释说,"但是随着时间一个月又一个月地过去,情况也越来越清楚,次贷成了结构性金融的疯牛病。没人知道谁购买了受感染的产品,也没人对出具了健康证的评级机构抱有真正的信心。"[48]

正如分析师梅瑞狄斯·惠特尼曾精妙阐述过的,"一个公司的偿付能力取决

① 波将金,俄国陆军元帅、俄军总指挥。为了使当时的俄国女皇叶卡捷琳娜二世对他领地的富足有个良好印象,波将金在女皇必经的路旁建起一批豪华的假村庄。"波将金式"常用来嘲弄那些看上去崇高堂皇实际上却空洞无物的事物。——译者注

于其对偿付能力的理解"[49],这个理解问题正在扼杀贝尔斯登。到了2007年5月末,乔菲的投资人们开始明白了他的对冲基金的脆弱,他们开始撤资。乔菲真正陷入了两难境地:他可以告诉投资者问题的严重程度,或者想办法掩盖事实,拖延时间并等待奇迹发生。如果乔菲选了据实以告,投资人一定会争相撤资。各家银行也会收回贷款。如果乔菲为保流动性而选择孤注一掷卖掉手上剩下的担保资产,这些资产的价值就会在一夜之间暴跌。贝尔斯登内部的恐慌将在整个华尔街引发类似的恐慌,全世界的市场将严重崩溃——做了你该死,不做你也该死。乔菲选了选项B:不做你也该死。他即将验证查尔斯·莫里斯(Charles Morris)的一般规律:"只有最聪明的人才能铸成滔天大错。"[50]

2007年6月5日,贝尔斯登的联合总裁沃伦·斯佩克特走进同事保罗·弗里德曼的办公室,用了个华尔街经典的保守说辞:"我认为拉尔夫(乔菲)遇到了流动性问题。"[51]这是斯佩克特第一次真正意识到乔菲遇到的麻烦。"所有监督他的内行人都被推到一边,"弗里德曼回顾说,"那些领导他的人不知道对冲基金是什么,当然也不知道抵押贷款是什么,所以他就在越来越复杂的产品上实施了越来越严重的杠杆策略——完全是他自己的一个小宇宙,最后不可避免地到了崩溃的边缘。"[52]

这个月的晚些时候,给乔菲提供杠杆的贷款机构决定收回他们的资金。乔菲冻结了投资者要求赎回的请求并恳请银行多给他点时间。他的想法是这些银行自身都背负着大量的次贷证券。如果他要响应银行的追加保证金的要求就只能在这个封闭市场上卖出手中的证券,而银行持有的证券价格也将随之下跌。可是这时候再讲这种逻辑为时已晚。乔菲请求宽延时限更令银行惊恐。"好比一颗小石子扔进了池塘,"弗里德曼说道,"这就是开始,"[53]开始,就是末日的开始。

到2007年7月,当时全国失业率只有4%左右,而国家金融服务公司提供的次级贷款中已有将近10%拖欠还款达90天或以上,这个比例几乎是上一年数字的两倍。[54]到了2007年8月,二级抵押贷款市场除了传统的3A级常规类抵押贷款之外已经完全枯竭。没有人交易,这意味着国家金融服务公司最需要卖出的那些类抵押贷款没有人买了。

8月6日,国家金融服务公司向证券交易委员会报告:"目前的情况使成本增加同时债务来源减少,未来这种情况还会继续甚至恶化。"[55]国家金融服务公司承认,如果情况继续,他们无法保证还能"在赢利的状态下运营"[56]。8月15日,美林证券建议它的客户清空手上国家金融服务公司的股票。那年这只股票已经下跌了50%。还会跌得更多。

直到2007年8月,约瑟夫·卡萨诺和他AIGFP的同事们才开始庆幸提前离开了这项业务、没有承保如今一路下跌的2006和2007贷款。"认真地讲,不管基于何种理由,在那样的交易中,让我们看到自己损失哪怕一美元我们都会很难过。"[57]卡萨诺在一次电话会议上向AIG的投资者保证。但是卡萨诺早已不再理会他所听到和读到的东西了。

"于是,耶和华使他们从那里分散在全地上。他们就停工,不造那城了。"(《创世记》11:8)

28. 着火的房子

事态以难以想象的速度发展。犹豫再三之后，贝尔斯登力图挽救乔菲的基金，但是这一挽救行动最终也把贝尔斯登自己拉下了水。2008 年 3 月，华尔街只有一家公司有能力拯救贝尔斯登，而它也是不情愿地勉强伸出援手。"买下一所房子和买下一所着火的房子完全是两码事。"[1] CEO 杰米·迪蒙(Jamie Dimon)这样说道。然而对迪蒙而言似乎也没有其他选择。他必须得考虑华尔街的传统。人们告诉他："你们必须救他们，你们是 J. P. 摩根。"

1999 年，克林顿总统签署法令废除了《格拉斯—斯蒂格尔法案》。这意味着，像 J. P. 摩根一样在 65 年前被剥夺了投资银行业务利器的商业银行，可以重返投资银行业务领域。2000 年被大通曼哈顿友好兼并之后，J. P. 摩根如今的正式名称是 J. P. 摩根大通(J. P. Morgan Chase)，作为一家商业银行，它具备某种贝尔斯登所没有的资格，比如得到美联储的贷款。这笔贷款使它能完成同贝尔斯登的交易。2007 年 10 月，贝尔斯登的高管们拒绝考虑一次性买断的收购方案，因为他们认为每股 115 美元的出价低估了他们公司的股价。六个月后，J. P. 摩根大通以每股 2 美元的价格买下了贝尔斯登。[2]

国家金融服务公司的遭遇也不妙。2008 年 6 月，公众获知了一项内部称之为"安吉洛之友"(Friends of Angelo,FOA)的交易细节。FOA 就是对政治上有用的盟友在贷款利率、贷款费用及公司贷款规则方面给予优惠。列入 FOA 名单的,包括房利美前主席富兰克林·雷恩斯(Franklin Raines)和詹姆斯·约翰逊(James Johnson),参议院银行委员会主席克里斯托弗·多德(Christopher Dodd),参议院预算委员会主席肯特·康拉德(Kent Conrad),以及其他一些政要。[3]就在同一个月,加利福尼亚州总检察长以经营掠夺性贷款起诉了这家公司,伊利诺伊州也一样。2008 年 7 月 1 日,美国银行帮这个摇摇欲坠的巨人脱离了苦海,他们以每股 4.25 美元的价格买下了国家金融服务公司,这个价格只有 18 个月前价格的 1/10。作为对其最后的羞辱,SEC 指责莫兹罗"在公司处境堪忧的时候还公开对公司的前景表示积极乐观"[4]。真不客气啊!

康涅狄格州参议员克里斯托弗·多德还有另外一位朋友,就是 AIG 的约瑟夫·卡萨诺。卡萨诺不仅重金帮助多德竞选议员,还支持了他荒唐的 2008 年总统竞选,他个人还曾在雇员中间为多德筹款。[5]为了分散政治投资的风险,卡萨诺为贝拉克·奥巴马的初选出资并为他的大选提供了最高限额的资金。然而,到这个时候,卡萨诺只不过在花钱寻求逃生之道。AIG 已是俎上鱼肉了。

随着次贷市场的崩溃,以高盛为首的华尔街大公司们要求 AIG 履行保单。AIG 的资产根本无法应对这任何人都无法想象的突如其来的风暴。然而高盛并没有绝望。高盛还有另外一项保险:它的前总裁亨利·"汉克"·保尔森(Henry "Hank" Paulson)如今是美国财长。另一位前总裁,民主党人罗伯特·鲁宾(Robert Rubin)也曾在克林顿政府担任同一职务。还有一位前总裁,民主党人乔恩·柯赛(Jon Corzine)曾任职参议院,如今是新泽西州州长。保尔森说服两党领袖，由政府弥补 AIG 在互换业务中的损失——大约1,800亿美元之巨——并且足额偿付债权人。如果华尔街就此松口气的话，那么估计安德鲁·杰克逊总统大概就得要求天使将他的名字从杰克逊日纪念活动中抹掉了。①

至于国会议员巴尼·弗兰克(Barney Frank)，他在 2009 年 4 月否认自己曾倡导过中低收入者拥有住房。他笑容不改地告诉公共广播公司(PBS)的泰维斯·斯迈里(Tavis Smiley)②，他一直倡导合适的租房方式。“对于那些一年仅挣 3 万～4 万美元的人来说，在本国的大多数地方，他们都是无论如何也买不起房子的。如果你假装他们可以，就会让他们惹上麻烦。用适当的方式租房才是合理的。”他认为住房危机源于“认为‘租房是坏事’这种保守观点”[6]。与此同时，克里斯托弗·多德也谴责把钱贷给“收入低且不谙世事的借款者”的那些人是“毫无良知的”[7]。

在寻找替罪羊的时候，很多人都把矛头指向了艾伦·格林斯潘。2008 年 4 月，《金融时报》的一个经济学家论坛让整个金融界的巨擘们来抨击一个一夜之间从大师变为皮纳塔③的人。著名的比利时经济学家保罗·德·格劳威(Paul De Grauwe) 称引发这次讨论的格林斯潘的文章为“烟幕弹，用来掩盖他因促成这场金融危机而应承担的责任”[8]。格劳威说出的可能是对格林斯潘两个重大失误的共识：“他对利率的长期压制，以及他对金融市场神奇运作机制的虔诚的乐观主义。”[9]

---

① 关于杰克逊总统的经济理念，参见本书第 15 章。——译者注

② 该台脱口秀节目主持人。——译者注

③ Piñata，彩饰陶罐，墨西哥人过圣诞节或生日将玩具、糖果等礼物盛在此种罐内，悬于天花板上，由蒙住眼的儿童用棒击破。——译者注

在这些对次贷危机进行评论的经济学家中没有一个人提到道德或文化因素所起的作用。格林斯潘也没有。宗教约束的削弱、文化上对信贷的接纳、家庭的瓦解、媒体对于挥霍浪费的支持、政府强加于贷款机构的对种族和性别的数量要求、限制土地供给的后果、让民众拥有住房的政治压力、单身女性房贷违约的超常比例、相关证明文件获准取消、金融机构，尤其是那些政府支持的企业轻而易举地收买国会，凡此种种，学者们只字未提。

在经济学家论坛(the Economists Forum)看帖的读者得至少往下搜20条，才能在那些杰出的经济学家发表的帖子的下面找到第一个提及个人责任的帖子。“令人担忧的是所有抨击格林斯潘言论下的潜台词：要求更多的政府干预。”“Mladek”，这个居住在欧洲的美国人写道，“人们并不是害怕政府那令人窒息的拥抱，他们渴求的其实是一条暖洋洋的能带来安全感的毛绒毯子，不仅保护他们免受国际竞争威胁，也能让他们免被自身愚蠢所害。”[10]

最后的分析显示，在承担过失和接受指责方面华尔街远比华盛顿坦诚。贝尔斯登的弗里德曼对这个历史上最惨痛泡沫的前因后果做了总结，他认为投资银行应该承担没能认清这个新奇且异常复杂的市场的责任，而“联邦住宅管理局与住房和城市发展部以及说‘最好把钱贷给穷人们’的那些人”[11]也难辞其咎。

“但是，说实话，这是一个大家共同努力的结果。我们都他××地搞砸了。政府、评级机构、华尔街、商业银行、管理者和投资人，所有的人。”[12]弗里德曼如此说道。

29. 重建

2009 年 5 月的一个凉爽午后，一万多名善良的人，大部分是夫妇同行，来到密苏里州堪萨斯城的肯珀竞技场(Kemper Arena)，开始他们的“资金完全运转”活动(Total Money Makeover)①。主持活动的是谢顶、留着山羊胡子、时年 48 岁的戴夫・拉姆齐(Dave Ramsey)。拉姆齐身着牛仔裤和法兰绒衬衫，和他的听众们一样穿戴随意，他在台上来回踱着方步，用醇美的田纳西口音拖着长腔说笑话、讲故事、传播智慧。在五个小时的时间里，他让听众们如痴如醉。

拉姆齐知道他的听众们为何而来。他本人则早已曾经沧海、处变不惊了②。拉姆齐在 26 岁时就已经是一个志得意满的房地产大亨，有价值 400 万美元的证券资产，有挚爱他的妻子和两个孩子，家门前的车道上停着美洲虎汽车。但是后来，因为生意上的错误决定，还有更糟糕的生活方式，他的一切均化为乌有。他被起诉，被剥夺了抵押品赎回权，直至破产。“用恐惧不足以形容当时的感觉”，他解释道，“说崩溃还比较接近。”[1]他由此开始了心灵深处的反省和对金钱运行

---

① 戴夫・拉姆齐的理财畅销书，直译为《资金完全运转手册》，国内已有译本出版，译名为《改变你一生的理财习惯》，中信出版社，2010 年 10 月版。——译者注

② 原文为“been there, done that, got the T-shirt”。——译者注

方式的探究。

“我的曾祖辈认为借贷是罪恶。”拉姆齐这样告诉堪萨斯城的听众们，在自己经历了“财务地狱”之后，他开始认识到他们是对的。当检视自己的生活时，拉姆齐“发现了上帝和祖母简单的理财之道”。秘诀既简单又可靠：“花的比挣的少。”[2]策略也很简单得很：千万不要欠债。

拉姆齐开始传授他悟出的道理。他在教会和朋友中宣讲，他们鼓励他去寻求更大的舞台。1992年，他在当地电台开播了一档广播节目，从中他发觉听众们非常渴求相关的基础知识。他开始写作，大量的读者群使他登上了《纽约时报》的畅销书榜单。到了2009年，他的节目在全国400家电台同步播放。一路走过来，他从不害怕从《圣经》中汲取智慧；在堪萨斯城的演讲中，他就引用了《箴言》(22:7)：“富户管辖穷人，欠债的是债主的仆人。”总之，前几年所发生的事情最终再次证明《圣经》中关于借贷的教诲是永恒的。

戴夫·拉姆齐并非唯一一个在媒体上进行金融传道的人。同样受瞩目的还有兹·奥尔曼(Suze Orman)，尽管她是犹太人、同性恋者和自由主义者，她宣讲的基本常识却和拉姆齐不无二致。他们不同之处——最为关键的不同——是在债务问题上。奥尔曼并不反对负债，而拉姆齐则拒绝接受。奥尔曼鼓励她的追随者尽快去查出他们的FICO分数。“如果你的分数在720～850之间的话，祝贺你，”她这么告诉他们，“你的分数在FICO最高的范围内，这通常意味着你可以获得最佳条件的贷款和其他金融产品。”[3]

拉姆齐憎恶FICO和它所代表的含义。他把FICO称为“你的‘我爱负债’分数”。在堪萨斯的演讲中，他把次贷危机至少部分地归因于FICO和它产生的后果。在他看来，没有所谓的"良性债务"。他认为这只不过是"过度消费和储蓄不足的表现"。诸如分期还车贷一样的寻常事，他认为是"人们做过最愚蠢的事情"。即使是住房抵押贷款，他也告诉他的听众应该尽量避免，实在避免不了，也仅限于 15 年期的固定利率条件。

拉姆齐和社会清教徒一样对放贷机构没什么好感。他认为"在当今社会的文化中，负债是一项最被强力推销的产品"[4]。他把"发薪日贷款"称为"合法化高利贷"。[5]对于把信贷延伸至儿童群体的行为，他毫不犹豫地称之为赤裸裸的道德沦丧。然而，拉姆齐也讥笑社会清教徒牺牲论的教义。"挑战在于你自身，"他告诉他的听众，"你在钱财方面的问题其实是你本人的问题。"[6]和传统主义者一样，拉姆齐相信罪恶。他不认为有什么受害者，有的只是罪人；没有怜悯，有的只是因果报应。他呼吁，除了人们的自律之外其实不需要任何管制。

2009 年 5 月，拉姆齐的布道有了新的紧迫性。他和他的听众们都亲眼目睹了当一个国家的民众借债成瘾、该国的政府推波助澜、市场上的各色人等合谋供养这种恶习的时候会出现怎样的后果。拉姆齐不愿再看到这种骇人的情景。相反他希望这个国家远离债务，梦想举国推行"资金完全运转"活动，以使所有国民同时受益。

"储蓄和投资会让财富积累到前所未有的水平，"他坚信，"这将带来进一步的稳定和更多消费。捐赠将会增加，很多社会问题将私人化。于是政府能够借此摆脱福利事业的责任。赋税就会降下来，我们也将更加富裕。"[7]

这和摩西的世界观很类似，也和奥古斯丁、亚里士多德、阿奎纳以及安德鲁·杰克逊一样。然而拉姆齐毕竟不是僧侣。他喜欢财富并且尊重让他获得财富的制度。他认为,这个系统需要的不是更多的管制而是个体责任感的重塑。和学院派的大师们不同,他明白个体角色和经济成功之间的联系。对于这个话题,他最后一句话是说给那位备受尊重的“社会哲学家”奥斯汀·鲍尔斯(Austin Powers)①的:“资本主义,亲爱的!”

① 美国电影 *Austin Powers: International Man of Mystery*(中文译名《王牌大贱牒》)的男主角。这是一部喜剧电影,上映于 1997 年,讲述了 20 世纪 60 年代最杰出的特工奥斯汀一次次打败“邪恶博士”拯救世界的故事。——译者注

注　　释

第 1 章

1. W. D. Ross, translator, *Nicomachean Ethics* (Digireads. com Publishing: Stillwell, KS 2005), available online at Google Books, http://books. google. com/books? id = Q0jjxC3t _ XIC & printsec = frontcover & dq = W. D. + Ross # v = onepage & q = & f = false (accessed 10 October 2009).

2. David Koeppel, "Single Women Slammed by Housing Mess," MSN Money, MSN. com, articles. moneycentral. msn. com/Investing/StockInvestingTrading/SingleWomenHousingMess. aspx(accessed 21 September 2009).

3. 同上。

4. 同上。

5. Robert Pinsky, translator, *The Inferno of Dante* (NY: Farrar, Straus and Giroux, 2000).

6. 同上。

7. 同上，87 页。

8. 同上，89 页。

9. 同上，91 页。

10. 同上。

11. 同上。

12. 同上，303 页。

13. 同上，57 页。

14. 同上。

15. Edmund Burke, "Society Cannot Exist...," Tryon Edwards, Editor, *A Dictionary of Thoughts*

(Detroit: F.B. Dickerson Co., 1908), 204.

16. Koeppel, "Single Women."

17. Michael Novak, *The Spirit of Democratic Capitalism* (Lanham, MD: Madison Books, 2000), 103.

18. Binyamin Appelbaum, "Homeowner Gains a reprieve from Eviction," *The Boston Globe*, 24 January 2008.

第2章

1. John M. Houkes, *An Annotated Bibliography of the History of Usury and Interest from the Earliest Times Through the Eighteenth Century* (Lewiston, NY: Edwin Mellen Press, 2004), 11.

2. Calvin Elliott, *Usury* (Charleston, SC: BiblioBazaar, 2007), 11.

3. 同上,23页。

4. Paul Johnson, *A History of the Jews* (NY: HarperPerennial, 2008), 11.

5. Elliott, *Usury*, 23.

第3章

1. John T. Noonan, Jr., *A Church That Can and Cannot Change* (South Bend, IN: University of Notre Dame Press, 2005), 128.

2. Calvin Elliott, *Usury* (Charleston, SC: BiblioBazzar, 2007), 45.

3. Martin Luther, *A Treatise on Usury* (1524), available online at www.scribd.com/doc/10322491/Martin-Luther-A-Treatise-on-Usury- (accessed 21 September 2009).

4. Gary Anderson, "Faith & Finance," *First Things*, May 2009.

5. 同上。

6. 同上。

7. John M. Houkes, *An Annotated Bibliography of the History of Usury and Interest from the Earliest Times Through the Eighteenth Century* (Lewiston, NY: Edwin Mellen Press, 2004), 44.

8. 同上。

9. 同上,46页。

10. Robert Pinsky, translator, *The Inferno of Dante* (NY: Farrar, Straus and Giroux, 2000).

11. Houkes, *History of Usury*, 48.

12. 同上。

13. 同上, 54 页。

14. 同上, 56 页。

15. 同上。

16. Paul Johnson, *A History of the Jews* (NY: HarperPerennial, 2008), 64.

17. 同上, 164 页。

第 4 章

1. Daniel J. Boorstin, *The Discoverers* (New York: Random House, 1985), 100.

2. Richard E. Rubenstein, *Aristotle's Children: How Christians, Muslims, and Jews Discovered Ancient Wisdom and Illuminated the Middle Ages* (New York: Harvest Books, 2004), 15.

3. 同上, 35 页。

4. 同上, 39 页。

5. 同上。

6. 同上, 283 页。

7. Robert Pinsky, translator, *The Inferno of Dante* (NY: Farrar, Straus and Giroux, 2000), 33.

8. Rubenstein, *Aristotle's Children*, 272.

9. 同上, 102 页。

10. Robert B. Ekelund et al., *Sacred Trust: The Medieval Church as an Economic Firm* (NY: Oxford University Press, 1996), 182.

11. John M. Houkes, *An Annotated Bibliography of the History of Usury and Interest from the Earliest Times Through the Eighteenth Century* (Lewiston, NY: Edwin Mellen Press, 2004), 96 – 97.

12. Rubenstein, *Aristotle's Children*, 284.

13. "Thomas Aquinas," from the *Catholic Encyclopedia* online, available at New Advent.

14. Rubenstein, *Aristotle's Children*, 195.

15. Thomas Aquinas, "Volume 2, Question 78," *Summa Theologica*, translated by Fathers of the English Dominican Province, available online at Google Books.

16. Pinsky, *Inferno of Dante*.

17. Aristotle, *The Politics*, Trevor J. Saunders, ed., T. A. Sinclair, translator (NY: Penguin Classics, 1981), available online at Google Books.

18. Pinsky, *Inferno of Dante*, 87.

19. 同上，91 页。

20. Ezra Pound, "Canto VLV," *The Cantos of Ezra Pound*, available online at Google Books.

21. Aquinas, *Summa Theologica*, 197.

22. 同上。

23. Thomas E. Woods Jr., *The Church and the Market: A Catholic Defense of the Free Economy* (Lanham, MD: Lexington Books, 2005), 112.

24. John T. Noonan Jr., *A Church That Can and Cannot Change* (South Bend, IN: University of Notre Dame Press, 2005), 205.

25. Houkes, *History of Usury*, 101.

26. Paul Johnson, *A History of the Jews* (NY: HarperPerennial, 2008), 170.

27. Dinesh D'Souza, *What's So Great about Christianity* (Washington, DC: Regnery Publishing), 108－10.

28. Edward Grant, *A History of Natural Philosophy: From the Ancient World to the Nineteenth Century* (Cambridge University Press, 2007), available online at Google Books.

29. Michael Novak, *The Spirit of Democratic Capitalism* (Lanham, MD: Madison Books, 2000), 8.

第 5 章

1. Malcolm Barber, *The New Knighthood: A History of the Order of the Temple* (Cambridge University Press, 1996), 9.

2. 同上，63 页。

3. 同上，15 页。

4. 同上，16 页。

5. 同上，59 页。

6. 同上，67 页。

7. Malcolm Barber, *The New Knighthood: A History of the Order of the Temple* (Cambridge University Press, 1996), 296.

8. 同上，277 页。

9. 同上，298 页。

10. 同上，299 页。

11. 同上，201 页。

12. 同上，312 页。

13. "Purgatorio, Canto XX: The Divine by Alighieri Dante," Classic Reader(© 2008 Blackdog Media), www.classicreader.com/book/142/20/(accessed 27 September 2009).

14. 同上。

15. Christopher Knight, Robert Lomas, *The Second Messiah: Templars, The Turin Shroud, and the Great Secret of Freemasonry* (Beverly, MA: Fair Winds Press, 2001).

16. Sir Walter Scott, *Ivanhoe* (Mineola, NY: Dover Publications, 2004), 25.

17. 同上，34 页。

18. 同上，35 页。

19. Thomas Madden, "Inventing the Crusades," *First Things*, June/July 2009.

第 6 章

1. J. M. Rigg, *The Decameron of Giovanni Boccaccio: Faithfully Translated by J. M. Rigg*, available online at Google Books.

2. 同上。

3. Tim Parks, *Medici Money: Banking, Metaphysics, and Art int Fifteenth-Century Florence* (New York: W. W. Norton, 2006), 22.

4. 同上，41－43 页。

5. 同上，46－47 页。

6. Niall Ferguson, *The House of Rothschild: The World's Bankers 1849 – 1999* (New York: Pengiun Books, 2000), 64.

7. Parks, *Medici Money*, 49.

8. 同上，31 页。

9. Niall Ferguson, *The Ascent of Money*: *A Financial History of the World* (New York: Penguin books, 2008), 46.

10. Parks, *Medici Money*, 234.

11. John M. Houkes, *An Annotated Bibliography of the History of Usury and Interest from the Earliest Times Through the Eighteenth Century* (Lewiston, NY: Edwin Mellen Press, 2004), 164.

12. Robert B. Ekelund et al., *Sacred Trust*: *The Medieval Church as an Economic Firm* (NY: Oxfor University Press, 1996), 175.

13. John T. Noonan Jr., *A Church That Can and Cannot Change* (South Bend, IN: University of Notre Dame Press, 2005), 135－136.

14. Parks, *Medici Money*, 183.

15. 同上，185－188 页。

16. Matthew Bunson, OSV's *Encyclopedia of Catholic History* (Huntington, IN: Our Sunday Visitor, 2004), available online at Google Books, 802－03.

17. Girolanio Savonarola, *New Advent Catholic Encyclopedia*, available online at http: www.newadvent.org/cathen/13490a.htm.

18. "Montes Pietatis," from the *Catholic Encyclopedia* online, available at New Advent, www.newadvent.org/cathen/10534d.htm (accessed 26 September 2009).

19. Montes Pietatis, "The Case upon Which Leo Ruled," *New Advent Catholic Encyclopedia*, available online at heep://www.newadvent.org/cathen/10534d.htm.

20. Muhammad Yunus, *Banker to the Poor*: *Micro-Lending and the Battle against World Poverty* (New York: PublicAffairs, 2003), 117－30.

21. Houkes, *History of Usury*, 246.

第 7 章

1. Max Weber, *The Protestant Ethic and the Spirit of Capitalism*, translated by Talcott Parsons (Cambridge: Harvard University Press, 1958), 64.

2. 同上。

3. Thomas E. Woods Jr., *The Church and the Market*: *A Catholic Defense of the Free Economy*

(Lanham, MD: Lexington books, 2005), 114.

4. Martin Brecht, *Martin Luther*, translated by James L. Schaaf (Philadelphia: Fortress Press, 1993), 12-27.

5. "Martin Luther: On Trading and Usury," C. M. Jacobs, translator, *Works of Martin Luther* (Philadelphia: A. J. Holman Company, 1915), available online at www. godrules. net/library/luther/NEW1luther_da. htm(accessed 26 September 2009).

6. 同上。

7. 同上。

8. 同上。

9. 同上。

10. 同上。

11. 同上。

12. 同上。

13. "John Calvin: Letter on Usury," Franklin Le Van Baumer, ed., *Main Currents of Western Though: Readings in Western European Intellectual History from the Middle Ages to the Present* (New York: Random House, 1970), 232-34.

14. 同上。

15. 同上。

16. 同上。

17. Calvin Elliot, *Usury* (Charleston, SC: BiblioBazaar, 2007), 57.

18. Baumer, *Main Currents of Western Thought*.

19. Paul Johnson, *A History of the Jews* (NY: HarperPerennial, 2008), 242.

20. Martin Luther, "On the Jews and Their Lies," Martin H. Bertram, trans., *Luther's Works Volume 47*, (Minneapolis: Augsburg Fortress, 1971).

21. 同上。

22. Johnson, *History of the Jews*.

23. Bertram, *Luther's Works*.

24. 同上。

25. John M. Houkes, *An Annotated Bibliography of the History of Usury and Interest from the Ear-*

liest Times Through the Eighteenth Century (Lewiston, NY: Edwin Mellen Press, 2004), 185.

26. "Historical Overview of Usury," Mission Islam.

第8章

1. Paul Johnson, *A History of the Jews* (NY: HarperPerennial, 2008), 227.
2. John M. Houkes, *An Annotated Bibliography of the History of Usury and Interest from the Earliest Times Through the Eighteenth Century* (Lewiston, NY: Edwin Mellen Press, 2004), 187.
3. Act 1, scene 3.
4. John Gross, *Shylock: A Legend and Its Legacy* (New York: Touchstone, 1994), 15.
5. William Shakespeare, *The Merchant of Venice*, Act 1, scene 3.
6. Gross, *Shylock*, 36.
7. 同上, 310 页。
8. 同上, 108 页。
9. 同上, 111 页。
10. 同上, 139 页。
11. 同上, 141 页。

第9章

1. Adam Smith, *An Inquiry into the Nature and Causes of the Wealth of Nations* (London, T. Nelson and Sons, 1852), 37－38.
2. 同上, 143－144 页。
3. 同上。
4. 同上, 147 页。
5. Jeremy Bentham, *Defence of Usury*, available online at the Online Library of Liberty, http://www.econlib.org/library/Bentham/bnthUs1.html (accessed 15 September 2009).
6. Smith, Wealth of Nations, 147.
7. 同上。
8. Jeremy Bentham, *An Introduction to the Principles of Morals and Legislation*, available at the

Library of Economics and Liberty http://www.econlib.org/library/Bentham/bnthPML.html (accessed 15 September 2009).

9. Jeremy Bentham, *Defence of Usury*.

10. 同上。

11. 同上。

12. 同上。

13. 同上。

14. 同上。

15. 同上。

16. 同上。

17. 同上。

18. 同上。

19. 同上。

20. 同上。

21. 同上。

22. 同上。

23. 同上。

24. 同上。

25. 同上。

26. Adam Smith, *The Theory of Moral Sentiments* (Indianapolis: Liberty Fund, 1984), 165.

27. 同上，163 页。

28. Michael Novak, *The Spirit of Democratic Capitalism* (Lanham, MD: Madison Books, 2000), 79.

第 10 章

1. Niall Ferguson, *The Ascent of Money: A Financial History of the World* (New York: Penguin Press, 2008), 70－74.

2. 同上，131 页。

3. 同上，48 页。

4. Peter M. Garber, *Famous First Bubbles: The Fundamentals of Early Manias* (Cambridge, MA: MIT Press, 2001), 38.
5. Garber, *Famous First Bubbles*, 24.
6. 同上，43 页。
7. 同上，44－45 页。
8. 同上，60－62 页。
9. 同上，75－81 页。
10. 同上。

第 11 章

1. Malcolm Balen, *The King, The Crook & The Gambler: The True Story of the South Sea Bubble and the Greatest Financial Scandal in History* (New York: Fourth Estate, 2003), 4－5.
2. 同上，15 页。
3. 同上，13－16 页。
4. 同上，17－19 页。
5. 同上，49－53 页。
6. 同上，54－57 页。
7. 同上，58 页。
8. 同上，60－65 页。
9. Peter M. Garber, *Famous First Bubbles: The Fundamentals of Early Manias* (Cambridge, MA: MIT Press, 2001), 94－96.
10. Balen, *The King, The Crook*, 60.
11. 同上，66 页。
12. 同上，23－24 页。
13. 同上，32－33 页。
14. 同上，77 页。
15. 同上，83 页。
16. 同上，113 页。
17. 同上，119 页。

18. Niall Ferguson, *The Ascent of Money*: *A Financial History of the World* (New York: Penguin Press, 2008), 150.

19. Balen, *The King*, *The Crook*, 120.

20. 同上，122 页。

21. 同上，124 页。

22. 同上，142 页。

23. 同上，146 页。

24. 同上，157 页。

25. Thomas E. Woods Jr., *Meltdown*: *A Free-Market Look at Why the Stock Market Collapsed*, *the Economy Tanked*, *and Government Bailouts Will Make Things Worse* (Washington, DC: Regnery Publishing, 2009), 85.

第 12 章

1. Niall Ferguson, *The House of Rothschild*: *The World's Bankers* 1849 - 1999 (New York: Penguin Books, 2000), 80.

2. "Martin Luther: On Trading and Usury," C. M. Jacobs, translator, *Works of Martin Luther* (Philadelphia: A. J. Holman Company, 1915), available online at www.godrules.net/library/luther/NEW1luther_d3.htm (accessed 26 September 2009).

3. Ferguson, *The House of Rothschild*, 35.

4. 同上。

5. 同上，141 页。

6. 同上，40 - 41 页。

7. 同上，78 页。

8. 同上，50 页。

9. 同上，51 页。

10. 同上，77 页。

11. Niall Ferguson, *The Ascent of Money*: *A Financial History of the World* (New York: Penguin Press, 2008), 89.

12. Ferguson, *The House of Rothschild*, 83 - 85.

13. Ferguson, *The House of Rothschild*, 84.

14. 同上，96 - 99 页。

15. 同上，123 页。

16. 同上，77 页。

17. 同上，257 页。

18. Sir Walter Scott, *Ivanhoe* (Mineola, NY: Dover Publications, 2004), 88.

19. Ferguson, Ascent of Money, 93 - 96.

20. 同上。

21. 同上。

22. 同上，90 页。

23. 同上，94 页。

24. 同上，91 页。

第 13 章

1. Paul Johnson, *A History of the Jews* (NY: HarperPerennial, 2008), 342.

2. 同上，349 页。

3. 同上。

4. 同上，343 - 344 页。

5. 同上。

6. Lee Harris, "The Intellectual Origins of America Bashing," *Policy Review*, December 2002.

7. Karl Marx, "On the Jewish Question" (Berlin: Deutsch-Franzosische Jahrbucher, 1844), available online at radioislam.org/marx/marxjew4.htm (accessed 28 September 2009).

8. 同上。

9. 同上。

10. 同上。

11. 同上。

12. 同上。

13. 同上。

14. 同上。

15. Karl Marx, "On the Jewish Question" (Berlin: Deutsch-Franzosische Jahrbucher, 1844), available online at radioislam.org/marx/marxjew4.htm (accessed 28 September 2009).
16. Johnson, *History of the Jews*, 353.
17. 同上。
18. 同上，350 页。

第 14 章

1. Lendol Calder, *Financing the American Dream: A Cultural History of Consumer Credit* (Princeton, NJ: Princeton University Press, 1999), 22.
2. 同上，27 页。
3. 同上，26 页。
4. Murray N. Rothbard, *A History of Money and Banking in the United States: The Colonial Era to World War II* (Auburn, AL: Ludwig von Mises Institute, 2005), 48.
5. Thomas E. Woods Jr., *The Church and the Market: A Catholic Defense of the Free Economy* (Lanham, MD: Lexington Books, 2005), 87－88.
6. Rothbard, *A History of Money*, 59.
7. 同上，57 页。
8. George Selgin, "Gresham's Law," EH.Net Encyclopedia, edited by Robert Whaples, 9 June 2003, available online at eh.net/encyclopedia/article/selgin.gresham.law (accessed 28 September 2009).
9. Benjamin Franklin, "Advice to a Young Tradesman, 1748," *Poor Richard's Almanack*, available online at Google Books.
10. 同上。
11. 同上。
12. 同上。
13. 同上。
14. 同上。
15. Rothbard, *A History of Money*, 57.
16. 同上，58 页。

17. Franklin, "Advice to a Young Tradesman."

18. 同上。

19. Rothbard, *A History of Money*, 59 – 60.

20. 同上, 67 页。

21. "Thomas Jefferson on Politics & Government," Etext Center, University of Virginia Library.

22. 同上。

23. 同上。

24. 同上。

25. Alan Pell Crawford, *Twilight at Monticello: The Final Years of Thomas Jefferson* (New York: Random House, 2008), 63.

26. 同上, 177 – 179 页。

27. "Thomas Jefferson on Politics."

28. 同上。

29. Crawford, *Twilight at Monticello*, 223.

30. 同上, 230 页。

31. David McCullough, *Truman* (New York: Simon & Schuster, 1999), 963.

第 15 章

1. "Thomas Jefferson on Politics & Government," Etext Center, University of Virginia Library.

2. Murray N. Rothbard, *A History of Money and Banking in the United States: The Colonial Era to World War II* (Auburn, AL: Ludwig von Mises Institute, 2005), 68 – 70.

3. 同上, 73 页。

4. 同上, 74 – 76 页。

5. "In Crisis, Opportunity for Obama," *Wall Street Journal*, 21 November 2008.

6. Rothbard, *A History of Money*, 75 – 86.

7. 同上, 90 页。

8. John Lahr, "A Black 'Death of a Salesman'," *New Yorker*, 21 May 2009.

9. Rothbard, *A History of Money*, 91.

10. Jon Meacham, *American Lion: Andrew Jackson in the White House* (New York: Random

House Trade Paperbacks, 2009), 75.

11. 同上，103 页。

12. 同上，209 页。

13. 同上，212 页。

14. 同上。

15. 同上，264 页。

16. 同上，270 页。

17. 同上，165 页。

18. 同上，273 页。

19. 同上，276 页。

20. 同上。

21. 同上，278 页。

22. Rothbard, *A History of Money*, 103－104.

第 16 章

1. Alexis de Tocqueville, *Democracy in America* (trans. By Henry Reeve, 1899), Book I, chapter XIII, electronic edition deposited by the American Studies Program at the University of Virginia, June 1, 1997, available online at xroads.virginia.edu/～HYPER/DETOC/home.html (accessed 28 September 2009).

2. 同上，Book I, chapter XVII。

3. Charles Dickens, *American Notes for General Circulation* (New York: Appleton and Company, 1868), 101.

4. 同上。

5. 同上。

6. Lendol Calder, *Financing the American Dream: A Cultural History of Consumer Credit* (Princeton, NJ: Princeton University Press, 1999), 37.

7. 同上，39 页。

8. 同上，43 页。

9. 同上，46 页。

10. Lendol Calder, *Financing the American Dream: A Cultural History of Consumer Credit* (Princeton, NJ: Princeton University Press, 1999), 54.
11. 同上，55 页。
12. 同上，58 页。
13. 同上，162－163 页。
14. Tocqueville, *Democracy in America*, Book II, chapter V.
15. Alexis de Tocqueville, excerpt from a letter to his sisiter-in-law, Mme. Edouard, 18 October 1831. "The Alexis de Tocqueville Tour," C-SPAN © 2009 National Cabel Satellite Corporation.
16. Calder, *Financing the American Dream*, 67.
17. 同上。
18. 同上，73 页。
19. Tocqueville, *Democracy in America*, Book I, chapter XVII.
20. 同上，Book II, chapter XI.
21. Calder, *Financing the American Dream*, 92.
22. 同上，37 页。

第 17 章

1. William Jennings Bryan, "Cross of Gold" speech (1896), available online at History Matters, © 1998－2005 American Social History Productions, Inc., historymatters. gmu. edu/d5354/ (accessed 29 September 2009).
2. 同上。
3. 同上。
4. Ron Chernow, *The House of Morgan: An American Banking Dynasty and the Rise of Modern Finance* (New York: Grove Press, 2001), 8－12.
5. Chernow, *House of Morgan*, 4－5.
6. 同上，6 页。
7. 同上。
8. 同上，9－10 页。

9. Chernow, *House of Morgan*, 12.

10. 同上，31－32 页。

11. 同上，58 页。

12. 同上，37 页。

13. 同上，67 页。

14. Murray N. rothbard, *A History of Money and Banking in the United States: The Colonial Era to World War II* (Auburn, AL: Ludwig von Mises Institute, 2005), 161－162.

15. 同上，167 页。

16. Chernow, *House of Morgan*, 71－72.

17. Judith Ramsey Ehrlich and Barry J. Rehfeld, *The New Crowd: The Changing of the Jewish Guard on Wall Street* (New York: Harper Perennial, 1990), 23.

18. Chernow, *House of Morgan*, 71－72.

19. 同上。

20. 同上，76 页。

21. 同上。

22. Rothbard, *A History of Money*, 176.

23. 同上，171 页。

24. Chernow, *House of Morgan*, 122－26.

25. 同上。

第 18 章

1. Mitchell Zuckoff, *Ponzi's Scheme: The True Story of a Financial Legend* (New York: Random House Trade Paperbacks, 2006), 49－50.

2. 同上，45 页。

3. 同上，20－23 页。

4. 同上，53 页。

5. 同上，83－86 页。

6. 同上，98 页。

7. 同上，1134 页。

8. Jack Cashill, *Hoodwinked: How Intellectual Hucksters Hijacked American Culture* (Nashville, TN: Thomas Nelson, 2005), 18 – 19.

9. Zuckoff, *Ponzi's Scheme*, 246.

10. 同上，220 页。

11. 同上，187 页。

12. 同上。

13. Zuckoff, *Ponzi's Scheme*, 98.

14. 同上，186 页。

15. 同上，248 页。

16. 同上，281 – 285 页。

17. Cashill, *Hoodwinked*, 23 – 25.

18. Zuckoff, *Ponzi's Scheme*, 294.

第 19 章

1. Ron Chernow, *The House of Morgan: An American Banking Dynasty and the Rise of Modern Finance* (New York: Grove Press, 2001), 145.

2. Liaquat Ahamed, *Lords of Finance: The Bankers Who Broke the World* (New York: Penguin Press, 2009), 55 – 56.

3. Chernow, *House of Morgan*, 128.

4. 同上。

5. Murray N. Rothbard, *A History of Money and Banking in the United States: The Colonial Era to World War II* (Auburn, AL: Ludwig von Mises Institute, 2005), 242 – 44.

6. 同上，250 页。

7. 同上，244 页。

8. 同上，245 页。

9. 同上，252 – 253 页。

10. Ahamed, *Lords of Finance*, 56.

11. 同上。

12. Rothbard, *A History of Money*, 255 – 56.

13. Rothbard, *A History of Money*, 254－257.

第20章

1. "A Sensation at Saratoga," *New York Times*, 19 June 1877, http: query. nytimes. com/gst/abstract. html? res=9802EFD6123FE63BBC415DFB066838C669FDE (accessed 29 September 2009).
2. Stephen Birmingham, *Our Crowd: The Great Jewish Families of New York* (New York: Harper & Row, 1967), 33.
3. Lendol Calder, *Financing the American Dream: A Cultural History of Consumer Credit* (Princeton, NJ: Princeton University Press, 1999), 180.
4. 同上，171－172页。
5. 同上，215－216页。
6. 同上，230页。
7. 同上，185页。
8. 同上，186－191页。
9. 同上，190页。
10. 同上，192页。
11. 同上，194页。
12. 同上，227页。
13. 同上，240页。
14. 同上，238－245页。
15. 同上，250页。
16. 同上，254－257页。
17. George Gilder, *The Israel Test* (Minneapolis: Richard Vigilante Books, 2009), 41.
18. 同上。
19. "Henry Ford Invents a Jewish Conspiracy," Jewish Virtual Library, @2009 The American-Israeli Cooperative Enterprise, www. jewishvirtuallibrary. org/jsource/anti-semitism/ford1. html (accessed 29 September 2009).
20. *Protocols of the Learned Elders of Zion*, Victor Marsden, translator (Escondido: The Book

Tree, 1999), 216.

21. Calder, *Financing the American Dream*, 183.

第21章

1. Jim Powell, *FDR's Folly: How Roosevelt and His New Deal Prolonged the Depression* (New York: Crown Forum, 2003), 71–72.

2. Amity Shlaes, *The Forgotten Man: A New History of the Great Depression* (New York: HarperCollins, 2007), 18.

3. 同上。

4. Liaquat Ahamed, *Lords of Finance: The Bankers Who Broke the World* (New York: Penguin Press, 2009), 298–99.

5. Ron Chernow, *The House of Morgan: An American Banking Dynasty and the Rise of Modern Finance* (New York: Grove Press, 2001), 313.

6. 同上，312页。

7. Lendol Calder, *Financing the American Dream: A Cultural History of Consumer Credit* (Princeton, NJ: Princeton University Press, 1999), 218.

8. Ahamed, *Lords of Finance*, 318.

9. Shlaes, *The Forgotten Man*, 38.

10. 同上，31页。

11. 同上，3页。

12. 同上，92页。

13. Powell, *FDR's Folly*, 37.

14. Murray N. Rothbard, *A History of Money and Banking in the United States: The Colonial Era to World War II* (Auburn, AL: Ludwig von Mises Institute, 2005), 275.

15. Shlaes, *The Forgotten Man*, 90.

16. Ahamed, *Lords of Finance*, 322.

17. "'The Only Thing We Have to Fear Is Fear Itself': FDR's First Inaugural Address," 4 March 1933, available online at History Matters, @ 1998 – 2005 American Social History Productions, Inc., historymatters.gmu.edu/d/5057/ (accessed 29 September 2009).

18. 同上。

19. Karl Marx, "On the Jewish Question" (Berlin: Deutsch-Franzosische Jahrbucher, 1844), available online at radioislam.org/marx/marxjew4.htm (accessed 28 September 2009).

20. "The Only Thing We Have to Fear Is Fear Itself."

21. 同上。

22. Powell, *FDR's Folly*, 69-71.

23. "The Only Thing We Have to Fear Is Fear Itself."

24. 同上。

25. Franklin Delano Roosevelt, "A Rendezvous with Destiny," speech before the 1936 Democratic National Convention, Philadelphia, June 27, 1936, available online at http: www2.austin.cc.tx.us/1patrick/his2341/fdr36acceptancespeech.htm.

26. Powell, *FDR's Folly*, 31.

27. Michael Lewis, *Liar's Poker: Rising Through the Wreckage on Wall Street* (New York: W. W. Norton & Company, 1989), 27.

28. Chernow, *House of Morgan*, 375.

29. 同上，176 页。

30. 同上，379 页。

31. 同上。

32. 同上，387 页。

33. William Beach and Ken McIntyre, "Get Over It: New Deal Didn't Do the Job," *Human Events*, 20 January 2009.

第 22 章

1. Mark Skousen, "Saving the Depression: A New Look at World War II," *The Review of Austrian Economics*, December 1988.

2. D. J. Waldie, *Holy Land: A Suburban Memoir* (New York: St. Martin's Press, 1996), 49.

3. Jim Powell, *FDR's Folly: How Roosevelt and His New Deal Prolonged the Depression* (New York: Crown Forum, 2003), 45.

4. 同上。

5. Lendol Calder, *Financing the American Dream: A Cultural History of Consumer Credit* (Princeton, NJ: Princeton University Press, 1999), 289.

6. Powell, *FDR's Folly*, 46.

7. Steven Malanga, "Obsessive Housing Disorder," *City Journal*, Spring 2009.

8. William J. Collins and Robert A. Margo, "Race and Home Ownership: A Century Long View," May 2000, Department of Economics, Vanderbilt University.

9. Malanga, "Obsessive Housing."

10. 同上。

11. Waldie, *Holy Land*, 102.

12. California's historical divorce statistics are available online at www.christianparty.net/divorcecalifornia.htm.

第23章

1. Michael Lewis, *Liar's Poker: Rising Through the Wreckage on Wall Street* (New York: W.W. Norton & Company, 1989), 35-36.

2. 同上，83-84页。

3. 同上，100页。

4. Charles R. Morris, *The Two Trillion Dollar Meltdown: Easy Money, High Rollers, and the Great Credit Crash* (New York: PublicationAffairs, 2008), 140.

5. Lewis, *Liar's Poker*, 36.

6. Henry Kaufman, *On Money and Market: A Wall Street Memoir* (New York, McGrawHill, 2000), 87-88.

7. Lewis, *Liar's Poker*, 47.

8. 同上，83页。

9. 同上。

10. 同上，86-88页。

11. 同上，91-94页。

12. 同上，88页。

13. 同上，104页。

14. Lewis, *Liar's Poker*, 114.

15. Bob Woodward, *Maestro: Greenspan's Fed and the American Boom* (New York: Simon & Schuster, 2000), 65.

16. Kaufman, *On Money and Markets*, 97.

17. Lewis, *Liar's Poker*, 203.

18. Tom Wolfe, *Bonfire of the Vanities* (New York: Farrar, Straus and Giroux, 1987), 60.

19. Kaufman, *On Money and Markets*, 85.

20. Lawrence Roberts, *The Great Housing Bubble: Why Did House Prices Fall?* (Las Vegas: Monterey Cypress Publishing, 2008), 60-62.

21. Kaufman, *On Money and Markets*, 82.

22. Michael Lewis, "What Wall Street's CEOs Don't Know Can Kill You," *Bloomberg News*, 26 March 2008.

23. Roger Lowenstein, "Triple-A Failure," *New Yorker Times*, 27 April 2008.

24. Roberts, *Great Housing Bubble*, 60-61.

25. Morris, *Two Trillion Dollar Meltdown*, 118-19.

26. Lewis, *Liar's Poker*, 139-142.

27. 同上，148-149 页。

第 24 章

1. Robert Manning, *Credit Card Nation: The Consequence of America's Addiction to Credit* (New York: Basic Books, 2000), 11.

2. James D. Scurlock, *Maxed Out: Hard Times, Easy Credit, and the Era of Predatory Lenders* (New York: Scribner, 2007), 42-55.

3. Calvin Elliot, *Usury* (Charleston, SC: BiblioBazaar, 2007), 11.

4. Manning, *Credit Card Nation*, 145-49.

5. 同上。

6. 同上。

7. 同上。

8. 同上。

9. Manning, *Credit Card Nation*, 145 - 49.

10. 同上。

11. 同上。

12. 同上，128 - 129 页。

13. 同上。

14. 同上，45 页。

15. 同上，19 页。

16. 同上，125 - 127 页。

17. 同上。

18. "In Profile: Rev. Robert Trache of St. Mark the Evangelist Episcopal Church," *Daily Press*, January 4, 2009.

19. 同上。

20. Manning, *Credit Card Nation*, 119.

21. 同上，24 页。

22. Scurlock, *Maxed Out*, 48.

23. 同上，158 - 61 页。

24. 同上，134 页。

25. Michael Novak, *Business at a Calling: Work and the Examined Life* (New York: The Free Press, 1996), 117.

第 25 章

1. James Stewart, *Den of Thieves* (New York: Simon & Schuster Paperbacks, 1992), 264 - 65.

2. "Stu's Greatest Parties," Le Clique Entertainment, © 2009 Stu Feinstein, www.partybuzz.net/stuGreatestParties.shtml (accessed 30 September 2009).

3. James Stewart, *Den of Thieves*, 265.

4. 同上。

5. Judith Ramsey Ehrlich and Barry J. Rehfeld, *The New Crowd: The Changing of the Jewish Guard on Wall Street* (New York: Harper Perennial, 1990), 342.

6. Judith Ramsey Ehrlich and Barry J. Rehfeld, *The New Crowd: The Changing of the Jewish Guard on Wall Street* (New York: Harper Perennial, 1990), 345.

7. 同上。

8. Stewart, *Den of Thieves*, 226–27.

9. 同上，171 页。

10. 同上，41–43 页。

11. Ehrlich and Rehfeld, *The New Crowd*, 13.

12. Stewart, *Den of Thieves*, 28–31.

13. 同上，29 页。

14. 同上。

15. 同上，68–70 页。

16. 同上，68 页。

17. Connie Bruck, *Predator's Ball: The Inside Story of Drexel Burnham and the Rise of the Junk Bond Raiders* (New York: Penguin Books, 1988), 24–25.

18. 同上，27–28 页。

19. 同上，30–32 页。

20. Connie Bruck, *Predator's Ball: The Inside Story of Drexel Burnham and the Rise of the Junk Bond Raiders* (New York: Penguin Books, 1988), 31.

21. Stewart, *Den of Thieves*, 82–83.

22. Bruck, *Predator's Ball*, 84.

23. 同上，57 页。

24. 同上，88 页。

25. 同上，86–87 页。

26. 同上，39 页。

27. Stewart, *Den of Thieves*, 60.

28. Bruck, *Predator's Ball*, 84.

29. 同上，84 页。

30. Stewart, *Den of Thieves*, 343.

31. 同上，289 页。

32. Stewart, *Den of Thieves*, 319.

33. 同上，379 页。

34. Gilder, *The Israel Test*, 40.

35. Stewart, *Den of Thieves*, 518.

36. 同上，317 页。

37. 同上，351 页。

38. *Aristotle's Politics*, Benjamin Jowett, trans. (Stilwell, KS: Digireads. com Publishing, 2005), 25.

39. Jerry Oppenheimer, *Madoff with the Money* (Hoboken, NJ: John Wiley & Sons, 2009), 23 – 30.

40. 同上，62 页。

41. Mark Seal, "Madoff's World," *Vanity Fair*, April 2009.

42. 同上。

43. 同上。

44. 同上。

45. 同上。

46. Mitchell Zuckoff, *Ponzi's Scheme: The True Story of a Financial Legend* (New York: Random House Trade Paperbacks, 2006), 294.

47. Erin Arvedlund, "Don't Ask, Don't Tell: Bernie Madoff Is So Secretive, He Even Asks Inverstors to Keep Mum," *Barron's*, 7 May, 2001.

48. 同上。

49. Seal, "Madoff's World."

50. 同上。

51. 同上。

52. 同上。

第 26 章

1. Rupert Cornwell, "Greenspan steps down as Fed chief with his reputation at its zenith," *The Independent* (London), 1 February 2006.

2. Bob Woodward, *Maestro: Greenspan's Fed and the American Boom* (New York: Simon &

Schuster, 2000), 55–56.

3. Adam Michelson, *The Foreclosure of America: The Inside Story of the Rise and Fall of Countrywide Homes, the Mortgage Crisis, and the Default of the American Dream* (New York: Berkley Books, 2009), 54.

4. Tom Wolfe, *Bonfire of the Vanities* (New York: Farrar, Straus and Giroux, 1987), 61.

5. Michael Lewis, "What Wall Street's CEOs Don't Know Can Kill You," *Bloomberg News*, 26 March 2008.

6. "Family and Living Arrangements—Fewer 'traditional' Families," www.libraryindex.com

7. "Non-traditional Families More Common," *Associated Press*, 28 July 2003.

8. "Children Suffer As Single-Parenting Rates Soar in Chicago and Across the U.S.," Smart Library on Urban Poverty available online at www.poverty.smartlibrary.org (accessed 15 September 2009).

9. Thomas Sowell, *The Housing Boom and Bust* (New York: Basic Books, 2009), 97–99.

10. 同上。

11. 同上，99页。

12. 同上。

13. "Analysis of FHA Single-Family Default and Loss Rates,", HUD User Publications, March 2004.

14. Jonathan Fisher and Angela Lyons, "The Ability of Women to Repay Debt After Divorce," presented at Women Working to Make a Difference, the seventh International Women's Policy Research Conference, June 2003.

15. Charles R. Morris, *The Two Trillion Dollar Meltdown: Easy Money, High Rollers, and the Great Credit Crash* (New York: PublicationAffairs, 2008), 44–47.

16. Woodward, *Maestro*, 47.

17. 同上。

18. *2001: A Space Odyssey*, screenplay by Stanley Kubrick and Arthur C. Clarke, 1968.

19. Woodward, *Maestro*, 151.

20. 同上，126页。

21. Housing and Community Development Act of 1977—Title VIII (Community Reinvestment),

http://www.fdic.gov/regulations/laws/rules/6500-2515.html.

22. Leslie Wayne, "Fading Red Line; A Special Report; New Hope in Inner Cities: Banks Offering Mortgages," *New York Times*, 14 March 1992.

23. 同上。

24. 同上。

25. Sowell, *The Housing Boom*, 38－43.

26. Steven Holmes, "Fannie Mae Eases Credit to Aid Mortgage Lending," New York Times, 30 September 1999.

27. 同上。

28. 同上。

29. Michelson, *Foreclosure of America*, 86.

30. 同上，89 页。

31. "First Union Capital Markets Corp., Bear, Stearns & Co. Price Securities Offering Backed by Affordable Mortgages," press release, 20 October 1997.

32. Michael Lewis, "A Wall Street Trader Draws Some Subprime Lessons," *Bloomberg News*, 5 September 2007.

33. William D. Cohan, *House of Cards: A Tale Hubris and Wretched Excess on Wall Street* (New York: Doubleday, 2009), 153－60.

34. 同上，197 页。

35. 同上，208－211 页。

36. Michael Lewis, "The Man Who Crashed the World," *Vanity Fair*, August 2009.

37. "HUD Announces New Regulations to Provide $2.4 Trillion in Mortgages for affordable Housing for 28.1 Million Families," HUD news press release, 31 October 2000.

38. Wayne Barrett, "Andrew Cuomo and Fannie and Freddie: How the youngest Housing and Urban Development secretary in history gave birth to the mortgage crisis," *Village Voice*, 5 August 2008.

第 27 章

1. Charles R. Morris, *The Two Trillion Dollar Meltdown: Easy Money, High Rollers, and the*

Great Credit Crash (New York: PublicationAffairs, 2008), 65.

2. Adam Michelson, *The Foreclosure of America: The Inside Story of the Rise and Fall of Countrywide Homes, the Mortgage Crisis, and the Default of the American Dream* (New York: Berkley Books, 2009).

3. 同上，55 页。

4. "2005 Indicators Report," Sustainable San Mateo County, © 2007, www.sustainablesanmateo.org/indicators-report/reports/the-indicators-project-may-2005/ (accessed 30 September 2009).

5. 同上。

6. Thomas Sowell, *The Housing Boom and Bust* (New York: Basic Books, 2009), 13.

7. Michelson, *Foreclosure of America*, 316.

8. Michael Lewis, "The Man Who Crashed the World," *Vanity Fair*, August 2009.

9. William D. Cohan, *House of Cards: A Tale Hubris and Wretched Excess on Wall Street* (New York: Doubleday, 2009), 275.

10. 同上，277 页。

11. Morris, *Two Trillion Dollar Meltdown*, 77.

12. Sowell, *The Housing Boom*, 41 – 42.

13. Michelson, *Foreclosure of America*, 125.

14. Alex Berenson, "Fannie Mae's Loss risk Is Larger, Computer Models Show," *New York Times*, 7 August 2003.

15. 同上。

16. Sowell, *The Housing Boom*, 53.

17. 同上，50 – 51 页。

18. 同上。

19. Michelson, *Foreclosure of America*, 15.

20. 同上，21 页。

21. The S&P/Case-Shiller Index is a composite index of the home price index for the top 10 metropolitan areas in the United States. The index is published monthly by Standard & Poor's and uses the Karl Case and Robert Shiller method. For actual numbers: http://www2.standardandpoors.com/

spf/pdf/index/csnationalvalue052619.xls.

22. Cohan, *House of Cards*, 300.

23. Lawrence Roberts, *The Great Housing Bubble: Why Did House Prices Fall?* (Las Vegas: Monterey Cypress Publishing, 2008), 16 – 18.

24. Leslie Wayne, "Fading Red Line; A Special Report; New Hope in Inner Cities: Banks offering Mortgages," *New York Times*, 14 March 1992.

25. 同上。

26. "Illegal Immigration and the Subprime Mortgage Crisis," *Reuters*, 20 January 2008.

27. Roberts, *Great Housing Bubble*, 18 – 20.

28. Cohan, *House of Cards*, 300.

29. "Economic Outlook and Current Fiscal Issues," testimony of Chairman Alan Greenspan before the Committee on the Budget, U.S. House of Representatives, 25 February 2004.

30. Morris, *Two Trillion Dollar Meltdown*, 69.

31. Lewis, "The Man Who Crashed."

32. Michelson, *Foreclosure of America*, 134 – 35.

33. Lewis, "The Man Who Crashed."

34. 同上。

35. 同上。

36. Michelson, *Foreclosure of America*, 232.

37. "Traditional Housing Affordability Index," © 2009 California Association of Realtors, www.car.org/economics/marketdata/haitraditional/ (accessed 30 September 2009).

38. Cohan, *House of Cards*, 315 – 20.

39. 同上，318 页。

40. 同上，302 页。

41. 同上，306 – 307 页。

42. Peter Schiff, "Sub-Prime Disaster in the making," *SafeHaven*, 22 December 2006.

43. Cohan, *House of Cards*, 323.

44. Gretchen Morgenson, "Inside the Countrywide Lending Spree," *New York Times*, 26 August 2007.

45. Cohan, *House of Cards*, 326.

46. Richard Bookstaber, *A Demon of Our Own Design: Markets, Hedge Funds, and the Perils of Financial Innovation* (Hoboken: John Wiley & Sons, 2007), 50.

47. Cohan, *House of Cards*, 328.

48. 同上，332 页。

49. 同上，75 页。

50. Morris, *Two Trillion Dollar Meltdown*, 49.

51. Cohan, *House of Cards*, 344 – 45.

52. 同上。

53. 同上，75 页。

54. Michelson, *Foreclosure of America*, 257.

55. 同上。

56. 同上。

57. Lewis, "The Man Who Crashed."

第 28 章

1. William D. Cohan, *House of Cards: A Tale Hubris and Wretched Excess on Wall Street* (New York: Doubleday, 2009), 98.

2. 同上，398 页。

3. Adam Michelson, *The Foreclosure of America: The Inside Story of the Rise and Fall of Countrywide Homes, the Mortgage Crisis, and the Default of the American Dream* (New York: Berkley Books, 2009), 270 – 72.

4. 同上，284 页。

5. Michael Lewis, "The Man Who Crashed the World," *Vanity Fair*, August 2009.

6. *Tavis Smiley Show*, April 20, 2009, available online at http://www.pbs.org/kcet/tavissmiley/archive/200904/20090420_frank.html.

7. Christopher Dodd, "Mortgage Market Turmoil: Causes and Consequences," opening statement by Chairman Christopher Dodd at the U.S. Senate Committee on Banking, Housing and Urban Affairs, 22 March 2007.

8. Alan Greenspan, "A Response to My Critics," Financial Times Economists' Forum, April 6, 2008, available online athttp://blogs. ft. com/economistsforum/2008/04/alangreenspan-a-response-to-my-critics/.

9. 同上。

10. 同上。

11. Cohan, *House of Cards*, 450.

12. 同上。

第 29 章

1. Dave Ramsey, *The Total Money Makeover: A Proven Plan for Financial Fitness* (Nashville, TN: Thomas Nelson, 2007), 3.

2. 同上。

3. Suze Orman, *The 9 Steps to Financial Freedom: Practical and Spiritual Steps So You Can Stop Worrying* (New York: Three Rivers Press, 2000), 181–82.

4. Ramsey, *Total Money Makeover*, 26.

5. 同上，29 页。

6. 同上，4 页。

7. 同上，50 页。

致　谢

我要感谢 Thomas Nelson 出版社的乔尔·米勒(Joel Miller)为我提供想法和这次机会使我能完成此书;感谢我的代理人阿莱克斯·霍伊特(Alex Hoyt)为我所做的慷慨工作;感谢我的妻子琼·迪恩(Joan Dean)在文字编辑上对我的协助以及对我的理解和支持;感谢美林公司财务顾问克林特·安德森(Clint Anderson)为本书所做的技术审核;感谢我的编辑克里斯滕·帕里斯(Kristen Parrish)出色和积极的工作;感谢资深学者约翰·M. 霍克斯(John M. Houkes),他在高利贷历史方面的精湛的学院派学识令我受益匪浅。

作 者 介 绍

杰克·卡希尔创作了十几部纪录片，最新作品为以詹妮弗·奥尼尔(Jennifer O'Neill)的视角拍摄的《你的眼：为生命游行亲历》(*Thine Eyes: A Witness to the March for Life*)。他的文章经常刊载在《财富》(*Fortune*)、《华尔街日报》(*The Wall Street Journal*)、《华盛顿邮报》(*Washington Post*)、《旗帜周刊》(*Weekly Standard*)上，他还定期为美国思想家(American Thinker)、每日世界网(WorldNetDaily)供稿。他最近出版的著作包括《蒙蔽》(*Hoodwinked*)、《出其不意的一击》(*Sucker Punch*)以及《加利福尼亚怎么了?》(*What's the Matter with California?*)。杰克毕业于普渡大学，拥有美国研究博士学位。

译 后 记

能够翻译这本《教皇与银行家》，纯属机缘巧合。最初接洽的时候，只听说是一本关于“信贷史”的书，因为平日主要从事国际金融领域的教学和研究，觉得这个题目跟自己的专业比较相近，翻译起来应该难度不大，所以就应了下来。谁知拿到原著并开始试译的时候，才知道事情没那么简单。

这其实是一本信贷“文化史”，作者杰克·卡希尔的研究专长应该是社会学、历史学之类，是位跨界学者和作家，此书也的确是从历史、文化、宗教发展的历史视角去思考金融危机的来龙去脉。于是，全书以但丁的《神曲》开篇，第二章便是圣经《旧约》……作者写起来洋洋洒洒，旁征博引，加之他又是美国研究博士出身，美国历史上的掌故也是信手拈来。他写得恣肆，我翻译起来却极为艰苦。且不说《神曲》、《圣经》这些我平时从未接触过的经典典籍，就是作者随意提到的某部美国早期电影或流行小说，就足够我查上半天。

我常常慨叹，幸亏自己生活在互联网时代，闭门家中坐，凡事上网查。要是往前推个十几年，翻译这本书于我简直就是不可能完成之任务，恐怕真得“穷经皓首”了。而且今时今日的国际文化交流也很频繁，书里涉及的很多著述和文艺作品都已经引入国内，这也让我得以有前人的肩膀可以驻足依靠，在此要向在本书翻译过程中引用过的文献译者们表示诚挚的感谢。

虽然艰苦，我却十分享受这个过程。我接触到了更深更远的东西，充分意识到了自己的局限和不足，也得以在一个更宏大的背景下来审视自己以前的所学所思。所以，很高兴也很荣幸能把这本书介绍到国内来：对我自己，是提升；对他人，是传播。希望读者们读完这本书后也能有所收获。由于能力所限，书中肯定有不少错误和不当之处，还请大家批评指正。

最后要向在翻译过程中给予过我帮助的人们致谢。谢谢刘璐女士为我提供了这次工作机会，谢谢林致荣先生所做的大量前期准备工作，还要谢谢李寅、陈亮、姜冀宁，虽然你们都曾是我的学生，但是在我遇到困难时，你们成了我的老师。特别要感谢编辑李彬先生，有了您的辛勤努力这本翻译作品才能顺利问世。

感谢家人的理解和支持。尤其是三岁多的儿子，多少个休息日，妈妈都辜负了你热切的盼望，没能抽出时间陪你，在此要特意谢谢你！

邓立立

2012年1月